教育部人文社会科学研究规划基金项目（项目编号：17YJA790004）

江苏省高校哲学社会科学研究重点项目（项目编号：2018SJZDI099）

江苏省林业局委托项目（项目编号：20181001）

集体林权制度改革深化研究

——基于社会生态系统的分析框架

DEEPENING THE REFORM OF CHINA'S COLLECTIVE FOREST TENURE SYSTEM
—BASED ON SOCIAL ECOLOGICAL SYSTEM THEORY

蔡志坚◎著

经济管理出版社

ECONOMY & MANAGEMENT PUBLISHING HOUSE

图书在版编目（CIP）数据

集体林权制度改革深化研究：基于社会生态系统的分析框架/蔡志坚著．—北京：经济管理出版社，2022.4

ISBN 978 - 7 - 5096 - 8380 - 4

Ⅰ.①集…　Ⅱ.①蔡…　Ⅲ.①集体林—产权制度改革—研究—中国　Ⅳ.①F326.22

中国版本图书馆 CIP 数据核字（2022）第 057258 号

组稿编辑：郭　飞
责任编辑：郭　飞
责任印制：黄章平
责任校对：董杉珊

出版发行：经济管理出版社
　　　　　（北京市海淀区北蜂窝 8 号中雅大厦 A 座 11 层　100038）
网　　址：www. E - mp. com. cn
电　　话：（010）51915602
印　　刷：唐山玺诚印务有限公司
经　　销：新华书店
开　　本：720mm×1000mm/16
印　　张：13.75
字　　数：210 千字
版　　次：2022 年 4 月第 1 版　　2022 年 4 月第 1 次印刷
书　　号：ISBN 978 - 7 - 5096 - 8380 - 4
定　　价：88.00 元

前　言

　　受农地家庭联产承包责任制改革成功的激励，1981 年 3 月中共中央颁布的《中共中央、国务院关于保护森林发展林业若干问题的决定》正式启动了以林业"三定"为标志的集体林产权制度改革，并逐步形成了"林地所有权归集体，承包经营权归农户"的产权结构。以家庭经营为基础的产权模式虽然激励了林业生产要素的投入，但是其所致的林地细碎化使林业生产效率因缺乏规模经济性而降低，同时也破坏了森林生态系统的完整性并损害了森林生态功能。为此，2016 年国务院办公厅颁布了《国务院办公厅关于完善集体林权制度的意见》，并提出要逐步建立集体林地所有权、承包权、经营权分置机制，旨在通过放活经营权促进林地流转，实现适度规模经营以提高林业生产的经济效率和生态效率。虽然文件就适度规模经营中的"谁来经营""经营面积多大""如何实现"等核心问题解决提出了意见，但是其更多地属于指导性质的，如对适度规模经营中"适度"的界定就不甚明晰，导致政策实施中因对"适度"规模把握不准而造成林地经营规模相对于经营者生产能力显得"过大"或"过小"的情况，前者使林地规模过于集中从而降低资源使用效率和社会公平效率，后者则因林地面积不足以满足规模经济性需要而引发经营者经济激励不足的问题。因此，需要对林业适度规模经营的核心问题作更深入的思考，对已实施政策的绩效、经验与教训进行评估、提炼和总结，以此完善并深化集体林权制度改革。

　　本书围绕林业适度规模经营的三个核心问题进行组织：一是"谁来经营"问题，即：林地该向哪类经营者集中？或者说，哪些经营者有更高的生产效率？

为此第 2 章对集体林产权变迁各阶段各类经营主体生产的生态效率进行了比较与分析。第 3 章就"三权分置"下异质性经营主体生产的经济与生态效率进行评估与比较，据此回答上述问题。二是"经营面积多大"问题，即：规模经营的"度"如何界定？考虑到林业生产多年投入一次产出的特性，在适度规模测度时，是否应该考虑林木采伐时间的影响？为此分别测度了传统型和新型经营主体的适度规模面积，并探讨考虑林木采伐时间的适度规模问题，这些内容具体分布在第 3 章和第 4 章中的相关研究中。三是"如何实现"问题，即：现有的流转机制是否能有效促进林地流转？如何促进农户林地转出？如何降低并治理林地流转中的冲突？为此，第 4 章提出了林地双层流转机制的理论模型并以"四共一体"模式为例展开了深入探讨。第 5 章从农户的内在动机出发对其林地流转行为进行了探索。第 6 章关注集体林地流转冲突治理并从个体决策角度以集体林地承包经营纠纷为例进行了研究，这些研究从各个方面回答了"如何实现"问题。

为厘清社会生态系统框架（SES）中变量间交互作用及结果的内在机理，本书提出二阶段理论分析范式，即：首先从 SES 框架中确定并选择与研究主题相关的第一层级、第二层级变量，并根据研究需要提出相应的第三层级变量；接着利用相应理论对第三层级变量间相互作用的机理进行更深入、更透彻的分析。如在第 2 章中，首先基于 SES 构建集体林产权制度对森林资源可持续性影响的分析框架（FS - SES），接着利用"结构—行为—绩效"理论对 FS - SES 中各变量间的交互作用及结果的内在机理进行剖析，据此阐明集体权产权制度对森林资源可持续性影响的机制。

本书是多年研究成果的集成与深化。本书的研究与出版获得了教育部人文社会科学研究规划基金项目（17YJA790004）、江苏省高校哲学社会科学研究重点项目（2018SJZDI099）和江苏省林业局委托项目（2018）等的资助。在此感谢上述基金的支持。

感谢我的研究生分担了繁重的研究任务和写作工作。博士研究生张蕾承担了第 5 章大部分内容的编写工作，王杰同学承担了第 4 章 4.2 部分内容的编写工作，硕士研究生丁炯熙、施小燕和刘依依三位同学分别参与了第 2 章、第 3

章和第 6 章内容的编写工作，在此表示真诚的感谢。

对于国内外相关研究领域专家学者的成果，在本书在参考借鉴时都作了注明，因疏漏可能仍有未注明的作者及文献，在此一并表示感谢。

由于笔者水平有限，撰写时间仓促，所以书中错误和不足之处在所难免，恳请广大读者批评指正。

蔡志坚

2021 年 7 月于南京

目　录

第1章 导论

1.1 研究背景

  我国集体林产权制度变迁以改革开放为时间分界线，呈现出"分—合—分"的特征。具体而言，第一阶段为 1953~1978 年，历经互助组、初级合作社、高级合作社和人民公社四个时期，私有产权逐渐被集体产权取代并纳入以计划经济为特征的政府高度集中管理范畴。这一时期森林资源总体呈现以下变化：一是资源规模下降，如 1973~1976 年南方集体林区九省份活立木总蓄积量比 20 世纪 60 年代初下降 64907 万立方米，同期林业用地减少 123 万公顷。二是林地生产力下降，如福建省杉木的单位面积蓄积量从 1964 年的 104 立方米/公顷减少为 1978 年的 55 立方米/公顷。三是受到的干扰增多，一方面是森林火灾、病虫害的干扰，如 1966~1976 年，被记载的森林火灾达 11 万次，每年被烧毁的森林有 67 万公顷；另一方面是人为干扰，如非法采伐等，如 1966~1976 年，由于非法采伐再加上森林火灾的发生，全国森林面积减少了 660 万公顷（刘璨，2008）。第二阶段始于 20 世纪 80 年代初，受农地家庭联产承包责任制改革成功的激励，1981 年 3 月，中共中央颁布了《关于保护森林发展林业若干问题的决定》，实施以稳定山权林权、划定自留山和落实林业生产责任制为主要内容的林业"三定"工作，以自留山及责任山的形式将林地经营权由集体向农民手中转移，并逐渐形成林地所有权归集体，承包经营权归农户（或其他经营者）的产权特征。这一时期的集体林权改革虽然总体上促进了森林资源数量如森林面积、森林蓄积量、森林覆盖率等的增长（奉钦亮，2013），但是分山到户后的家庭经营导致了林地细碎化，一方面，破坏了森林资源系统和生态系统的完整性并降低了森林资源的均衡性，如孔凡斌等（2008）对江西省调查结果显示，林业"三定"的集体林分权改革加快了林地细碎化的速度，林地地块数量增加，户均地块面积减小，不利于森林资源系统整体性功能的发挥，破坏了森林的生态功能。此外，侯一蕾等（2013）对福建省三明市的村级调查发现，农户林改后的造林基本上以杉木、马尾松等用材林为主，林地上原有的阔叶木基本采伐殆尽，林种构成中阔叶木和针叶木比重严重失衡，破坏了森林资源系统的均衡性，并降低了森林抵抗火灾、病虫害等干扰的能力。另一方面，林地细碎化破坏了林业生产所需要的（林地）规模经济性，致使林业生产效率无法得到有效提高（蔡志坚等，2015）。

针对这些问题，2016年开始试点实施的集体林权"三权分置"改革，旨在依法保护集体林地所有权和农户承包权前提下，平等保护林地经营权并放活经营权，以此促进林地流转并通过规模化经营提高林业生产的经济和生态效率。不难看到，要达成政策目标需要厘清如下三个问题：一是"谁来经营"，即：林地流转该向哪类经营者集中？或者说，哪些经营者有更高的生产效率？二是"经营面积多大"，即：规模经营的"度"如何界定？考虑到林业生产多年投入一次产出的特性，在适度规模测度时，是否应该考虑林木采伐时间的影响？三是"如何实现"，即：现有的流转机制是否有效促进林地流转？政策层面是否需要或如何改善？这是本书尝试予以解答的问题。

1.2　文献综述与理论基础

1.2.1　文献综述

1.2.1.1　农地产权制度改革研究历史回溯及其启示

从改革开放起实施的家庭联产承包责任制使农村集体土地的所有权与使用权分离，并赋予了农民部分独立的经营权，此举一方面提高了我国农民经营农业的积极性，另一方面却造成了小规模、分散化的农业生产经营并阻碍了农业生产力的发展。如何解决小规模经营与现代农业有效衔接问题，关键在于破解小农户传统的分散经营形式，实现农业的规模化经营。为此党中央在 1987 年首次明确提出要推进农业规模化经营，并在多个中央一号文件中提及发展农业的适度规模经营，特别是党的十七届三中全会对"三农"问题的再次聚焦，则对发展"土地适度规模经营"提出了更高要求。党的十八大、党的十九大期间的多个中央一号文件明确了"要坚持依法自愿有偿原则，引导农村土地承包经营权有序流转""鼓励和支持承包土地向专业大户、家庭农场、农民合作社流转"等发展适度规模经营的政策导向。这些政策表明，促进农业规模化经营以提高农业生产力始终是农地产权制度改革的核心，也是农地产权制度改革研究的核心。虽然已有文献通过文献资料法和对比法对农业规模经营研究的变迁做了阶段性归纳和总结（许庆等，2010），但在此利用知识图谱方法以信息可视化方式更为客观地回溯过去多年农地制度改革中规模化经营的研究成果，以期为集体林权制度改革深化研究提供借鉴。

（1）研究方法与数据来源。研究方法。使用 CiteSpace 知识图谱软件对农地产权制度改革研究中的规模化经营进行可视化分析。CiteSpace 知识图谱主要基于共引分析理论和寻径网络算法等，融合社会网络分析、聚类分析、多维尺度分析等方法，通过对 WOS、arXiv、Derwent、NSF、SDSS、SCOPUS、Project

DX、CNKI、CSSCI 等数据库收录的主题文献进行历史性分析，能够清晰地反映主题研究的热点、研究脉络等信息，已成为最为流行的知识图谱绘制工具之一（梁怀新，2020）。

数据来源。对 CSSCI（含扩展版）期刊数据库检索并筛选出相应的历史性文献，具体做法如下：一是选择主题为"规模经营"文献并人工剔除与农业无关的文献。使用"规模经营"而不是"农业规模经营"的原因在于，除"农业规模经营"外，"耕地规模经营""土地规模经营"等主题词也经常被使用，为防止文献遗漏以内涵更广的"规模经营"作为主题词。由于"规模经营"主题包含非农业领域的规模经营研究，故还用人工筛选方法，把检索结果中非农业领域研究性文献及会议综述、通知、消息、书序、书评等非研究性文献筛查并剔除。二是以数据库所能检索到的文献时间（1998 年 1 月至 2021 年 1 月）作为知识图谱分析时间段。利用上述方法对 CSSCI 数据库进行检索，共检索到符合主题的文献 1608 篇，其中与农业相关的有效文献 1532 篇。按时间序列的分布来看，1998～2020 年，农业规模经营主题学术文献量总体是先降后升，其中1998～2005 年呈现下降趋势，2005～2019 年总体上升。在 2009 年之前研究领域内的文献数量为 61 篇，2013 年起领域内发文量表现远高于前期研究增长率的态势，2019 年有关农业规模经营的文献数量达到了顶峰 144 篇，反映了近年来党的十八大、党的十九大及中央一号文件持续强调引导农户土地承包经营权有序流转、发展多种形式的适度规模经营等内容和乡村振兴战略等要求，对农业规模经营研究起到了催化剂的作用，同时也为农业规模经营研究注入了新内容。

（2）农业规模经营研究的历史回溯。首先，研究热点。使用 CiteSpace 关键词共现功能，以 2 年为时间切片，并选择"Top N = 50"，对文献数据进行关键词共现分析。运行后图谱参数显示节点有 326 个，节点间连线有 916 条，最大节点为"规模经营"，表明在过去多年里规模经营是研究热点，而作为实现农业规模经营的关键路径"土地流转"也成为研究热点之一，紧随其后还包括"适度规模经营""家庭农场""农业现代化""新型农业经营主体""农业产业化"等。由于关键词是文献核心内容的浓缩与提炼，"出现频次"能测度关键词在研究领域内的热度并反映研究领域的热点问题（梁怀新，2020），据此汇总并对前十位关键词排序如表 1-1 所示。

表 1-1　农业规模经营研究热点与核心

序号	关键词	出现频次	关键词	中介中心性
1	规模经营	228	适度规模经营	0.20
2	土地流转	183	农地流转	0.16
3	适度规模经营	167	农业现代化	0.16
4	家庭农场	154	规模经营	0.14
5	农地流转	121	家庭承包经营	0.14
6	农业现代化	55	土地流转	0.12
7	土地规模经营	54	家庭农场	0.11
8	新型农业经营主体	50	土地规模经营	0.11
9	现代农业	47	现代农业	0.08
10	农业产业化	40	粮食安全	0.07

其次，研究核心。研究核心与研究热点的区别在于：热点反映规模经营研究是最受关注或最多被提及的话题，核心则表示起到连接农业规模经营研究领域内不同话题的"枢纽"，如同信号发射塔一般。使用"中介中心强度"指标①来测度关键词在网络中所起到的"枢纽"作用程度，拥有该指标值最高的关键词即是本书领域的核心。可以看出，虽然农业规模经营研究中提及最多的关键词是"规模经营"，但与其他关键词衔接最多并起到媒介作用的是"适度规模经营"一词，即适度规模经营才是农业规模经营研究领域内的研究核心。从规模经济理论来看，适度规模经营方能实现长期成本和短期成本均衡状态下生产要素的合理配置，且来自国内学者的经验证明农场规模与土地产出率存在一定的反向关系，倘若一味增加土地规模，可能导致规模报酬愿景落空（郭庆海，2014）。当然，研究核心还包括"农地流转""农业现代化""家庭农场"等。

---

① 中介中心强度理论来源于中介中心性，其含义为一个事物作为其他两个事物或多个事物媒介者的能力，即占据其他事物联系路径的位置，占据位置越多，反映其中介中心性越强（梁怀新，2020）。

再次，研究的知识结构。为了进一步观察以往研究领域内的热点知识结构，在此使用 CiteSpace 软件的聚类功能对关键词进行聚类，结果如下：研究热点可聚类分为 11 类，按照类别规模大小排列依次为家庭农场、农民、农地流转、双层经营、两田制、农业现代化、乡村振兴、乡镇企业、规模化、新型农业经营主体和政府干预。这些聚类的内涵都与规模经营提出的宏观背景及所要解决的"谁来经营""经营面积多大""如何实现"等问题有关。

又次，研究背景的变化。按出现时间的先后顺序排列，与农业规模经营研究背景相关的 3 个关键词依次为"乡镇企业""农业现代化"和"乡村振兴"。改革开放初期以乡镇企业为代表的非农产业发展是农业规模化经营的现实起点，改革开放后乡镇企业的迅速发展，为农村劳动力向非农产业转移提供了机会，随着大量人力资本型农村劳动力转移，留守劳动力开始难以满足农业发展需求，农业走规模化经营之路开始提上议事日程，而劳动力向非农部门转移也为农业规模化经营创造了前提条件。作为农业现代化技术要素和经济要素的双重载体，2000 年后越来越多的文献关注如何通过土地规模经营推进农业现代化。党的十九大后如何在深化农地"三权分置"改革基础上推进农业规模经营以促进乡村产业兴旺成为研究热点，乡村振兴战略对农业规模经营提出了新要求，农业规模经营在乡村振兴战略诸多部署中产生举足轻重的连带效应。具体而言，研究背景变化体现在以下三方面：

一是"谁来经营"。"谁来经营"关乎农业经营主体的问题，按出现时间的先后顺序排列，与经营主体相关的关键词包括"农民""家庭农场"和"新型农业经营主体"三个。家庭联产承包责任制确定了农民作为从事农业生产经营活动的主体地位，极大地提高了农民的生产积极性，但小规模、分散化经营不能满足农业长期稳定增长的要求。学界对"谁来经营"农业以实现农业现代化问题，存在迥然不同的两种观点：一种认为规模化、产业化是中国农业的最终出路，其中首次出现于 2004 年文献中的家庭农场成为探索农业规模化经营的产物；另一种则认为从农业生产性质和国情来看，小农生产具有不可忽略的优势，应该延续家庭经营模式，并在此基础上构建以合作社为媒介的纵向一体化经营体系。随着时代变迁，农业适度规模经营不仅指生产环节中的土地规模扩张，还包括农业（生产）外部的农业规模经营，农业经营主体也扩大为直接或间接从事农产品生产、加工、销售和服务的任何个人和组织，培育新型农业经营（包括服务）主体成为现代农业发展的必然选择。

二是"经营面积多大"。此主题下的关键词为"规模化"。农业规模化经营关键在于把细碎化、小规模土地集中以实现土地、资本和劳动力要素配置趋向合理，最好能实现适度规模经营（郭庆海，2014）。"经营面积多大"关乎"适度"确定，而"适度"确定关键在于尺度选择。因此农业规模的"适度"尺度选择是研究的热点，效率尺度、生产率尺度及收入尺度等都成为确定"适度"的依据（何秀荣，2016）。其实，农业的适度规模在不同时期、不同政策目标下会测度出不同的经营面积，当前关键在于考虑区域资源禀赋差异性下，如何确定出符合不同经营主体的阶段性适度规模，以防止规模过小导致规模经营效果不显著，规模过大导致社会不公和"垒大户"现象。

三是"如何实现"。与此有关的关键词包括"双层经营""两田制""农地流转"和"政府干预"四个。由基层社区（村集体）决策形成的旨在解决平均地权和人口增加引发土地调整压力的"两田制"，间接促成了农地的规模经营。"双层经营"体制中农户分散经营使农户可以自由选择是否经营或流转承包土地，为土地流转创造制度条件，同时集体统一经营为创建农民合作社等经济组织奠定了重要基础。土地的特殊属性使政府干预成为土地市场运行必不可少环节，早在农村基本制度改革初期，地方政府便有意把发达地区的农地集中形成规模经营。进入 21 世纪后，在实现农业现代化这一政策目标驱动下，我国对农业领域的干预力度不断加强，集中表现在地方政府直接干预土地流转市场。地方政府的干预有效破解了自发流转市场规模经营发展面临的困境，但过度干预可能侵害小农户利益、加剧农民收入差距并损害资源配置效率。如何寻找到政府干预土地流转市场的边界，把握好政府干预力度，需要学界继续深入分析和研究。

最后，研究脉络及侧重点。利用 CiteSpace 软件的突发性探测功能来呈现某个阶段相对增长率高的突发性关键词，以揭示不同历史阶段农业规模经营研究脉络及侧重点。根据对农业规模经营研究的突发性知识图谱分析可得到排名前

25 的关键词，根据关键词的存续周期和突发性程度，可把我国农业规模经营研究分为三个阶段，每个阶段所关注的侧重点如下：

第一阶段（1998～2001年）。此阶段主要探索家庭联产承包责任制基础上的农业适度规模经营，该阶段关注点分别为"农业产业化"和"土地规模经营"。该时期在家庭联产承包责任制基础上，农业产业化和土地规模经营究竟谁是我国农业现代化的有效途径，学界产生了一定的争议。研究结论表明农业产业化与土地规模经营并不矛盾，也不是农业现代化的唯一道路，此阶段对土地规模经营与农业现代化目标的辩证认识为之后的农业发展方向奠定了重要理论基础。由于土地规模经营必须创新土地使用制度，因此，在这一时期"农地制度""土地使用权""土地承包经营权"等都被纳入研究的范围。此阶段的重要特征为学者多通过定性分析，定量分析较少。

第二阶段（2002～2012年）。此阶段关注如何通过深化农地制度改革促进土地承包经营权流转以实现农业规模经营和现代农业，体现该阶段突变强度较高的关键词分别为"现代农业""土地流转""农村劳动力转移"和"城镇化"等。长期来看，在集体所有基础之上土地使用权均分到户的土地制度实则限制了劳动力转移和农村发展，创新土地制度，促进农地流转成为必然趋势。该时期对农地关系的理解产生了分歧，究竟何种农地关系方能促进土地集中？流转的是何权利？政策给出了答案，实际上，自2003年起，多项政策和法律对农地承包经营权流转作了细致和明确的规定，尤其2007年的《物权法》确认了承包经营权的用益物权属性，集体所有制下承包经营权流转的确立为土地流转市场的建立健全提供了法律依据。当然，此阶段还包括研究核心在内的适度规模经营问题、土地流转的影响因素研究（其中重点研究劳动力转移与土地流转的关系）等。此阶段的定量研究逐渐增多，连接了理论与实践。

第三阶段（2013年至今）。此阶段关注如何通过新型农业经营体系建设和新型经营主体培育来实现规模经营，主要关注"家庭农场""农业经营主体""三权分置""社会化服务"和"小农户"等。随着城镇化进程的加快和农村劳动力的大量转移，现代农业如何实现，谁来经营农地等问题日渐凸显，党的十八大提出要构建"四化"的新型农业经营体系，着重培育新型农业经营主体，

2020 年农业农村部发布了《新型农业经营主体和服务主体高质量发展规划（2020—2022 年)》，对以家庭农场为核心的新型农业经营主体的高质量发展作出了规划。但针对我国小农户长期存在的现实，2019 年由中办和国办印发的《关于促进小农户和现代农业发展有机衔接的意见》提出，需引入现代要素改造小农户，其中社会化服务发挥着不可替代的作用，而新型农业经营和服务主体是社会化服务的主要提供者，因此，如何构建包含小农户与新型农业经营主体的新型农业经营体系，是这个阶段主要关注的问题。该阶段高被引文章有《家庭农场的制度解析：特征、发生机制与效应》《新型农业经营主体的困境摆脱及其体制机制创新》和《新型农业经营主体的多维发展形式和现实观照》等，可以看出针对新型农业经营主体和家庭农场的问题是学界研究的侧重点。截止到 2021 年的关键词为"三权分置""小农户""新型农业经营主体""乡村振兴"，这表明截至文献检索时间，这四个关键词仍然是本阶段研究的重点，也就是说，这些关键词代表了未来农业经营规模研究的重点。此阶段对农业规模经营问题的研究已经形成了"实践—政策—理论—实践"的良性循环。

（3）对深化集体林权制度改革研究的启示。持续关注"（适度）规模经营"是深化集体林权制度改革研究的核心。过去 20 年里，"（适度）规模经营"始终是农地制度改革研究关注的热点问题，与此相关的是"土地（农地）流转""家庭农场""农业现代化（现代农业）""新型农业经营主体""农业产业化"等关键主词。因此，林业经营的规模化、专业化也是深化集体林权制度改革的核心。

林业规模化经营所要解决的也是"谁来经营""经营面积多大""如何实现"的三大问题，但具体问题解决上存在差异性。农地规模化经营热点关键词的知识结构主要集中为"家庭农场""农民""农地流转""双层经营""两田制""农业现代化""乡村振兴""乡镇企业""规模化""新型农业经营主体"和"政府干预"11 个领域，归纳整理后这 11 个领域分属农业规模经营所要解决的"谁来经营""经营面积多大"和"如何实现"三大问题。林业规模化经营研究也需要直面这三大问题，但鉴于生产特征与资源特性存在的差异性，具体研究中存在以下三个差异：

一是"谁来经营"问题。农地制度改革中不仅关注规模经营，还关注小农户与现代化农业的有效衔接问题，而在林地制度改革中，因森林资源属于公共池塘资源，且其生态功能发挥建立在更大规模土地的基础上，规模化经营的要求更高更迫切，显然小农户并不能完全胜任经营者的角色。

二是"经营面积多大"问题。过大或过小的农地规模可能造成"不公"或规模经济不明显等问题，林业经营也不例外。在当前林业经营主体趋于多元化，如何在考虑区域资源禀赋差异性下，确定符合多元化林业经营主体的阶段性适度经营规模仍是打造林业现代化生产体系的基石。但鉴于林业生产多年投入一次产出的生产特性，林地规模不仅与林地面积有关，还与林木的采伐期限相关，即林业适度规模的确定需要兼顾林地面积和林木采伐时间的经济性。

三是"如何实现"问题。农地制度深化改革研究已更多地转向对农业服务规模化的探索，不仅有助于解决小农户与现代化农业的有效衔接问题，且有助于土地规模经营的新型农业经营主体构建符合农业现代化发展需要的产业体系与生产体系，以实现农业现代化。林地流转率远远低于农地流转率，而林业对规模化经营却有更高要求，因此，如何在"三权分置"制度下完善林地流转机制推进林地流转仍是解决"如何实现"问题的主要方式。

1.2.1.2　森林治理的方案及其理论

（1）"公地属性"资源的不可持续。从公地悲剧理论、囚徒困境理论再到集体行动的逻辑都指向：个人的理性行动最终导致集体的非理性结果，即表明具有"公地属性"的森林资源不可持续，其核心在于"搭便车"问题。

首先，公地悲剧。Hardin G（1968）首先提出了公地悲剧的概念，认为无论什么时候，一种稀缺资源只要存在许多共同使用的个体便会造成环境的退化，他为此举了一个典型案例来解释此现象：假如有一块不变的草地和若干个农民，并且牧羊是每个农民获取收入的方式。草地作为公共资源，每户农民在牧羊的同时没有权利干涉其他人。每个农民都是理性经济人，为追求利润最大化，不会考虑草地的负荷能力，在一定时期内尽可能多地增加自己牧羊的数量，从而造成公共草地资源被过度使用。此时，公地悲剧就发生了，草地不断退化直至难以继续养羊，最终造成所有农民破产。哈丁认为这是一个悲剧，每个人都被困在一个系统中，这个系统迫使他在有限范围内无节制地增加自己牲畜的数量。在一个崇尚公地自由使用的世界，每个人都以自身利益最大化为目标，那么毁灭就是所有人的最终结果。换句话说，公地悲剧案例指出了公共资源的不可持续性，即每个人都只考虑自己的利益最大化，最大限度地利用公共资源，最终超出了公共资源的承载力，对其造成破坏，导致所有人的利益都受到损害。

其次，囚徒困境。随着博弈论的发展，"搭便车"问题可以进一步通过囚徒困境框架来解释。囚徒困境是指在一次博弈的情境下，集体成员会根据自身利益最大化采取行动，最终结果是个体利益最大化，而不是集体的帕累托最优。囚徒困境实质上是一种非合作博弈状态。在这种博弈下，集体中的个人都基于自身利益最大化而做了最优选择，最终结果却显示，这种个体理性选择的结果并不是整体的最优结果，所以这种违背集体行动选择的结果与集体理性的要求不相符合，因此才出现了囚徒理性选择的困境（Clark C W，1980；张维迎，1996）。

最后，集体行动的逻辑。Olson M（1965）首先提出集体行动逻辑理论并认为个体理性并不代表集体理性的结果。具体来讲，集体行动的逻辑主要包括三个方面：第一，集体行动的逻辑最先关注的问题是集体行动的困境，即集体行动的失败，而不是集团中的个人怎样成功地采取集体行动；第二，"搭便车"是造成集体行动困境的主要原因，而此处的"搭便车"是指个体觉得集团中其他成员会提供公共物品，即自己产生预期后而采取不合作；第三，大集团（潜在集团）是集体行动的逻辑的主要针对对象。Olson M 反驳了传统的集体行动观，即由具有相同利益的个体所组成的集体是要为他们的共同利益而行动，而他认为，除非一个集团中人数非常少，或者除非存在着某种强制或特殊手段，迫使个体基于共同利益最大化而行动，否则理性的、追求自身利益的个体将不会为了实现集体的利益而采取行动。

（2）森林治理的三种方案。对于森林这种具有公共属性的资源，森林经营者的集体行动存在着困境，作为理性的个体都存在"搭便车"的倾向，那么如何破解集体行动的困境，从而实现森林资源的可持续经营？从森林资源治理的历程来看，主要有三种解决方案：政府集中管制（集权）、私有化（分权、市场化）、自主组织和自主治理。

首先，政府集中管制（集权）。面对无法通过合作方式来解决的环境问题，政府集中管制被认为是一种合理的，且在自然资源管理领域例如牧场、渔场以及森林管理中，实行集中管制的政策方案已经得到普遍认可，在发展中国家尤为如此（奥斯特罗姆，2000）。因此，"二战"结束至 20 世纪 70 年代末期，政府一元治理、自上而下集中管理森林资源成为大部分发展中国家采取的方式，如巴西、刚果（金）、俄罗斯等森林覆盖率高的国家，公有制是最常见的所有制（Decoster L A，1998）。发展中国家森林治理的主要措施包括森林国有化、木材生产工业化和价格管制，社区以及居民没有森林经营的参与权（Haeuber R，1993）。这一时期，由于大部分公有森林由国家直接负责管理，政府管制出现了很多负面影响，不但没有促进经济的发展和改善人民的福利，还造成了森林破坏和恶化，甚至产生了腐败、资源浪费、社区冲突、林区贫困等一系列问题。加之当时人口急剧增长，毁林开荒更加严重，导致了贫困和毁林的恶性循环（Alchian A 等，1973）。自然资源的恶性循环普遍存在，政府集中管制并不能带来明显效果，很少有发展中国家能够同时实现森林可持续经营、经济发展和农户收入提高的三重目标。实际中的政府强制管理并没有有效地解决公共资源悲剧的问题，主要因为该理论所要实现的理想目标是建立在一系列假定基础上，如需要信息精确、较强的监督能力、可靠有效的制裁以及行政费用为零，并且，如果当政府准确实施制裁的可能性不高时，还是难以阻止悲剧的发生（贺东航等，2009）。

其次，私有化（分权、市场化）。对于森林这种公共池塘资源的治理困境，有一些政策分析人员认为应该实行私有财产权制度。Roberts M（1980）认为，不管是关于公共财产资源的经济分析还是哈丁对公地悲剧的论述，都表明对于自然资源和野生动植物的问题，通过创造一种新的私有财产权制度来代替公共财产制度，是避免公共池塘资源悲剧的唯一方法。Welch W P（1983）建议对公地应当实行全面的私有产权，为了防止过度放牧所导致的低效率，建立完全的私有产权是有必要的；并且公地的私有化适用于所有公共池塘资源问题，是最佳解决方案。广泛用于产业组织学并被引入制度经济学的"产权结构—行为努力—绩效"（SCP）理论解释私有制对森林资源可持续性的作用机理是：具有明确收益权且具排他性的森林资源私有产权可刺激人们生产性努力、克服或者控制人们分配性努力并达成森林资源利用的最优水平（罗必良等，2013）。自20 世纪 70 年代末期以来，许多发展中国家开始进行森林分权改革，全球已经有超过 60 个发展中国家的地方政府、社区、农民从中央政府获得了不同程度的森林资源权属（Agrawal A 等，2008），我国也实施了集体林产权私有化的改革。但森林分权改革（即产权私有化）的做法太过理想，并没有考虑到改革中复杂的经济、社会、政治因素（Feder G 等，1998），同时也没有充足的证据表明以家庭经营为单位的森林管理必然有利于森林的可持续经营，如中国 20 世纪 80年代的林业"三定"改革后造成了严重的乱砍滥伐（徐晋涛等，2008）。

　　最后，自主组织和自主治理。美国新制度主义政治学的主要带头人之一、印第安纳大学教授 Ostrom E（2000）通过大量的案例实证分析证明，传统的政府管制模式以及公共资源私有化模式都不是有效解决公共池塘资源困境的手段。不同于政府或者市场的选择，Ostrom 提出了公共池塘资源自主治理的"第三条道路"，强调人们能够在一定条件下自主组织起来为了集体利益而采取集体行动，并由此形成了自主组织和集体行动制度理论，最后扩展为社会生态系统框架（Social Ecological Systems，SES）。SES 认为，良好的制度源于现实场景中当事人如何构建、发挥建立在一整套文化认同上的规则，通过自主治理，使所有人提高抵制"搭便车"、规避责任或其他机会主义等诱惑的能力，从而获得长久的共同利益（Ostrom E，2009）。具体到森林治理，其本质在于不同资源使用者之间如何发展并实施一套用于保证"森林资源单位（Resource Unit）流量提取最大化"（即收益最大化）同时又保证"森林资源系统（Resource System）存量提供"（即资源可持续性）的规则（Persha L 等，2011）。

　　当前 SES 已成为国际森林治理研究中经常使用的理论框架，其通常解决以下三类问题：一是在一种社会经济和政治环境中，哪种交互作用和结果，包括过度利用、冲突、毁坏和稳定，有可能源于使用一组规则管理利用森林资源系统及其资源单位？换句话说，哪些关于森林和林地制度的规则会使森林资源得到可持续利用的结果？二是对于特定背景下的森林资源，在有或没有外界强加的规则或投资条件下，在不同的管理体制、使用方式和结果中，什么是可能的内在发展？换句话说，我们需要担心来自外界的强加制度吗？或者说，在这种环境下，建立很好的规则可能是内在进化而来的吗？这当然要依赖于居住在这一环境中的人们的自治，也依赖于他们的历史。三是对于来自外界的和内在的干扰，由使用者（或行动者）、资源系统、资源单位和管理系统组成的某一特定结构有多么稳固和多大的可持续性？换句话说，在这种环境下，我们需要担心什么样的干扰？人口变化？气候变化？干旱？或价格变化？如 Agrawal A（2008）对于喜马拉雅库毛恩地区的实证研究发现，对于环境治理问题，政府权力的下放以及地方社区自治的产生，在很大程度上提高了当地对森林的保护意识并且减少了其破坏行为。森林资源治理通过地方自组织的方式，能够有效地防止过度甚至毁灭性的利用和开发（Srivastava R 等，2002）。在国内，社区林业、林业合作社等森林治理方式也体现了自主治理的精神。但 SES 仍存在局限性，其仅提供一个研究框架，用来确认理论分析中用到或可能用到的变量，而这些变量如何交互作用及作用结果的内在机理，即 SES 分析框架"行动情景：互动—结果"中各变量间交互的内在机理，并没有厘清，需要其他理论加以补充说明。

（3）文献述评。农地产权制度改革研究的核心及其变迁表明，持续关注"（适度）规模经营"仍是深化集体林权制度改革研究的核心问题，林业规模化经营所要解决的是"谁来经营""经营面积多大""如何实现"的三大问题，但鉴于生产方式及资源的异质性，以及面临的集体林权制度改革中林地流转率远低于农地流转率与林业经营对规模化需求更高更迫切的现实矛盾下，应当更加关注规模经营者而非小农户、更加关注林地流转机制的完善以促进林地进一步流转集中而非仅关注生产服务规模化、适度规模的确定需要兼顾林地面积和林木采伐时间的经济性。此外，虽然 SES 已成为国际森林治理研究中经常使用的理论框架，而本书内容也属于 SES 所关注三大类问题中的第一类，但在利用 SES 对研究问题进行框架分析后，还需要更具针对性的理论对框架中所陈变量的相互作用做深入探讨。

1.2.2　理论基础：社会生态系统框架

随着人们对人与环境之间相互作用认识的不断深入，对公共池塘资源困境解决的探索越来越需要将社会环境和自然生态环境视为重要因素纳入相关分析中。在公共池塘资源自主治理"第三条道路"的基础上，Ostrom E（2009）在《科学》发表的《社会生态系统可持续发展总体研究框架》（Social Ecological Systems，SES），为能够更深入地研究复杂社会生态系统中变量之间的作用关系，以及这些复杂的相互关系对森林、湖泊等公共池塘资源治理的影响，提供了最为重要的分析工具。

SES 框架是由多个层级的变量所组成的一般性分析框架，表 1 - 2 展示了第一层级、第二层级的变量。在研究特定问题时，需要确定与哪些第一层级、第二层级的变量有关，并明确第二层级变量下设的第三层级甚至是第四层级的变量。需要明确的是，SES 框架并不是理论，它只是用来确认理论中用到或可能用到的变量。

表 1 - 2　社会生态系统（SES）的第一层级、第二层级变量

社会、经济与政治背景		
S1——经济发展	S2——民主趋势	S3——政治稳定性
S4——政府的资源政策	S5——市场激励	S6——媒介组织

资源系统（RS）	治理系统（GS）
RS1 资源类型（如水、森林、渔业）	GS1 政府组织
RS2 清晰的系统边界	GS2 非政府组织
RS3 资源系统的规模	GS3 网络结构
RS4 人造设施	GS4 产权系统
RS5 资源系统的产出	GS5 操作规则
RS6 平衡性	GS6 集体选择规则
RS7 系统动力的可预测性	GS7 宪政规则
RS8 储存特征	GS8 监督与制裁过程
RS9 地理位置	

续表

社会、经济与政治背景	
资源单位（RU）	行动者（A）
RU1 资源单位的流动性	A1 相关行动者数量
RU2 增长与更新率	A2 行动者的社会经济属性
RU3 资源单位间的互动	A3 行动者资源使用历史
RU4 经济价值	A4 地理位置
RU5 规模	A5 行动者的领导力/企业家精神
RU6 显著标志	A6 社会规范/社会资本
RU7 时空分布	A7 社会生态系统的知识
	A8 资源的依赖性
	A9 技术使用
互动（I）→结果（O）	
I1 不同行动者资源收获水平	O1 社会绩效评估（如公平、效率、责任性、可持续性）
I2 行动者信息分享情况	
I3 协商过程	O2 生态绩效评估（如过度砍伐、生物多样性、可持续性、恢复力）
I4 行动者间的冲突	
I5 投资活动	O3 对其他社会—生态系统产生的外部性
I6 游说活动	
I7 自组织行动	
I8 网络活动	
I9 监督活动	
外部关联的生态系统（ECO）	
ECO1 气候特征　　　　ECO2 污染情况　　　　ECO3 资源的流动	

资料来源：Ostrom E（2009）。

SES 框架为社会科学研究提供了一种"社会生态系统分析"的新范式，其通过一套更详细的共同语言来实现对人类社会更精确的描述和更系统的诊断，以使来自不同领域的研究成果能够形成系统性的知识积累。

1.3 研究目标与研究内容

1.3.1 研究目标

研究目标有三个,具体如下:

(1)理论上,尝试利用针对性理论对 SES 分析框架下所确定各变量间交互作用及结果的内在机理进行更深入的剖析,以此作为对 SES 的补充与完善。

1)借鉴"结构—行为—绩效"范式(SCP),对基于 SES 构建的集体林产权制度对森林资源可持续性影响分析框架(FS – SES)中各变量间的交互作用及结果的内在机理进行剖析,以此厘清集体权产权制度对森林资源可持续性影响的机制。

2)拟用生产要素投入和最佳森林轮伐期理论,对基于 SES 构建的异质性经营对林业绩效影响分析框架(HFM – SES)中各变量间的交互作用及结果的内在机理进行剖析,以此厘清异质性经营的生产要素投入,特别是"三权分置"下的林地流转对林业经济效益和生态效益的作用机制。

3)尝试利用计划行为理论,在对基于 SES 构建的农户林地流转行为分析框架(FFTB – SES)中的变量内生化基础上,解释农户林地流转行为的内在机制。

4)拟用博弈论,对基于 SES 构建的集体林地承包经营权冲突个体决策分析框架(FCC – SES)中各变量间的交互作用及结果的内在机理进行剖析,以此厘清个体行动者所依据的冲突决策原则对其在现有冲突解决机制下选择和解、调解、仲裁或诉讼的内在机制。

(2)实证中,拟通过对林业经营绩效评估、适度规模测度、林地流转及农户行为分析等的研究,尝试解答集体林权制度深化改革中规模化经营"谁来经营""经营面积多大"和"如何实现"等关键问题。

1）拟通过对异质性林业经营的绩效评估回答"谁来经营"问题。分析"三权分置"制度下异质性经营主体在林业生产中的生产要素投入，特别是林地投入要素和林木采伐时间要素的投入，测度并比较其经济与生态效益，显示"谁"具有最高生产效率，为林地要素应该向"谁"流转与集中指明方向。

2）拟通过适度规模测度回答"经营面积多大"问题。以经济可持续为目标，以具较高生产效率的新型经营主体——家庭林场和传统专业化生产组织——国有林场为例，在兼顾林地面积和林木采伐时间经济性原则下，测度不同经营主体的适度规模，以此回答"经营面积多大"的问题。

3）拟通过对林地流转的案例研究及林地流转中的农户行为研究来回答"如何实现"问题。以"四共一体"模式下的林地流转案例分析并检验林地双层流转机制的可行性和可推广性，通过对农户林地流转行为展开研究，以此促进农户林地流转，对林地承包经营权流转中存在的冲突及冲突中的个体决策进行研究，以此降低林地流转的社会成本。这些研究都事关"如何实现"问题的解决。

（3）总结提炼实践经验，并为集体林权制度深化改革提供政策建议。

1）拟通过总结基于"四共一体"模式的林地双层流转的关键做法，提炼双层林地流转机制可操作、可推广的经验。

2）为下一步的集体林权制度改革提供可行的政策建议。拟通过研究，在经营者选择、林业经营适度规模、林地流转机制设计与林地承包经营权流转冲突治理方面提供相应的政策建议。

1.3.2　研究内容

围绕研究目标，主要内容包括以下三个部分：

（1）"谁来经营"问题的研究。

1）经营主体视角下集体林产权制度变迁对森林资源可持续性的影响。具体包括：一是研究框架构建与理论分析；二是分析"集体完全所有"产权结构对森林资源可持续性的影响；三是分析"二权分离"产权结构的影响；四是分析"集体完全所有"产权结构的影响；五是结论及讨论。

2）"三权分置"下异质性经营主体的绩效研究。具体包括：一是研究框架构建与理论分析；二是林业经营的异质性及其生产要素投入分析；三是异质性经营主体的效益分析与比较；四是结论与建议。

以上内容请见第 2 章、第 3 章。

（2）"经营面积多大"问题的研究。

主要是针对林地双层流转机制中的适度规模展开研究，具体包括：一是适度规模测度的模型构建；二是对适度规模的测度，其中以家庭林场为例对新型经营组织展开的研究详见 4.2，以国有林场为例对传统专业化生产组织展开的研究穿插见于 3.2、3.3 和 4.3。

（3）"如何实现"问题的研究。

1）"三权分置"下林地流转机制研究。具体包括：一是研究框架构建和集体林地双层流转机制的理论模型提出；二是基于"四共一体"模式的集体林地双层流转机制案例研究；三是结论与建议。

2）农户林地流转行为研究。具体包括：一是研究框架构建与理论分析；二是农户林地流转调查与初步分析；三是农户林地转出行为的实证研究；四是结论与建议。

3）集体林地流转冲突的个体决策研究。具体包括：一是研究框架构建与理论分析；二是集体林地承包经营纠纷中个体博弈的成本收益分析；三是集体林地承包经营纠纷个体决策的实证研究；四是结论与讨论。

以上内容详见 4.1、4.3 和 4.4，第 5 章和第 6 章。

1.4　研究方法与技术路线

1.4.1　研究方法

本书主要遵循的原则有：社会研究和自然科学研究相结合，定性研究与定量研究相结合、实地调查、访谈与二手资料分析相结合。具体方法如下：

（1）社会生态系统框架（SES）。利用 SES 构建研究的分析框架，具体包括：一是构建集体林产权制度变迁对森林资源可持续性影响的分析框架 FS – SES；二是构建异质性经营对林业绩效影响的分析框架 HFM – SES；三是构建"三权分置"下林地流转机制研究的分析框架 FTM – SES；四是构建农户林地流转行为研究的分析框架 FFTB – SES；五是构建集体林地承包经营权冲突个体决策的分析框架 FCC – SES。

（2）用具体理论对基于 SES 所构建分析框架中各变量之间的交互作用及结果的机理进行剖析。具体包括：一是用"结构—行为—绩效"理论对 FS – SES 框架下各变量间的交互作用及结果的内在机理进行剖析；二是用生产要素投入和最佳森林轮伐期理论，对 HFM – SES 框架下的变量间的交互作用及结果的内在机理进行剖析；三是用计划行为理论对 FFTB – SES 框架中的部分变量内生化并对变量间的作用进行剖析；四是用博弈论对 FCC – SES 框架中各变量间的交互作用进行剖析。

（3）IFRI 森林资源调查法，据此获得 SES 框架中有关资源流量（即资源单位）和资源存量（即资源系统）有关信息。

（4）参与式农村评估法（PRA），据此了解案例集体林地产权制度及变迁的过程、不同经营者生产要素投入及产出等相关信息。

（5）案例分析，据此对林地双层流转及其制度绩效进行研究，并总结提炼经验。

（6）文献研究方法，据此对集体林产权制度变迁下不同经营主体对森林资源可持续性的影响进行研究。

（7）结构方程，据此构建农户林地流转行为决策模型并进行实证检验。

1.4.2 技术线路

本书的技术路线如图 1 – 1 所示。

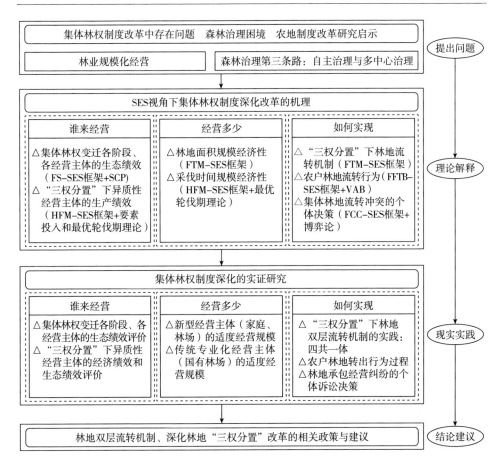

图 1-1 技术路线

第2章 经营主体视角下集体林产权制度变迁对森林资源可持续性的影响

自中华人民共和国成立至今，我国集体林产权制度历经了"分—合—分"的变迁，森林资源消长及森林生态系统的健康性、稳定性、均衡性等也随之起伏。集体林产权结构如何影响林业经营绩效？本章利用文献研究方法，以"产权结构—经营主体行为—林业经营绩效"为分析主线，厘清产权结构、经营主体、林业经营绩效要素之间相互作用的机理，并以"森林资源可持续性"为指标评估不同经营主体的生产效率，为回答"三权分置"背景下林业规模化经营中"谁来经营"问题提供理论依据和现实指导。

2.1 研究框架构建与理论分析

2.1.1 FS – SES 框架提出

（1）研究框架。基于 SES 理论所构建的集体林产权制度对森林资源可持续性（Forest Sustainability，FS）影响的研究框架（FS – SES）如表 2 – 1 所示：FS – SES 包括（森林）资源系统（RS）、（森林）资源单位（RU）、治理系统

（GS）、行动者（A）4 个第一层级变量以及相应行动情景（I‒O），并根据研究需要分解到第二层级、第三层级变量。

表 2‒1　FS‒SES 研究框架及主要变量

第一层级变量	第二层级变量与第三层级变量	
治理系统（GS）	GS4 产权系统 　GS4‒a 产权结构（所有权、使用权、处分权和收益权） 　GS4‒b "三权分置" 前产权变迁阶段（集体完全所有、二权分离、准三权分置）	
行动者（A）	A2 行动者的社会经济属性 　A2‒a 经营主体的异质性（组织形式、收益预期、进入市场能力、资本获得能力、经营规模、话语权、技术采纳等）	
（森林）资源系统（RS）	RS3 资源系统的规模 　RS3‒a 林木规模（林分面积及蓄积、有林地面积/人工林面积、活立木总蓄积） 　RS3‒b 林分碎片化动态变化（林地地块数量、平均地块面积） RS5 资源系统生产力 　RS5‒a 物种构成（林分各优势树种构成、优势树种各林龄组结构） 　RS5‒b 资源动态变化（水、光、营养等） RS6 资源系统平衡性 　RS6‒a 森林火灾或病虫害发生的频率 　RS6‒b 森林火灾或病虫害发生的范围/受灾面积	
（森林）资源单位（RU）	RU2 增长率、更新率 　RU2‒a 人工林或天然林 　RU2‒b 用材林或经济林 　RU2‒c 采伐年限（是否速生丰产林） RU4 经济价值 　RU4‒a 仅仅生计/生存价值 　RU4‒b 林产品市场价值（价格的稳定性）	
行动情景： 互动（I）→结果（O）	I1 不同行动者资源收获水平 　I1‒a 可持续型收获 　I1‒b 掠夺型收获 I5 投资活动 　I5‒a 生产性投入 　I5‒b 分配性投入	O2 生态绩效评估 　O2‒a 森林资源可持续性

（2）研究框架构建的依据。

1）第一层级变量"治理系统"（GS）及相应第二层级、第三层级变量的选择与设置。根据本章研究目的，仅选择 GS 系统中的 GS4 产权系统作为第二层级变量，此第二层级变量下的第三层级变量包括两个，说明如下：

第一，第三层级变量"产权结构"（GS4 - a）的设置。森林资源产权是一个复杂的体系，有时它指的是完整的产权体系，有时指一组或一束产权，有时甚至是由某个产权派生出来的细小产权（罗必良等，2013）。通常而言，森林资源产权是指一组权力束，包括所有权、使用权、收益权和处分权，不同权力束的排列与组合决定了产权性质及结构（Agrawal A 等，2008）。奥斯特罗姆（2000）在大量实地研究基础上，认为产权系统是由多种权利组成且这一产权束包括进入权、收益权、管理权、排他权以及转让权 5 种权力，并根据不同人所拥有的权利和义务类型将其所处的位置界定为相应的四种情况，如表 2 - 2 所示，表中"×"代表拥有的权利。各种类型的产权拥有者并不是一成不变的，而是随着外部环境、主体禀赋、资源条件等的变化而变化。我国森林资源产权结构包括林地、林木和森林资源的产权结构。本书关注的产权结构是"集体林产权"，借鉴罗必良等（2013）的定义，就是指集体所有制经济组织对本单位林地、林木和森林所享有的所有权、使用权、处分权和收益权。在不同集体林产权阶段，使用权主要表现为承包经营权，或承包权与经营权的分离，而处分权则可细化为流转权和抵押权。

表 2 - 2　森林作为公共池塘资源的产权结构

	所有者	经营者	使用者	受益者
进入和收益权	×	×	×	×
管理权	×	×	×	
排他权	×	×		
转让权	×			

资料来源：奥斯特罗姆（2000）。

第二，第三层级变量"产权变迁阶段"（GS4 - b）的设置。我国的集体林产权制度经历了丰富多样的变革，并表现出明显的阶段性特征。关于阶段性的划分，学术界有不同的观点，其中最为普遍的是分为五个时期，即土改时期、农业合作化时期、人民公社化时期、林业"三定"和新一轮集体林权制度改革。此外，还有较细致的将其划分为八个阶段，具体包括：土改时期、初级农业合作社时期、高级农业合作社时期、人民公社及文化大革命时期、林业"三定"改革时期、林业股份合作制和荒山使用权拍卖试点时期、林业产权制度改革突破时期、林业产权制度改革深化时期（柯水发等，2005）。基于已有学者对集体林产权制度变迁过程的研究，针对本书内容及研究目的，结合集体林地"三权分置"背景，在此将"三权分置"前集体林产权制度变迁分为三个阶段：第一阶段为"集体完全所有"时期，即 1978 年林业"三定"之前的集体林产权状态，其特征是短暂的私有林权后归向高度集中的集体林。第二阶段为"两权分离"时期，始于改革开放，其特征是以家庭联产承包责任制为基础，林地所有权归集体、承包经营权归农户。这一阶段又细分为两个时期：一是1978～2002 年，林业"三定"阶段；二是 2003 年开始的新一轮集体林权制度改革阶段。第三阶段为"准三权分置"时期，随着后期林权改革的继续深入，为了促进林业资源的有效配置，林地的承包经营权可再分为承包权和经营权并分属于不同的经营主体。在这三个阶段中，因产权制度不同，对林农等其他经营主体的心理预期产生不同的影响，随之他们的经营行为也会发生变化，最终对森林资源单位的提取以及森林资源存量的提供造成的影响也是不同的。

2）第一层级变量"行动者"（A）及相应第二层级、第三层级变量的选择与设置。人类与生态系统如农业、林业或土地利用之间的直接相互作用大多数是作用在局地或微观尺度上，且常常发生在个体或家庭对地块的利用过程中。不同经营主体因其社会经济属性不同其对土地利用方式存在差异（蒋瞻等，2018），第二层级变量关注"行动者的社会经济属性"（A2）所导致的林地利用中对森林资源系统的影响。

"经营主体的异质性"（A2–a）体现在组织形式、收益预期、进入市场能力、资本获得能力、经营规模、话语权、技术采纳等方面。部分异质性是因产权结构而形成的，以组织形式的异质性为例，不同集体林产权结构下森林经营者的组织形式存在差异，如林业"三定"之前的"集体完全所有"时期，经营主体以村集体为主并实行统一经营（刘璨，2014）；"准三权分置"时期森林经营者及经营模式呈现多样化特征，包括家庭经营、联户经营、小组经营（或自然村经营）、外部经营和集体经营（徐晋涛等，2008）。同理，不同经营主体的相关属性还可用收益预期、经营规模、社会资本、技术与资本的获得能力、进入市场的能力等进行描述，这些属性激励或约束了经营主体的行为。

3）一级变量"（森林）资源单位"（RU）及其相应第二层级、第三层级变量的选择与设置。由于森林经营中用材林生产具有多年投入一次产出的生产特点，因此森林经营经济效益的可持续性，不仅是长期内的经济可持续性，而且要让经营者具有稳定年度现金流入以满足其生产生活的需求，经营主体会在森林生产决策中综合考虑产品的现金流入模式和市场价值，前者涉及是否继续（人工）经营森林、生产用材林还是经济林，若是用材林则还考虑是否种植速生丰产林等，而后者则意味着林产品的价值高低及市场稳定性（蔡晶晶，2012）。因此，在 RU 系统中重点考虑资源"增长率、更新率"（RU2）和资源的"经济价值"（RU4）两个第二层级变量，其相应的第三层级变量的设置见表 2-1。

4）一级变量"（森林）资源系统"（RS）及其相应第二层级、第三层级变量的选择与设置。森林资源可持续性取决于资源系统的存量状态，即需要从资源系统本身的内涵出发，也就是森林"资源系统的规模"（RS3）方面，来关注森林面积或蓄积量等数量的变化（Srivastava R 等，2002）；"资源系统生产力"（RS5）方面，不仅要保持水、光、营养物质等资源动态变化的平衡，还要关注物种的构成与变化（Primmer E 等，2010）；"资源系统平衡性"（RS6）方面，要关注火灾或病虫害等对森林资源的干扰（孔凡斌等，2013）。上述第二层级变量下的相应子变量见表 2-1。

5）"互动"（I）模块中第二层级、第三层级变量的选择和设置。第二层级变量的选择。行动情景中的"互动"（I）主要分析经营主体的异质性（A2-a）对（森林）资源单位（RU）和（森林）资源系统（RS）的影响。公共池塘资源管理中面临的两个主要问题是资源单位如何提取和资源系统如何提供，前者影响森林资源单位流量而后者影响森林资源系统存量，而森林经营主体行为如何影响森林资源的流量和存量呢？这便是第二层级变量"不同行动者资源收获水平"（I1）和"投资活动"（I5）需要考虑的内容。

第二层级变量"不同行动者资源收获水平"（I1）下的第三层级变量设置。不同行动者资源收获水平反映了经营主体从公共池塘资源中提取资源单位的方式。我国集体林制度中的"木材采伐限额"制度的设置表明"可持续性收获"（I4 - a）理应是我国森林资源收获的唯一方式，并体现为或通过制定可持续森林经营方案，或通过自主组织与自治中所达成的规则，或遵守传统的林业知识、习惯以及各种村规民约等方式收获资源的同时使资源系统存量增加，或者至少要减少对资源系统存量的损害。但现实中由于集体林地产权持续变迁及经营权、收益权的不稳定性使经营者难以产生稳定的收益预期，结果是导致森林乱砍滥伐现象屡禁不止（王洪玉等，2009），即"掠夺性收获"（I4 - b）成为我国林业发展的困扰。

第二层级变量"投资活动"（I5）下的三级变量设置。生产行为可视作是经营主体所有投入的综合反映，经营主体的异质性导致其生产行为的差异：一种是"生产性投入"（I5 - a），即个体或组织为了获得收入而进行的创造新财富的活动。另一种是"分配性投入"（I5 - b），即个体或组织将别人已有的财富转变为自己的财富的活动（罗必良等，2013）。在其他情况不变的前提下，生产性投入的结果可以增加社会财富，而分配性投入不但不增加甚至可能还会减少社会财富。

6）"结果"（O）模块中第二层级、第三层级变量的选择和设置。森林资源可持续性反映的是生态绩效，即"结果"（O）模块中选择"O2 生态绩效评估"作为第二层级变量。如何衡量森林资源可持续性呢？由于森林资源可持续性本质上体现为森林资源系统存量的维持或增加。在微观尺度下，可用森林资源生产力、林地长期地力维护指标表示资源可持续性（MacConnell W P 等，1996），具体而言，可用林分结构、病虫害干扰、资源碎片化、地理与气象等存量指标描述森林资源生产力（孔凡斌等，2013），用林下植被、林地水土状况、物种构成、人工设施、地理与气象等存量指标描述林地长期地力维护（蒋瞻等，

2019b）。因此，本书设置"森林资源可持续性"（O2 – a）第三层级变量并通过资源系统相关存量指标的变化来判断森林资源的可持续性。

2.1.2 产权制度影响森林资源可持续性的机理

借鉴产业经济学"结构（Structure）—行为（Conduct）—绩效（Performance）"模型（简称 SCP 模型）对市场结构、微观行为主体、经济绩效三者间关系逻辑的描述，"市场结构是市场微观主体行为的决定因素，而在一个既定的市场结构框架中，微观主体的各种经济活动又决定了其经济绩效，同时，三者之间又存在着相互影响关系"（罗必良等，2013），结合 FS – SES 框架，构建"产权结构—经营主体—经营主体行为—森林资源单位—森林资源系统"结构图（见图 2 – 1），以对 FS – SES 框架下各变量交互关系的作用机理及结果进行剖析。

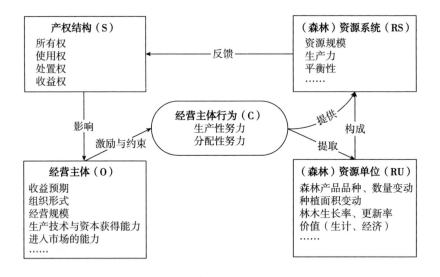

图 2 – 1　集体林产权制度对森林资源可持续性的影响机理

首先对图 2 – 1 中经营主体行为的生产性努力和分配性努力进行界定。一是生产性努力，指在森林经营中经营主体采用生产性投入方式进行生产且采用可持续型的森林利用和采伐方式。森林经营中经营主体的生产性努力体现在其劳动、资本和技术等的投入，具体包括生产性经营和生态性经营，前者指为生产木材、柴炭和各种林产品而进行的更新造林、森林抚育、林分改造、采伐、护林防火、林木病虫害防治、伐区管理等营林活动，后者指对防护林、水源涵养林、水土保持林、防风固沙林、风景林、自然保护区等的经营管理。二是分配性努力，指在森林经营中采用的分配性投入和掠夺式森林利用和采伐。森林经营中经营主体的分配性努力则体现为对产权属于"公有"（如集体所有），或理论上产权明确但实际上仍无法保证收益权（如"均山均股"）的森林资源的合法或非法使用，并以过度采伐、非法采伐、乱砍滥伐等形式体现。

（1）集体林产权制度对森林经营主体及其行为的影响。森林资源产权的目的在于解决森林资源系统的"共享性"问题，产权制度对经营主体的经营行为具有激励与约束的效果，主要体现在：一是减少资源经营的不确定性。森林经营是生产周期较长的产业，面临的不确定性很高，确立或设置产权，或者把原来不明晰的产权明晰化，可以使经营者根据产权规则来决定生产对象。二是激励经营主体的生产性努力。产权明确界定可以形成生产者对剩余分配的稳定预期，激励行为主体的投入，激励社会成员的生产性努力。三是约束经营主体对森林资源的分配性努力。在资源产权明确的情况下，就能避免人们为争夺稀缺资源的无序竞争，理顺人们的利益冲突（罗必良等，2013）。

具体而言，由于不同组织形式的经营主体所拥有的各项权利不尽相同，产权对其行为的影响也存在本质性差异，如产权排他性软弱会刺激人们选择分配性努力而非生产性努力，前者的成本更低而收益更高，此时分配性努力成为生产性努力的制约（罗必良等，2013），如此便可预见"均股均利"模式下的经营主体比"均山"模式下的经营主体有更高的可能性选择分配性努力。又如，以租赁形式流转获得林地使用权的经营主体，与合作组织形式的经营主体相比，其处分权细分中的抵押权更为软弱甚至不能用于抵押贷款，为此可能影响其生产性努力中的资本投入或技术投入。

需要说明的是，不同经营主体的收益预期也可能影响其经营行为。对于不同的经营主体，收益预期可能是不同的。通常情况下，个人对远期未来的预期评价较低，而对近期的预期收益评价较高。换句话来说，经营主体如何对未来收益进行贴现取决于多种因素。特定森林资源系统未来产出的贴现率在不同经营主体之间存在着实质性的差异。例如，对林木或林地依赖度较大的林农与承包大户或企业的贴现率是不同的。在考虑一片林地的产出时，当地林农的时间跨度会一直延伸到很远的未来，他们期待对未来生计有一定的保障。而承包大户或企业有足够的经济能力，并不需要考虑未来怎么样，他们最关心的是尽快将林业产出变现，因此他们会给予现在很高的贴现率，这些也可能影响经营主体的生产性努力。现实中，森林经营的技术进步主要集中在商品林，尤其是速生丰产林、经济林和林产加工等领域，而这些领域的经营主体通常是企业或工商资本，因这类经营主体具有更强的技术与资本获得能力或进入市场的能力，而个体农户的经营行为则可能受到资本、技术等能力的约束。此外，与森林经营有关的社会资本，如传统的林业知识和习惯以及各种村规民约，各经营主体对其了解和遵循程度的不同，也可能导致其经营行为的差异。

（2）经营主体行为对森林资源单位提取的影响。公共池塘资源管理中面临的两个主要问题是：资源单位提取和资源系统提供。所谓"提取"指的是经营主体从公共池塘资源中提取资源单位的行为，而"提供"则是指提取者在现有公共池塘资源中通过改变提取活动来改变资源存量，或指提取者为提供或维持公共池塘资源存量而贡献资源。经营主体行为如何影响森林资源流量和存量呢？

森林经营主体生产性努力可体现为对森林资源单位的提取，具体而言，经营主体的生产性努力表现为以下几个方面：其所期望收获的"资源单位流量"（产品、数量或价值量）是什么或多少？如何生产与收获（技术）？获取目的（消费性或市场性）是什么？市场何在？产品生产周期多长（轮伐期）？因此，经营主体的这些生产性努力决定了森林资源单位的特征，如森林产品品种、数量和种植面积，林木的生长率和更新率（即轮伐期），资源单位的生计价值和经济价值等。

此外，经营主体的分配性努力主要体现为对森林资源单位的提取，此时的提取更多地体现为资源的使用，而且在使用过程中并不对资源进行劳动、资本或技术等方面的投入以促进资源的更新与维护。

（3）经营主体行为对森林资源系统提供的影响。森林经营主体的生产性努力也可体现为对森林资源系统的提供上，现实中凡经营主体在生产性活动中涉及维持或增加资源系统存量的行为都可视作对资源系统的提供。具体而言，经营主体可通过资本、技术和劳动力投入直接增加资源系统存量（如生态林建设），也可通过制定可持续森林经营方案，或通过自主组织与自治中所达成的规则，或遵守传统的林业知识、习惯以及各种村规民约等使资源系统存量增加，或者至少要减少对资源系统存量的损害。

（4）森林资源单位与森林资源系统存量系统的关系。森林资源系统存量是指某一时点上存在的量，资源单位流量是指一段时间内变化的量。流量是在一定时期内测度的，其大小有时间维度；而存量则是在某一时点上测度的，其大小没有时间维度。存量与流量之间有着密切的联系：流量来自存量，存量又归于流量中，也就是说存量只能经由流量而发生变化。公共池塘资源治理的本质是：实现流量最大化并且又不损害储存量或资源系统本身（奥斯特罗姆，2000），即资源的可持续利用。

森林资源单位流量与森林资源系统存量之间存在着相互制约的关系，资源单位的可分性导致了逼近森林资源系统所产生的资源单位数量极限的可能性。森林资源单位是使用者（如经营主体）在森林资源系统中占用和使用的量，但资源单位不能共同使用或占用，如一片林地砍伐的林木不能同时为其他人所采伐。森林资源不仅具有消费竞争性，而且资源单位是可分的，正是森林资源单位的可分性，可能导致个人对拥有资源单位的激励，所以"拥挤效应"和"过度使用"问题一直困扰着森林资源系统。因此，如果在森林资源系统中，资源的提取率不超过资源的补充率，那么森林这种临界带类型的可更新资源就可以长期维持下去，得以可持续利用。但是，一旦逼近森林资源单位的极限采伐量不仅会导致短期的拥挤效应，而且从长期来看会摧毁整个森林资源系统继续生产资源单位的能力。

（5）森林资源可持续性与森林资源系统存量。

1）森林资源系统存量维持或增长的途径。森林资源具有可再生性，若资源的平均提取率不超过平均补充率，森林资源就会长期维持下去。具体到森林资源存量的维护或增长，其主要路径有两个：一是经营主体在森林资源单位提取过程中减少对森林资源系统存量的损害，其本质是资源使用与自然退化的关系。经营主体可通过制定可持续森林经营方案，或通过自主组织与自治中所达成的规则，或遵守传统的林业知识、习惯以及各种村规民约等增加资源系统的存量，或者即使没有使存量增长也要至少减少对资源系统存量的损害。在实践中如合理利用森林资源所提供的各种产品，科学采伐，注重种植林种的合理比例，就能在一定程度上降低水土流失或减少病虫害干扰，从而降低资源系统的生产力或林地生产力下降的可能性。二是经营主体直接增加森林资源系统的存量，其本质是资源系统养护和修理的投资支出关系。具体而言，经营主体可通过资本、技术和劳动力投入直接增加资源系统存量（如生态林建设）。

2）森林资源可持续性与存量的关系。森林资源的可持续性本质上体现为森林资源系统存量的维持或增加。在微观尺度下，可用森林资源生产力、林地长期地力维护指标表示资源可持续性，如可用林分结构、病虫害干扰、资源碎片化、地理与气象等存量指标描述森林资源生产力，用林下植被、林地水土状况、物种构成、人工设施、地理与气象等存量指标描述林地长期地力维护。因此，本节可以通过资源系统相关存量指标的变化来判断森林资源的可持续性。

2.2 "集体完全所有"制度对森林资源可持续性的影响

本节及之后的 2.3 和 2.4 都是利用文献对我国集体林产权对森林资源可持续性的影响进行研究，文献搜集主要采用以下方法：一是中文文献查询，主要关键词包括：集体林产权、中国林权改革、森林资源、可持续性、资源保护、林地细碎化等，文献时间跨度为 1956 年至今，主要数据库包括中国知网、万方数据库、维普数据库等。二是外文文献查询，主要关键词包括 "forest devolu-tion" "forest decentralization" "community forest" "forestland tenure reform" "forest resource system""sustainability" 等，直接搜索 Science Direct 数据库或利用谷歌学术搜索与其他数据库连接，文献时间跨度为 1978 年至今。

中国集体林产权制度变迁以改革开放为界点，前半部分主要表现为"从分到合"的过程，而后半部分正好相反，是"由合到分"的过程，"集体完全所有"指的就是前半部分。1953～1978 年是集体化林权逐渐形成发展的阶段，也是体现林权"从分到合"的转变，更是私有林权逐渐被取消的过程。林地私有制度刚刚建立不久，国家便开始提倡合作化经营，将农民私有林权慢慢转变为集体林权。私有林集体化进程经历了互助组、初级合作社、高级合作社和人民公社四个时期，由于互助组时期依旧沿袭土地改革时期的做法，农户拥有完整产权，即同时拥有林地和林木的所有权、使用权、收益权、处分权。因此，本书认为真正的"集体完全所有"制度改革始于初级农业合作社。

2.2.1　产权对经营主体的影响

（1）产权特征。在"集体完全所有"产权下，其不同阶段的集体林产权特征不同，农户和集体所拥有的林地和林木的产权差距拉大，最主要的一个特点就是农户的权利逐渐向集体合作社转移。在合作化过程中，除了初级农业生产合作社出现了林地所有权和使用权的短暂而不完全的分离以外，在高级合作社和人民公社中，森林、林地、林木产权的几种权能又重新合一，基本上都归于生产队集体，具体如表 2－3 所示。

表 2－3　"集体完全所有"时期各阶段产权特征

阶段	所有权	使用权	处分权	收益权
初级合作社（1953～1956 年）	农民拥有林地和林木的所有权，合作社拥有部分林木所有权	合作社拥有林地使用权	林地处分权受到限制，所有者不能随意处分林地，由国家管理	在林地所有者和合作社之间分配
高级合作社（1956～1958 年）	除少量自留山外，其余都归集体所有	除少量自留山外，其余都归集体所有	除少量自留山外，其余都归集体所有	除少量自留山外，其余都归集体所有

续表

阶段	所有权	使用权	处分权	收益权
人民公社 （1958～1978年）	集体所有	集体所有	集体所有	集体所有

资料来源：刘璨（2008）。

（2）产权对经营主体行为的影响。产权对主要经营主体如生产队或生产大队的影响体现在两个方面：一是集体完全所有下的森林资源经营，产权虽然收归集体，但劳动力仍然来源于集体内的农户，且基本按照"工分制"进行收益分配，导致了农户"出工不出力""磨洋工"等"偷懒"和"搭便车"的行为（罗必良等，2013），为此降低了经营主体的生产性努力的效率。二是产权变更导致森林资源经营与管理的边界不清，为此引发了经营主体之间的分配性努力，许多地方出现不问山林权属，组织劳动力上山突击砍伐林木的现象（刘璨，2008）。

2.2.2 经营主体对森林资源可持续性的影响

（1）经营主体与经营主体行为。合作社时期，森林经营者以合作社为主，少部分由社员经营，前者以生产性努力为主，后者兼具生产性努力和分配性努力。根据1955年11月政务院颁布的《农业生产合作社示范章程草案》，合作社的生产性行为努力体现为两方面：一方面，具有决定权的生产性行为，表现为对成片林地的经营，如苗圃和新栽的幼林，生长周期长但收益高的松林、杉木等成材用材林，需要高劳动力投入的果园、茶山、竹林等成片经济林，其中经济林的劳动投入采用合作社支付给社员合理报酬的方式进行。此外，合作社林木生产经营过程中所需的其他生产资料如耕畜、大型农具等也是来源于社员，由社员所有转为集体所有。另一方面，不具有决定权的木材采伐行为，政府规定木材由国家统一管理采伐，实行木材统一调拨。零星树木则仍由社员自己经营。由于山林入社并非完全农民自愿、存在山林折价不合理或拖欠折价款或变相无偿集体共有，导致出现了林木经营中的分配性努力，在一些地方出现了对森林资源的乱砍滥伐现象。

在人民公社时期，林业经营以生产队或者生产大队为主要经营主体，生产性努力与分配性努力并存，且木材采伐活动是这一时期最重要的生产性经营活动，而更新造林、森林抚育、林分改造、护林防火、林木病虫害防治、伐区管理等则被弱化。人民公社以"三级所有，队为基础"方式开展生产，具体到森林经营中则是生产队或生产大队通过建立社队林场和山林管理小组的方式进行：面积比较大、分布比较均匀的山林由生产队集体经营；分布不均且难以划片的山林由生产大队集体经营；丘陵平原地区的全部或大部分被划片到队，由生产队经营，乡村林场成为很多地方发展合作林业的重要力量。由于人民公社建立不久就掀起了"大跃进"运动，许多地方出现了不问山林权属，组织劳动力上山突击砍伐林木（刘璨，2008）。此外，政府还采用计划等多种手段直接干预生产队或生产大队的经营，使社队的经营自主权受到严重干扰，并导致了对森林资源的乱砍滥伐行为。

（2）经营主体行为对森林资源单位与资源系统的影响。经营主体行为对森林资源单位的影响主要体现为对森林资源单位的过度提取，具体表现形式有以下几种：一是生产性经营活动中对采伐的过度强调，如由于当时大力推行炼钢炼铁和兴办食堂，遍地起火，大量采伐木材。二是生产经营活动中对林地的不合理利用或转换林地性质，即由于出现大面积的自然灾害而导致的粮食短缺，迫使农民开始毁林开荒种植粮食，森林资源遭到破坏。福建、广东、广西、湖北和江西等省份的低山丘陵的森林几乎被全部砍光。三是分配性努力导致的森林资源乱砍滥伐，如1954～1956年合作化期间，广东省一些地方由于折价不合理，加之对加入合作社的有关政策规定宣传不够，出现了入社前把树砍掉现象，如1956年7～10月，廉江县群众在入社前把13个山头的林木全部砍光（刘璨，2014）。

经营主体行为对资源系统的影响体现在两方面：一方面由于对资源单位的不合理使用导致资源系统的存量减少，另一方面缺乏生态性经营活动来直接维护资源系统的存量，如福建、江西和浙江三省在1964～1976年防护林林地面积一直为2%～4%[①]，并最终导致资源系统的退化。

---

① 数据来源于对相应年份《中国林业统计年鉴》的测算。

2.2.3 "集体完全所有"下的森林资源可持续性

"集体完全所有"产权制度下的森林资源系统呈现出以下特征①：

（1）森林资源规模下降。1973～1976年，南方集体林区9省份活立木总蓄积量比20世纪60年代初下降64907万立方米，林业用地减少123万公顷。

（2）森林资源系统生产力下降。一是林分优势树种单位面积蓄积量下降，如福建省杉木单位面积蓄积量从1964年的104.24立方米/公顷降至1978年的55.10立方米/公顷，马尾松的单位面积蓄积量从1964年的91.58立方米/公顷降至1978年的65.01立方米/公顷，阔叶林的单位面积蓄积量也从129.41立方米/公顷降至1978年的123.32立方米/公顷。二是林龄低龄化。如福建省1964年用材林分幼龄、中龄以及近成过熟林面积比为38.1%∶33.1%∶28.8%，蓄积之比为7.6%∶37.8%∶54.6%，而1978年相应面积之比为54.7%∶34.4%∶10.9%，蓄积之比为19.76%∶51.43%∶28.81%，幼龄林及中龄林的面积和蓄积增加，但近成过熟林的面积和蓄积发生显著减少。

（3）资源系统的均衡性下降。一是森林火灾、病虫害干扰多，1966～1976年，被记载的森林火灾达到11万次，每年烧毁的森林有67万公顷。二是人为干扰增加，如非法采伐，1966～1976年，由于非法采伐再加上森林火灾的发生，使全国森林面积减少了660万公顷。

综上所述，这一时期的森林经营是不可持续的。

2.3 "二权分离"制度对森林资源可持续性的影响

根据集体林产权改革的阶段性特征，"二权分离"时期指的是林业"三定"到林权改革的试点时期（1978～2003年），在这一过程中又经历了两个关键阶段：林业"三定"时期和林权改革试点和突破阶段。

---

① 以下所有数据也是来源于对相应年份《中国林业统计年鉴》的测算。

2.3.1　产权对经营主体的影响

（1）产权特征。

1）第一阶段。1981年3月，中共中央颁布了《关于保护森林发展林业若干问题的决定》，实施了以"稳定山权林权、划定自留山和落实林业生产责任制"为主要内容的林业"三定"工作，以自留山及责任山的形式将林地经营权由集体向农民手中转移，出现了集体所有、农民经营的局面。具体相关的产权特征如表2-4所示。其中，对于处分权，1987年后执行森林限额采伐制度，采伐林木受到严格的管制，所以自留山、责任山以及统管山三者的林木处分权都受到一定程度的限制。

表2-4　林业"三定"时期产权特征

山林类型	所有权	使用权	处分权	收益权
自留山	集体拥有林地所有权，农户拥有林木所有权	农户拥有林地使用权	农户拥有部分林木处分权（允许继承）	农户拥有林木收益权
责任山	集体拥有林地所有权，农户拥有部分林木所有权	农户拥有林地经营权	农户无林地处分权	收益权在集体和农户之间分配
统管山	集体所有	集体所有	林木处分权受严格限制	集体所有

资料来源：刘璨（2008）。

2）第二阶段。1992年，随着我国社会主义市场经济体制的建立，林业开始引入市场机制。1995年颁布实施的《林业经济体制改革总体纲要》允许"四荒地使用权"有偿流转，允许通过招标、拍卖、租赁和抵押等形式，使森林资产变现。1998年，全国人大修订的《中华人民共和国土地管理法》规定，"农民集体所有的土地可以给单位或者个人使用"。1998年实施的《森林法》明确规定，森林、林木和林地使用权可以依法转让，也可以作为依法作价入股或作为合资、合作造林、经营林木的出资和合作条件。这一阶段林权制度安排的特点是：林地所有权归集体拥有，林地使用权和林木所有权由农户和企事业单位拥有；收益权和处分权在所有者和使用者之间分配，集体获得承包金或租金，农户和企事业单位拥有剩余收益权；林木处分权要严格遵守年采伐限额制度（罗必良等，2013）。

在此期间，随着林地使用权和林木所有权多种形式的流转，林业产权形式和产权主体多元化，法律保障有所增强，林业产权排他性有所提高。

总的来说，"二权分离"时期最核心的产权特征是：林地所有权归集体，承包经营权归农户（或其他经营者）。但是，两个阶段的产权特征存在一些细微的差异：一是承包经营主体有所差异，前者的承包者基本只有农户，而后者包括农户和企事业单位；二是处分权的分配存在差异。前一阶段林业"三定"时期，农户完全没有林地处分权，而后一阶段存在处分权在所有者和使用者之间分配。

（2）产权对经营主体行为的影响。

1）对于家庭经营模式下的林农来说，由于林业"三定"时，只被赋予了林地使用权，并没有将收益权和处置权一并交给林农，产权不完整，没有对其产生激励作用，反而形成了短视行为（罗必良等，2013）。随着1985年木材市场开放，加之木材价格上涨，刺激了林农的利益追求，大大提高了劳动生产率，但出现了乱砍滥伐现象。紧接着，1987年森林限额采伐制度的颁布，受限制的处分权和收益权又抑制了农户的生产性努力。1992年后，市场机制引入林业，"承包"使用权由村集体组织成员放宽至社会单位以及集体成员以外的个人参与。由于产权界定进一步细分化，导致集体和经营主体之间的收益权和处分权按照合同约定进行分配，所以林地使用权的排他性不断增强，从而有利于森林经营者形成稳定的未来预期，激发了其生产性努力的提高并伴随着分配性努力的降低。

2）对于集体经营模式下的经营主体来说，"二权分离"时期整体上由于收益权的不平等，抑制了其生产性努力的投入，因而导致乡村林场、合作造林以及林业股份合作组织的经营效率低下，甚至使福建省三明市的股份合作制最终面临瓦解。

2.3.2　经营主体对森林资源可持续性的影响

（1）经营主体和经营行为。

1）经营主体构成。林业"三定"改革后，家庭经营和集体经营成为绝大多数省份的主要林业经营模式，相应的林农和村集体则构成了主要的经营主体，截至 1986 年，家庭经营的林地面积已经约占全国集体林总面积的 69%，所占比重已有一定规模。但是，各省份的承包经营程度差异较大，其中江西省家庭经营的比例最高，达 93%；而福建省占比最低，只有 32%，约为江西省的 1/3（张海鹏等，2009）。到 2000 年，森林经营者以及林业经营模式已实现多样化，与最初的家庭经营和集体经营相比，新增了联户经营、小组经营、外部经营、生态公益林等多种经营方式。

2）家庭经营及其经营行为。一是林业"三定"时期，随着集体林产权的变革，农户的生产性努力得到激发，但由于农户预期不稳定且缺乏经营资本，使森林经营的结果仍然表现为"重采轻造"的现象。这一时期农户对林改政策缺乏信心，导致其产生分配性努力，且木材市场开放进一步激发了农户的分配性行为。具体而言，由于过去多变的产权制度安排，使林农目前并不相信林改政策的持久性，对林业未来的预期并不乐观，因此，林农的最优策略选择便是"多得不如少得，少得不如现得"（蔡志坚等，2012），即出现了农户过量采伐甚至乱砍滥伐的行为。此外，1985 年木材市场开放后，对林业生产经营主体形成了较强的利益驱动，但是木材经营秩序混乱，多家进山收购木材的现象十分普遍，导致南方集体林区一些地方出现了乱砍滥伐林木的分配性努力行为（刘璨，2014）。二是 1992 年后，林权改革进入试点和突破阶段，林农可以通过拍卖、租赁、承包等形式获得林地使用权，并且该使用权的排他性较林业"三定"时期不断增强，从而对农户预期产生了较好的激励作用，农户愿意投入时间和精力进行集体林管理和经营，在一定程度上激发了其生产性努力，使森林经营朝着可持续经营的方向发展。

3）集体经营及其经营行为。为了解决林地经营分散、家庭经营规模小、市场竞争力低以及经营风险较大等问题，集体经营成为林业经营的一个较合理的出路。在集体经营模式下，存在许多不同的组织形式，如乡村林场、合作造林、林业股份合作组织等。不同经营主体的行为特征不同。一是乡村林场。自 20 世纪 80 年代初实行林业"三定"以来，没有承包给农户的林地就组成乡村林场（刘璨，2008）。联合型乡村林场以自然村为基础设立的经营模式，联合的农户作为经营主体进行森林经营，自主进行收益分配，在一定程度上激励了自然村农户的生产性努力，但仍然因缺少资金、技术、信息等条件，使自然村农户森林经营的生产性努力发挥存在制约。二是合作造林模式。20 世纪 80 年代末 90 年代初的"合作造林"模式是指在村集体所有的土地上，合作一方为村集体土地所有权主体——村民小组或村集体；合作另一方通常是国有林场或国有森工企业，双方约定各自权利义务进行造林，分享利益的活动形式（刘璨，2008）。在合作造林的模式下，林业投入资本增加、林业技术提高以及进入市场的能力相对提高，有利于激发经营主体的生产性努力，但村民集体始终处于弱势，最终从林业经营中分得的收益较少，因此又抑制了其生产积极性。三是林业股份合作制。这也是当时产权制度安排的一种重要形式，福建省三明市就是一个典型的地区，实施了以"分股不分山，分利不分林"的产权制度安排。当时的主流观点认为，林业股份合作制既能激发经营主体的生产性努力，又能避免分山到户带来的林地细碎化以及乱砍滥伐。但实际情况下，村集体在扣除自身开支及运营费用后，便无力再支付给农户，所以，经营主体间又因收益权不平等导致生产性努力减少，分配性努力增多。乡村集体林场、合作造林以及股份合作制的集体经营模式，因经营主体从林业经营中得到的收益少，导致其生产性努力不高，经营效率低下。

（2）经营主体行为对森林资源单位及森林资源系统的影响。

1）家庭经营对森林资源单位及森林资源系统的影响。家庭经营行为对森林资源单位的影响主要体现在以下三方面：一是家庭经营抑制了森林经营资金投入的生产性努力，进而在一定程度上影响了未来森林资源单位的产出量。二是一家一户的个体经营模式，无法形成规模化生产，不具有抵御较大森林灾害和市场风险的能力，可能会使森林资源单位流量受损。而且即使当时发生了森林火灾，要求农户积极响应，但很少有人参与并回应，除非农户能提前拿到相应报酬（Liu C 等，2017）。三是分配性努力导致林业"三定"时林农对森林资源的乱砍滥伐。如河北省赞皇县一带实行了包干到户，因对林业政策缺乏事先宣传，农民怕今后政策有变，便先下手捞现货，直接砍伐树木（杜润生，2005）。

2）集体经营对森林资源单位的影响。集体经营行为对森林资源单位的影响体现在以下两个方面：一方面，"二权分离"时期集体经营形式有乡村林场、合作造林、林业股份合作制，由于三者的收益权分配在集体和成员之间的不平等，导致"生产性努力"降低，进而不利于森林资源单位流量的有效增长；另一方面，林业"三定"时期的乱砍滥伐现象，引发了分配性努力，导致一些已经分包下去的山林又收归集体统一经营（Liu J 等，2004），政策反复多变，难以形成一个稳定的预期，经营主体积极性不高。蔡晶晶（2012）通过对福建省永安市的集体林权改革的研究得出以下结论：在这一时期，由于国家与村集体关系不协调，林木产权不明确，权益得不到保障，许多集体林管护不善，森林总体质量下降。对云南省玉湖县的实地调查，1990~1998 年，由于乱砍滥伐现象导致部分林地再次收归集体经营时，发现此时几乎所有树木都被砍伐殆尽，几乎只剩下了荒山（Liu J 等，2004）。

集体经营行为对森林资源系统的影响体现在：一是集体统一经营减轻了林地细碎化的程度，对森林资源系统的生态功能完整性起到保护作用；二是在集体经营模式下，资金、技术、劳力等生产资料更加集聚，能够形成一定的规模效应，使收入水平提高，进而促进经营主体的生产性努力，使森林资源系统的开发力度加大，但不一定导致其退化。

（3）经营主体行为对森林资源系统的影响。

1）家庭经营行为对森林资源系统的影响可从两方面分析：一方面，由于农户对森林资源单位的过量采伐导致森林资源系统存量减少。据统计，南方集体林区 10 省份 1984~1988 年的有林地面积比 1977~1981 年的有林地面积下降了 416.64 万公顷，同期活立木总蓄积下降了 16535.47 万立方米，出现了有林地面积和活立木蓄积双双下降的局面①。另一方面，由于"三定"时自留山、责任山的划分是按照林地远近、质量好坏，按人口或劳动力多少平均分配的，因此家庭经营导致"一山多主，一主多山"的现象普遍，林地破碎化严重，影响了森林资源系统的生态完整性。

2）集体经营行为对森林资源系统的影响体现在：一是集体统一经营减轻了林地细碎化程度，对森林资源系统的生态功能完整性起到保护作用；二是在集

---

① 数据来源于对相应年份《中国林业统计年鉴》的测算。

体经营模式下，资金、技术、劳动力等生产资料更加集聚，能够形成一定的规模效应，使收入水平提高，进而促进经营主体生产性努力，使森林资源系统开发力度加大，但不一定导致其退化。

2.3.3 "二权分离"下的森林资源可持续性

"二权分离"时期森林资源系统存量的特征如下：

（1）林业"三定"制度安排导致森林资源系统存量减少。刘璨等（2013）通过计量经济学模型研究发现林业"三定"制度安排对我国南方集体林区森林资源产生了显著的负面影响，且对各省份的影响程度有所不同。从南方9省份总体来看，林业"三定"使有林地面积、活立木蓄积量、林分面积及林分蓄积量都大幅减少；相反，如果消除林业"三定"的影响，各森林资源指标数量都会增加。

（2）由于分山到户后家庭经营成为主要的林业经营模式，加剧了林地细碎化，使森林资源系统的完整性遭到破坏。孔凡斌等（2008）对江西省的农户调查结果显示：林业"三定"的集体林分权改革加剧了林地细碎化的程度，林地地块数量增加，户均地块面积减小，不利于森林资源系统整体性功能的发挥。Li M S 等（2011）通过 TM 卫星图像对浙江柯城进行监测时，对比 1988 年和 1996年两期数据发现，集体林权改革加剧了林地细碎化的程度，但趋势在减缓。

（3）林权改革的试点与突破阶段（1992 年后），承包经营权的放宽使林业产权主体多元化，可以有偿流转"四荒地使用权"，吸收了社会各阶层的资金，实现了森林资源的优化配置，更使大量荒山得到开发，在一定程度上实现了规模经营（罗必良等，2013），造林面积迅速增加，森林资源系统存量也相应增长，总体上促进了森林资源的可持续经营。

综上所述，"二权分离"时期的森林资源的可持续性应从两个阶段来看：林业"三定"时期分配性努力造成林木乱砍滥伐现象频发，森林资源系统存量减少，不利于资源的可持续性；林权改革的试点与突破阶段，引入了来自社会各界的资金，经营主体地位提高，林地使用权的排他性加强，对森林经营者的预期产生激励作用，生产性努力增强，在一定程度上有利于森林资源的可持续性发展。

2.4 "准三权分置"制度对森林资源可持续性的影响

2.4.1 产权对经营主体的影响

（1）产权特征。2003 年，《关于加快林业发展的决定》的颁布实施，拉开了新一轮集体林权制度改革的序幕。此次改革的内容可以概括为"明晰所有权、放活经营权、落实处置权、保障收益权"四大项，其中"明晰产权"被称为主体改革，后三项被称为配套改革。2008 年《关于全面推进集体林权制度改革的意见》的出台，标志着林改进入了全面推进和深化阶段。这一阶段的产权特征主要体现在：进一步还山于民，将林地使用权和林木所有权尚未明晰的集体商品林，产权落实到户、联户或者其他经营主体（罗必良等，2013）。不同经营主体在新一轮林改后，自主决策权增大，可以按照自身状况选择林业经营模式。在不同林业经营模式下，森林经营者所享有的产权是存在特征差异的，具体如表 2 - 5 所示。

表 2 - 5 不同林业经营形式的产权差异

经营形式	林地所有权	林地使用权	林木所有权	林木处置权	收益权
家庭经营	集体	个体林农	个体林农	个体林农	个体林农
联户经营	集体	联户合作林农	联户合作林农	联户合作林农	联户合作林农
小组经营	集体	生产小组或自然村	生产小组或自然村	生产小组或自然村	生产小组或自然村
外部经营	集体	外部承包者	外部承包者	外部承包者	外部承包者
集体经营	集体	村委会	村委会	村委会	村委会

资料来源：刘璨（2008）。

（2）产权对经营主体行为的影响。

1）产权对家庭经营和联户经营行为的影响。新一轮集体林权改革后，集体林所有权和承包经营权的分离更加明显，家庭经营成为最主要的森林经营模式，林农获得了具有相当程度排他性的林地使用权，更加有效地激励其对林业的长期、持续的投入，从而形成稳定的预期。此外，林农在获得林地使用权的同时也获得了林木的所有权、收益权和处置权，进而更加激发了他们的生产性努力，但这种生产性努力往往是过度的，导致整地、翻土、种植、施肥等一系列环节的过度投入，最终会对森林生态系统的质量产生不利影响。联户经营从广义上来说也属于家庭经营的一种，只不过是林农从单户扩张到若干户，经营规模有所扩大。林农在生产经营过程中，由于存在资源权属不明晰的问题，他们的生产性努力没有完全发挥，从而使整体效益受损。

2）产权对外部经营行为的影响。新一轮林权改革鼓励外来组织或单位或大户进行承包经营，优化资源配置并提高林地生产力。外来经营主体一旦与村集体签订承包合同后，其便取得了承包期内的林地使用权以及林木的所有权、处置权和收益权。因此，在有限的承包期内，具有较强排他性的林地使用权以及林木的收益权极大地调动了经营主体的生产性努力，主要表现在劳动力、资金、技术等大量投入，人工林的大面积种植与采伐。

3）产权对集体经营行为的影响。对比新一轮集体林权改革前后，一个显著的特征便是商品林集体经营占比迅速降低但仍然存在一定的比例。主要包括林业"三定"时期的划定的统管山以及大部分的生态公益林。一方面，集体作为经营主体时，其享有的山林的所有权、经营权、处置权和收益权是由集体内部各成员共享的，即其享有的各项权能在成员间不具备排他性，难以激发其生产性努力，这也是集体统一经营山林效率低下的原因之一。另一方面，对于生态公益林，因其特定的用途，集体不能从其中获得短期收益，但具有一定的生态补偿金。尽管如此，目前我国的生态补偿标准还不高，能获得的补偿金有限，因此抑制了集体经营生态公益林的生产性努力。

2.4.2 经营主体对森林资源可持续性的影响

（1）经营主体和经营主体行为。

1）经营主体构成。随着新一轮集体林产权制度改革的推进，经营权被不断放活，出现了以林农为主体的多类型经营者，相应的是以家庭经营为主的多样化林业经营形式出现（见表 2 - 5）。但从林地经营面积来看，农户仍然是新一轮林权改革的主力军，集体经营林地面积明显减小，而联户、小组、外部经营以及生态公益林的林地面积都有一定的增加。不同省份林情及省情的异质性，也导致了各类林业经营模式占比在省际存在差异。

2）家庭经营及其经营行为。新一轮集体林权改革的首要目标就是"明晰产权"，将权属尚不清楚的集体林再次确权到户，完成主体改革，强调农户林业经营的主体地位，家庭经营模式仍然是集体林经营的主要模式。家庭经营占比面积最高的省份为湖南，达 92.43%；占比最小的福建省，其占比也超过了50%。家庭经营以商品林为主，其经营特征表现为：一方面，主要体现为生产性努力即造林积极性上升，例如四川省珙县林改后林农的造林积极性高涨，表现为在荒山、荒地踊跃植树造林、对于采伐迹地都能在当年或次年春完成更新造林任务、对于林中空地能积极补植补造、对于房前屋后的零星地块也积极开展植树活动（黄全林，2011）。另一方面，与"二权分离"时期的农户行为相比，更多的劳动力、资金和技术被投入生产中以获得更高的经济收益（Liu C 等，2017），但过度生产性努力会产生负面影响，如将天然林改造成人工林以及人工林的大片种植，过度使用化肥催生、农药杀虫、连作翻土与整地等技术，都可能对生态系统产生负面影响（李怡等，2012）。

3）联户经营与经营行为。联户经营模式是为了逐渐满足林业规模化经营特点而自然出现的一种产权安排方式，它是指一组农户在自愿的基础上联合经营一片或几片林地，这个组的概念在 5 ~ 10 户（裴菊等，2007），规模可大可小。与家庭经营对比，既存在相同点又存在差异性。相同的地方有：两者都以林农为经营主体，直接受益者还是农户，在一定程度上激发了其生产性努力。两者的差异在于：在联户经营模式下，资金、劳动力、技术等生产要素的聚集使林业生产取得了一定的规模效应，刺激了农户的生产性努力，提高和解放了林业生产力。但是，在实际的生产经营过程中，联户经营的林农个体理性会偏离集体理性，造成了付出与收益不相等、经营效率低下，即农户存在分配性努力行为倾向。

4）外部经营与经营行为。随着新一轮林权改革的不断深入，集体林林地流转更加频繁、更加规范化。外部经营（也称林地流转经营），是指外村的个人或组织通过签订合同的方式获得某个村的林地使用权和管理权（裴菊等，2007），通常是指商品林。林地进行流转后，外部经营主体一般拥有更多的生产资料、更先进的生产技术以及更充足的资本投入，能够进行规模化、集约化经营，有效地激发外部承包经营主体的生产性努力。由于存在承包期限的问题，外部经营主体往往在期限内不会考虑长远效益，大都以短期利益为目的，大力种植速生丰产林，一到承包期限便会出现砍伐殆尽的行为，造成当地水土流失、地力衰退、病虫侵害等问题。

5）集体经营与经营行为。对于商品林而言，集体经营是指由村集体组织作为经营主体，从事山林的管护、造林和采伐等生产经营活动（孙妍等，2006）。与前文所述的其他经营模式类似，都以追求经济利益最大化为目标，但其不仅要满足上级政府下达的指示要求，还要维持村集体本身的日常开销和基础设施建设，造成村集体组织的生产经营压力很大。一方面，村集体拥有自主的林地经营权，在一定程度上能够使集体林的开发和利用得到较好的规划，以收益为目的的经营，激发了其种植速生丰产林以及经济林等的过度生产性努力；另一方面，村集体为了获利，很有可能会把村林地大规模地转让给商业造林公司，造成天然林被大面积地破坏（蔡晶晶，2012）。对于生态公益林而言，大多数省份由集体统一经营，由其雇用专门的护林员负责公益林的管护，集体组织支付一定的看管费用。

（2）经营行为对森林资源单位和森林资源系统的影响。由于新一轮集体林权改革后，森林经营者享有较为完整的林地使用权，可以自主选择林业经营模式，下面就不同林业经营模式下不同经营主体行为对森林资源单位和资源系统的影响进行具体分析。

1）家庭经营行为对森林资源单位和资源系统的影响。根据前文对农户的家庭经营行为的描述，其对森林资源单位及资源系统的影响主要表现在以下三方面：第一，农户自发造林积极性增加了，森林保护意识增强了，自愿在可利用的林地上种植树木，在一定程度上使森林资源单位的数量得到了增加，有利于森林资源系统存量的维持或增长。第二，农户基于利益最大化的要求，将大量天然林改造成人工林，加之大面积的人工林种植，从而导致人工林面积迅速增加、天然林面积急剧减少，使森林资源系统的生物多样性遭到严重破坏。第三，农户过度采伐的行为使森林资源单位数量短时间内剧烈减少，没有考虑整个森林资源系统存量的变化，会对资源系统的可持续经营产生一定的不利影响。

2）联户经营行为对森林资源单位和资源系统的影响。与家庭单户经营相比，联户经营与其有很多的共性，而且对森林资源单位和资源系统的影响存在相似性，比如：林地所有权和使用权的分离激发了林农的生产性努力，而这种生产性努力主要表现在松树、杉木、桉树等人工林的改造和种植上，使森林资源单位的价值、生长期、更新率等都发生了巨大变化，导致森林资源系统的生态功能下降，生物多样性受损。但是，联户经营还存在家庭单户经营所没有的特征，那就是联户经营集聚了更多的劳动力、资金等生产资料，能形成一定的规模经营，产生一定的规模效应，使森林资源单位流量增加，既避免了山林划分的困难，又减轻了资源系统林地细碎化的程度。

3）外部经营行为对森林资源单位和资源系统的影响。外部经营主体主要是社会单位或企业组织或商业造林公司以及承包大户等。外部经营主体一旦获得林地承包经营权，基于对经济利益的追求，会极大地调动其自身的生产性努力，从整地到收获期间的每个环节，如整地、翻土、植苗、施肥等活动，有很明显的投资意向，在一定程度上影响森林经营水平和长期收益。在林地承包经营期内，以追求利润最大化为目标的外部经营主体，会尽可能地选择高收益、短周期的林种，例如广西常常存在承包大户以营造桉树、湿地松等速生丰产林来缩短投资机会，获得高额利益的短期行为（李怡等，2012）。这种行为在短期内会造成人工林森林资源单位流量的增加，即面积和蓄积同时增加，但是从长期来看，如果始终保持相同的林业经营行为，那么必然会使森林资源树种结构失衡，生物多样性丧失，森林生态功能减弱等。

4）集体经营行为对森林资源单位和资源系统的影响。新一轮林权改革后，集体经营的山林面积很少，主要是林业"三定"时期划定的统管山以及划为集体经营的生态公益林。由于此类山林无法明确归为谁有，往往形成集体林即

"无主林"的现象，使造林投入、管护、培育等严重不到位（孙妍等，2006），难以形成有效激励，表现为村集体对森林资源既没有过度提取也没有过度投入。部分生态公益林由集体统一经营，相关法律规定生态公益林不得转让、不得采伐，属于森林资源系统存量的纯提供，有利于森林资源的可持续经营。

2.4.3 "准三权分置"下的森林资源可持续性

在此阶段下的森林资源系统存量的变化特征可以从森林资源系统的规模、森林资源系统的生产力以及森林资源系统的均衡性进行分析，具体如表 2－6 所示。

（1）森林资源系统的规模，包括资源存量的数量变化以及景观层面的林地细碎化特征。首先，关于资源系统存量上的变化，根据现有的文献研究，大多数学者认为新一轮集体林权改革促进了森林资源数量上的增加，森林面积、森林蓄积量、森林覆盖率等都增加了（奉钦亮，2013），但也有少部分的研究存在相反结论，如 Li M S 等（2011）通过浙江柯城的遥感图像也发现：1988～2005 年，森林覆盖率存在 7.8% 的净损失，从 1988 年的 66.8% 降到了 2005 年的 59%。其次，林地的碎片化特征。孔凡斌等（2013）通过对江西、福建、浙江等 9 省 18 县 2420 户农户的抽样调查后发现，新一轮林改前后农户林地的地块数量呈现增加的趋势，在一定程度上说明了新集体林改使集体林地进一步呈现出分散化、细碎化的特征。Liu C 等（2017）对山东、辽宁、浙江、福建等 9 省 18 县 2430 户农户的抽样调查发现，林地细碎化在新一轮林改后变化显著，带来了负外部性的增长。Li M S 等（2011）对比了我国和美国两者的林地细碎化程度，发现我国林地碎片化程度明显高于美国，这主要是由于农户的干扰以及森林经营管理的不善。与之相反，陈巧等（2015）通过对江西省林改区的 2000 年及 2008 年两期遥感影像资料研究发现，江西省武宁县新一轮林改后，阔叶林、针叶林、乔木林的斑块数量减少，分散度降低、破碎度降低，景观向着良性发展。这说明林地碎片化并不代表景观的破碎和分离。Li M S 等（2011）对比 2005 年和 1996 年的两期遥感影像资料，发现浙江柯城林地细碎化程度在减缓。

表2-6 不同产权安排对森林资源可持续性的作用

阶段	产权特征	经营主体	经营者行为	产权对经营者行为的影响	经营者行为对资源单位的影响	经营者行为对资源系统的影响	资源系统变化
集体完全所有	集体所有（除自留山外）	合作社/生产队/生产大队	过度生产性努力，兼具分配性努力	①抑制经营主体生产性努力；②激发经营主体之间的分配性努力	过度提取：①过度采伐、林地转换等生产性行为；②分配性努力导致的森林资源乱砍滥伐	①缺乏生态性经营活动；②过度提取破坏了资源系统	①资源规模缩小；②资源系统生产力下降；③资源系统的均衡性遭到破坏
"二权分离"	林地所有权归集体，其他权力（包括林木）归经营者	家庭	"短视性"生产性努力，存在分配性努力	激发"短视性"生产性努力	①"三定"时期："短视性"过度采伐，营林投入不足及分配性砍伐；②1992年林权改革后同时关注采伐和营林性投入	①过度提取导致系统存量减少；②林地破碎化影响系统的生态完整性	①"三定"时期资源规模下降，但1992年后资源规模开始增长；②资源系统生产力没有改善；③资源系统均衡性没有改善
		乡村林场/合作造林/股份合作	兼具生产性努力和分配性努力	①生产性努力程度不高；②引发分配性努力	①更多的营林性生产要素投入，但生产性努力的效率较低，不利于资源配置性努力导致乱砍滥伐	①资源单位增长缓慢导致资源系统存量增加的有限性；②减轻了林地细碎化对系统完整性的破坏	
"准三权分置"	明晰所有权，放活经营权，落实处置权，保障收益权	家庭	"过度"生产性努力	仅激发商品林生产性努力	①营造林中的"过度"投入，一定程度改变了资源单位的价值，更新采育；②"过度"提取，即"过度"采伐	①低生态性经营活动的提供不足，导致破坏了资源系统；②过度采伐破坏了资源系统；③林地破碎化影响系统的生态完整性	①资源规模数量增加，但总体质量方面是否改善存在争议；②资源系统生产力是否改善存在争议；③资源系统的均衡性是否改善存在争议

续表

阶段	产权特征	经营主体	经营者行为	产权对经营者行为的影响	经营者行为对资源单位的影响	经营者行为对资源系统的影响	资源系统变化
"准三权分置"	明晰所有权，放活经营权，落实处置权，保障收益权	联户	"过度"生产性努力	激发商品林生产性努力，还可能导致分配性努力	①营造林中的"过度"投入，一定程度改变了资源单位的价值、更新率等；②"过度"采伐	①低生态性经营活动努力导致对资源系统的提供不足；②过度生产与过度采伐破坏了资源系统	①资源规模：数量上总体增加，但质量方面是否改善存在争议；②资源系统的生产力是否改善存在争议；③资源系统的均衡性是否存在争议
		外部	"短视"兼"更过度"生产性努力	激发商品林生产性努力	①营造林中"更过度"投入，更高程度地改变了资源单位的价值、更新率等；②"过度"采伐	"短视"兼"更过度"生产方式损害了资源系统的质量	
		村集体	兼顾生态公益林的生产性努力	更关注商品林的生产性努力	商品林营造中也存在"过度"生产性行为	①商品林存在"过度"生产性努力并损害了资源系统；②减轻了林地细碎化对系统完整性的破坏；③生态性生产努力提供了资源系统的存量	

（2）森林资源系统的生产力，包括树种的构成、林龄结构、新造林面积、有林地单位面积生长量等方面。新一轮林改对森林资源系统的生产力会产生何种影响，研究者对此选取不同的评价指标进行衡量，所得结论不一。第一，新一轮林改促进了森林资源系统的生产力，有利于资源的可持续发展。陈永富等（2011）利用福建省邵武市 1997 年和 2010 年两期的森林资源二类清查数据进行对比发现，新一轮林改后邵武市经营主体主要选择杉木、桉树以及硬阔叶树种植，马尾松和软阔叶树减少，而且各优势树种龄组面积表现出幼龄林、中龄林、近熟林、成熟林、过熟林共五大类林的比例趋于平衡并且人工林中杉木、马尾松、阔叶林的配置也愈加合理的现象。第二，与前者相反，新集体林改不利于森林资源的可持续经营。侯一蕾等（2013）对福建省三明市的村级调查发现，农户在林改以后的造林，基本都是以杉木、马尾松等用材林为主，造林数量增加；但当年采伐的林木中，阔叶林的比例增加，加之造林又以针叶林为主，使阔叶林和针叶林的比重严重失衡，影响了整个森林资源系统的结构。因此，新一轮林改是否促进了森林资源的可持续发展需要分情况进行讨论，不能以一概全。

（3）森林资源系统的均衡性，包括各种森林灾害的干扰，如火灾、病害、虫害等。不同学者从不同的角度研究森林资源系统的均衡性时，所得出的研究结论存在差异性。一方面，大多数研究得出，新一轮林改使农户自觉保护森林的意识增强，在一定程度上降低了森林灾害的风险。张英等（2015）根据 1950 ~ 2013 年中国省级森林灾害数据的研究发现，在新一轮集体林权改革全面推行后，全面森林火灾次数的减幅高达 52.66% ~ 64.86%，而且森林病虫害发生面积也减少了 25.95% ~ 38.23%。孔凡斌等（2013）从全国和区域（福建、江西、浙江、辽宁）两个角度出发研究新集体林权改革的绩效发现，全国以及福建、江西、辽宁三省，新林改的推进使森林火灾的发生概率降低、受灾面积减小，而浙江例外。同时，随着林业技术及病虫害防治手段的不断精进，森林病虫害发生概率会降低，森林资源的可控性增强，有利于资源系统的可持续发展。另一方面，新一轮集体林权改革的推行反而进一步破坏了森林资源系统的均衡性，具有负面影响。如新一轮林权制度改革后的 2006 ~ 2009 年，根据《中国林业统计年鉴》可知，安徽省森林火灾发生频率并没有明显下降，火场总面积和森林受灾面积反而呈现上升势头。相同地，浙江省在新一轮林权制度改革后森林火灾无论是火场面积还是森林受灾面积都呈现反常的上升势头（孔凡斌等，2013）。

综上所述，"准三权分置"时期，新一轮集体林产权变迁对森林资源可持续性的影响在不同研究尺度得到的研究结果不同，能否促进森林资源可持续发展有待进一步研究。

2.5 本章结论与讨论

2.5.1 研究结论

本章在 FS–SES 理论框架上，利用文献分析了我国集体林产权变迁对森林资源可持续性的影响，可得以下结论：

第一，在"集体完全所有"时期，森林资源经营不可持续，其原因在于：产权安排抑制了合作社、生产队或生产大队等经营主体的生产性努力并激发了经营主体之间的分配性努力。生产性努力体现于经营主体过度采伐，森林经营等生产活动的效率低下，大量林地被转换成非林地，且缺乏生态性的经营活动，而分配性努力则导致了经营主体对森林的乱砍滥伐。资源单位的过度提取及缺乏生态性生产活动的提供导致森林资源系统在资源规模、系统生产力及系统均衡性等方面全面下降，造成了森林资源的不可持续性。

第二，"二权分离"时期，森林资源不可持续，但经营者的营林性生产努力有利于资源的可持续性。这一时期的森林主体包括家庭经营和集体经营两类，产权对不同经营者的作用及后果存在差异：一是从家庭经营角度来看，"三定"时期的产权安排激发了农户的"短视性"生产性努力并导致资源的过度采伐，而在营林性生产活动中则存在投入不足的问题，但1992年林权改革的产权安排则让家庭经营者同时关注采伐和营林性投入。家庭经营对资源的过度提取导致资源系统的存量减少，且家庭经营所致的林地破碎化影响了资源系统的生态完整性。二是集体经营以乡村林场、合作造林和股份合作模式为主，"二权分离"的产权安排虽然可以激发集体经营者的生产性努力但其努力程度不高，且容易引发分配性努力。集体经营可以整合更多的营林性生产要素投入生产，但生产效率较低不利于资源增长，分配性努力则导致了对森林的乱砍滥伐。与家庭经营相比，集体经营减轻了林地细碎化对系统完整性的破坏。这一时期的资源系统变化呈现三个特征，即"三定"时期的资源规模下降但 1992 年产权改革后资源规模的数量开始增长，资源系统生产力没有改善，资源系统的均衡性也没有改善。为此，这一时期的森林资源仍不具可持续性。

第三，"准三权分置"时期森林资源的可持续性存在争议。因研究的时空尺度不一，现有文献对此时期森林资源系统变化的研究结果不一，在资源规模方面，数量上总体增加但质量方面是否改善存在争议，资源系统的生产力是否改善存在争议，资源系统的均衡性是否改善也存在争议。这一时期的经营主体包括家庭经营、联户经营、外部经营和集体经营四类，不同经营主体对产权安排的反应存在差异，具体为：一是从家庭经营角度来看，产权激发了农户商品林的"过度"生产性努力，农户在营造林生产中的"过度"投入，在一定程度上改变了资源单位的价值、生长期、更新率等，同时存在过度采伐行为。农户对商品林的过度生产与过度采伐破坏了森林资源系统，对生态公益林生产的漠视或低生态性经营活动努力导致对资源系统的提供不足，此外，更为严重的林地破碎化影响了系统的生态完整性。二是从联户经营角度来看，产权安排不仅激发了商品林的"过度"生产性努力，还可能导致分配性努力，但与农户家庭经营相比，其林地经营规模较大，有利于资源系统的生态完整性。三是从外部经营角度来看，产权安排激发了经营者"短视"兼具"更过度"的生产性努力，以大规模速生丰产林为主要特征的资源生产方式损害了资源系统的长期生产力和系统均衡性。四是从村集体经营角度来看，其生产性努力在重点关注商品林生产时也兼顾生态公益林生产（管护），村集体经营方式对资源系统的影响包括商品林经营中也存在的"过度"生产性努力导致资源系统损害、可缓解林地细碎化对资源系统完整性的破坏和通过生态性生产努力提供了资源系统的存量，因此，集体经营对资源系统存量的破坏最小。

2.5.2 讨论

主要是针对不同尺度下森林资源可持续性评估结果展开的讨论。森林资源可持续性一方面具有不同尺度，可以满足不同尺度如较大尺度（国家）、局部（如省市）甚至微观（森林使用者）的需求，但另一方面其却是微观尺度如森林使用者（特别是经营者）行为作用的结果，在研究集体林权变迁对森林资源可持续性影响时，属于探讨人文系统变迁对生态系统作用的范畴，研究中不仅涉及两个系统之间的尺度匹配，还涉及同一系统的尺度传递。现有文献对"准三权分置"时期森林资源可持续性存在争议，本质上是我们的研究在尺度匹配及尺度传递时出现了问题，比较典型的如下：

（1）从"林地细碎化"与"景观破碎度减小"矛盾性结论中衍生的尺度传递中的问题。许多文献提及"林地细碎化"且认为"林地细碎化会损害森林资源系统的完整性"（侯一蕾等，2013；蔡晶晶，2012），这一研究结论是国家出台促进林地流转相关政策的驱动力之一，但也有研究认为，林改使"阔叶林和针叶林的斑块数量减少，平均斑块面积增大，分散性降低，破碎度减小"（陈巧等，2015）。从表面看，似乎可以得到"林地碎片化并不会导致景观的破碎及分离"的结论，但实际上"林地细碎化"描述的是微观尺度上家庭经营模式下林地地块的"碎片化"的程度，而"景观破碎度"是反映森林景观尺度的指标，它反映的是在县、市级范围内所有森林资源经营者（包括国有林、集体林）林地经营的结果。"林地细碎化"与"景观破碎度"到底如何关联？这涉及森林资源系统的尺度传递，从集体林权政策系统来看，我们需要探讨不同经营模式对不同尺度的森林资源系统完整性的影响。

（2）利用微观主体解释较高尺度政策效果中存在的尺度不匹配问题。许多文献利用微观主体行为解释较高尺度上如国家、省或县市层面的集体林权改革效果，由于忽略了或未考虑微观尺度上经营主体差异导致有些现象无法得到解释，甚至出现偏差。如以福建、江西、浙江和辽宁四省为例，以"森林火灾"为指标研究集体林权改革绩效时，得到"福建、江西、辽宁三省有正向绩效（浙江例外）。原因是农民在获得完全市场主体地位后，成为林地的主人，其内在的'私人经济理性'决定了他们会对山林资源更加珍惜，'看好自家山、管好自家林'成为农民的自觉行动"（孔凡斌等，20013）。这种解释存在的问题是忽略了各省微观经营主体在林权前后变化的巨大差异，实际上，浙江省在林权改革的初期阶段家庭经营的比例已达 80%，浙江省林权前后的经营模式变化不大。福建和辽宁的家庭经营模式分别增加 7.02% 和 12.28%，江西是外部经营比重增加 4.46%，江西和浙江家庭经营比重仅增加 0.74% 和 0.21%，福建、江西和辽宁三省集体经营比重分别下降 15.49%、5.46% 和 5.28%，而浙江基本维持不变（张海鹏等，2009）。不区分微观尺度经营者构成的差异，且仅用部分微观尺度经营者行为来解释更高尺度的政策效果，可能导致结论的不严谨。

第3章 "三权分置"下异质性经营主体的绩效研究

与我国集体林产权制度"分—合—分"变迁相对应的森林经营主体也历经了生产队、村民小组、联户经营、家庭经营、外部经营如工商资本经营、家庭林场等变化,这些经营主体在收益预期、进入市场能力、资本获得能力、经营规模、话语权、技术采纳等方面存在差异,并最终导致其生产效率也存在高低之差。集体林权"三权分置"旨在通过放活经营权促进林地流转实现规模化经营以此提高林业生产效率,这意味着林地资源应该向具有更高生产效率的经营主体流转和集中。那么在"三权分置"下,哪些经营主体的生产效率高而哪些经营主体的生产效率却是低的?导致生产效率不一的主要原因是什么?对此,本章从"生产本质上是对生产要素的组织和投入"的认知出发,比较不同生产经营主体生产要素投入产出(即绩效)的异质性来回答上述问题。

本章以福建省沙县林业经营为例进行研究。沙县是我国南方集体林区重点林业县,全国杉木中心产区,作为全国林权制度改革的示范县,沙县的林权制度改革始终围绕生态保护和农民增收两个核心任务展开,在完善林业经营体制、产权制度、社会化服务体系等领域展开了诸多探索,为我国林业高质量发展积累了宝贵经验。

3.1 研究框架构建与理论分析

3.1.1 HFM – SES 框架提出

3.1.1.1 研究框架

以 SES 理论为基础构建"三权分置"下异质性经营（Heterogeneous Forest Management，HFM）对林业经济生态绩效影响的研究框架（HFM – SES）如表 3 – 1 所示，HFM – SES 包括（森林）资源系统（RS）、（森林）资源单位（RU）、治理系统（GS）、行动者（A）4 个第一层级变量以及行动情景（I – O），并根据研究需要分解到第二层级、第三层级变量。

表 3 – 1 HFM – SES 研究框架及主要变量

第一层级变量	第二层级与第三层级变量
治理系统（GS）	GS4 产权系统 　GS4 – a "三权分置"下的林地流转
行动者（A）	A2 行动者的社会经济属性 　A2 – a 国有林场 　A2 – b 村集体 　A2 – c 村民小组 　A2 – d 林业大户 　A2 – e 农户家庭 A9 技术使用 　A9 – a 造林技术 　A9 – b 抚育技术 　A9 – c 间伐技术 　A9 – d 主伐技术
（森林）资源系统 （RS）	RS5 资源系统生产力 　RS5 – a 森林群落类型

第一层级变量	第二层级与第三层级变量	
（森林）资源单位（RU）	RU2 增长率、更新率 　RU2－a 林木采伐年限 RU4 经济价值 　RU4－a 单位林地的木材产量 　RU4－b 单位林地的木材价值	
行动情景： 互动（I）→结果（O）	I5 投资活动 　I5－a 林地面积 　I5－b 林地时间 　I5－c 劳动力 　I5－d 资本 　I5－e 技术	O1 社会绩效评估 　O1－a 经济效率，单位林地的经济收入 O2 生态绩效评估 　O2－a 生态效率，单位面积的林地生态系统服务总产出，森林群落类型

3.1.1.2　研究框架构建的依据

对研究框架中第一层级、第二层级变量选择和第三层级变量设置的说明如下：

（1）第一层级变量"治理系统"（GS）及相应第二层级、第三层级变量的选择和设置。产权对农户行为具有激励与约束作用，研究普遍认为新一轮集体林权制度显著提高了农户林业生产投入的积极性，并出现了集体林资源增长、森林质量提升的积极效果（Liu C 等，2017），但集体林权制度改革后出现的林地细碎化对森林生态系统造成了严重负面影响（侯一蕾等，2013），而林地"三权分置"制度正是基于这一背景提出的。从制度结构来看，"三权分置"是指土地所有权、承包权、经营权三权分置、经营权流转的格局，从当前实际出发其重点是放活经营权，因此林地"三权分置"解决集体林权改革后出现林地细碎化问题的核心就是"'三权分置'下的林地流转"（GS4－a），此变量设置有助于理解"三权分置"制度如何改变经营主体的社会经济属性并影响其生产经营行为。

（2）第一层级变量"行动者"（A）及相应第二层级、第三层级变量的选择和设置。第二层级变量"行动者的社会经济属性"（A2）下的第三层级变量设置。集体林产权制度,特别是林地流转,加大了经营主体之间的异质性。不同研究者对新集体林权改革后我国南方集体林区林业经营主体的分类看法各异,如把南方 8 省份集体林区的经营主体分为家庭、联户、小组和村集体等(徐晋涛等,2008)。借鉴现有文献,结合本章案例福建省沙县集体林权制度变迁中经营主体演化路径、表现特征和效率水平三个维度,在第二层级变量"行动者的社会经济属性"(A2)下设置"国有林场"(A2 – a)、"村集体"(A2 – b)、"村民小组"(A2 – c)、"林业大户"(A2 – d)和"农户家庭(A2 – e)"5 个第三层级变量,"农户家庭"特指小农户。

第二层级变量"技术使用"(A9)下的第三层级变量设置。现有研究表明,不同行动者所采用的林业经营技术各异且造林技术、森林采伐更新技术、病虫害防治等营林生产技术是否先进直接影响到林业经营的经济与生态绩效(蒋瞻等,2019b),是故"技术使用"(A9)成为需要考虑的变量。林业经营仍有很大比例经营主体采用传统的营林生产技术,如辽宁的比例高达 66%(杨燕等,2017),刘璨等(2013)在林改主要省份的调查结果也表明农户林业经营中尚缺乏先进技术,制约了林业生产潜力的发挥。由于营林生产各环节的技术各异,在第二层级变量"技术使用"(A9)下设置"造林技术"(A9 – a)、"抚育技术"(A9 – b)、"间伐技术"(A9 – c)和"主伐技术"(A9 – d)4 个第三层级变量。

(3)第一层级变量(森林)资源系统(RS)及相应第二层级、第三层级变量的选择和设置。"(森林)资源系统"(RS)的变量选取是为了测量森林生态效益。由于森林生态效益通常体现为森林所提供的生物多样性保护、涵养水源、固碳释氧、土壤保持等一系列生态系统服务的总和,从微观林地的角度来看,生态效益主要是通过不同土地覆盖或经营管理方式下生态系统服务的变化来反映,常用的变量包括植物种类(Persha L 等,2011)、生物多样性和森林群落等(蒋瞻等,2019b)。由于森林群落所表现出的群落特征能够提供更丰富的森林生态系统服务信息,如林下植被的盖度、植被的丰富度、植被的结构与层次、群落的稳定性等(盛炜彤,2018),另外群落类型还能表征林地的一些物理特征,如土壤水分、质地与构造、有机质含量等(刘林馨等,2018)。因此,本章在第二层级变量"资源系统生产力"（RS5）下设"森林群落类型"（RS5－a）第三层级变量并作为森林生态效益的测度变量。

（4）第一层级变量（森林）资源单位（RU）及其第二层级、第三层级变量的选择和设置。（森林）资源单位（RU）的变量选取是为了测量林业经营的经济效益，其第二层级变量选择如下：

一方面，第二层级变量"经济价值"（RU4）下的第三层级变量设置。选择 RU4 作为第二层级变量是服务于林业经营经济效益评价的需求，而第三层级变量设置则要满足微观经济学经济效益测度的要求，因为经济效率是微观经济学中最常用的效率指标之一，所以在此设置"单位林地的木材产量"（RU4－a）和"单位林地的木材价值"（RU4－b）两个第三层级变量。

另一方面，第二层级变量"增长率、更新率"（RU2）下的第三层级变量设置。选择 RU2 作为第二层级变量并设置"林木采伐年限"（RU2－a）为第三层级变量的原因有二：一是同一材种不同采伐年限下的单位林地木材产量和木材价格都存在差异并最终影响到经济价值，即 RU2 影响了 RU4。二是以林木轮伐期作为投入要素之一探讨不同营林方式对林业生态效益增长的影响。任何生态系统服务都具有尺度依赖性，会随着空间和时间尺度不同而发生变化，因而只有在特定的时空尺度上才能表现出生态系统服务效果，因此，在讨论林业生态效益时需要考虑林地的空间规模和时间尺度两个维度。现实生产中，当林地规模固定（即同一林地）时林地投入时间的长短（即林木采伐年限）便影响了森林生物多样性、涵养水源、固碳释氧、保育土壤等生态系统服务的供给（赵金龙等，2013）。

（5）行动情景中"互动"（I）模块第二层级、第三层级变量的选择和设置。由于林业经营主体各异的社会经济属性和生产技术使用，导致林业经营主体有不同的投资需求，林地是重要且稀缺的生产要素，"三权分置"背景下林地流转为不同经营主体提供了投资需求满足的可能性。因此关注行动情景中经营主体的"投资活动"（I5）及其生产过程中"林地面积"（I5－a）、"劳动力"（I5－c）、"资本"（I5－d）和"技术"（I5－e）等变量。

虽然林业经营本质上与农业经营一样，反映了经营主体在林业生产过程中各种土地、劳动力、资本和技术等生产要素组合的投入，但林业经营中（特别是用材林经营）一定林地规模下的生态效益和经济效益受林木采伐时间的约束（蒋瞻等，2019b），因此，"林地时间"（I5－b）成为不可或缺的第三层级变量之一。

（6）行动情景中"结果"（O）模块第二层级、第三层级变量的选择和设置。在微观经济学中，绩效（即效益）可以用效率或福利变量进行衡量。效率指的是考虑资源配置的准则或评价，反映了资源有效配置时所需实现的帕累托最优状态，包括生产效率、配置效率、经济效率。福利则指的是社会总福利，一般用社会福利函数和社会无差异曲线来刻画。本章对林业经济效益的研究，目的在于判断既有制度安排下，不同的产权经营模式是否达到了预期目标，关注的重点是微观经营主体的经济效益，因此选择经济效率作为衡量林业经济效益的变量，而在案例分析中，则用"经济效率，单位林地的经济收入"（O1－a）作为测度指标。

林业的生态效益体现为森林提供的生物多样性、涵养水源、固碳释氧、保育土壤等一系列生态系统服务的总和（赵金龙等，2013）。因本章探讨的是一定时间内同一林地下的林业生态效益，因此用"生态效率"反映生态绩效，在理论分析中用"生态效率，单位面积的林地生态系统服务总产出，森林群落类型"（O2－a）作为衡量林业生态效益的变量。在案例研究中，由于生态服务总产出测度中面临的巨大成本及测度结果有效性和可靠性的问题（蔡志坚等，2015），鉴于森林群落所表现出的群落特征能够提供更丰富的森林生态系统服务信息（盛炜彤，2018）并表征林地的物理特征（刘林馨等，2018），因此，案例研究中用"森林群落类型"表征森林生态效率。

3.1.2 要素投入对林业经济与生态绩效增长的作用机理

经营方式是在一定的所有制条件下组织生产和再生产的过程，本质上反映了经营主体与生产要素之间的组合，即土地、资金、劳动力、技术等要素间的组合，这种组合决定了最终的绩效产出。因此从生产要素投入视角分析经营方式对林业生产中经济与生态绩效的作用机理。

3.1.2.1 生产要素投入与林业经营经济效益增长

通常围绕经济效益的研究可以从投入和产出两个角度来考察，前者要实现的是产出数量不变情况下的要素投入最小化，而后者要实现的是要素投入数量不变情况下的产出最大化。农业效益相关研究表明，农业生产效益取决于生产要素的使用情况（李宁等，2017）。与农业发展一样，林业效益增长最终也取决于生产要素的投入，主要包括资本、劳动力、土地投入、技术等（曹兰芳等，2014）。

为简化理论分析，借鉴学者有关生产要素投入对农业发展的研究（李宁等，2017），从投入角度分析两种要素投入（劳动力和土地）与一种产出（出材量）的情况，并假定劳动要素和土地要素具有同质性。图 3-1 为要素优化与林业经济效益增长的理论分析图。在图 3-1 中，X_1 表示土地要素，X_2 表示劳动力要素，横纵坐标分别表示土地投入和劳动力投入。曲线 AA′和曲线 BB′表示在不同生产技术水平下的生产前沿面，其产出分别用 a、b 表示，直线 S_1、S_2 的斜率表示不同土地要素与劳动力要素价格之比，P 代表的是某一微观经营主体的实际生产活动，OP 与直线 S_1、S_2 分别相交于 C、F，OP 与曲线 AA′相交于 E，直线 S_1 与曲线 AA′相切于 D，直线 S_2 与曲线 BB′相切于 G。假设经营主体的既定产量为 a，在 a 产量下所采用的技术为曲线 AA′，直线 S_1 代表当前市场下生产要素的价格比。

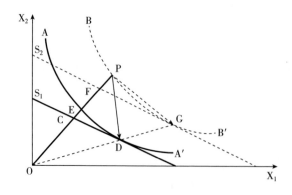

图 3-1 要素优化与林业经济效益增长

（1）生产技术不变，生产要素替代，经济效率提高但总产出不变。生产效率表示既定产出下的最少要素投入，由图 3-1 可知，在假定产出不变情况下，经营主体的生产点 P 要明显远离技术效率最优点 E。此时，林业经营主体的生产效率 $=\dfrac{OE}{OP}$。配置效率代表既定产出下可以节约的要素成本（因为技术有效仅表示要素投入的数量有效，但每个要素的成本却存在差异），由图 3-1 中的 CE 表示，此时林业经营主体的配置效率 $=\dfrac{OC}{OE}$，最终的经济效率 = 生产效率 × 配置效率 $=\left(\dfrac{OE}{OP}\right) \times \left(\dfrac{OC}{OE}\right) = \dfrac{OC}{OP}$，CP 对应的是经济效率损失，其中生产效率损失为 EP，配置效率损失为 CE。因此，提高经济效率需要生产效率和配置效率的同时改善。提高生产效率，意味着尽可能在保持生产要素投入比例维持不变的情况下，实现生产向最优技术前沿靠近（即图 3-1 中 P 点沿直线 PO 向 AA′曲线上的 E 点靠近）。各要素资源因为成本的差异，会在生产中因配置不当导致效率的损失，要提高配置效率，意味着尽可能保持生产要素投入在生产技术前沿面的情况下，实现既定要素成本比例下投入数量的最优比例（即图 3-1 中 E 点沿着曲线 AA′向 D 点靠近）。

（2）生产技术进步，生产要素替代，经济效率提高且总产出增加。林业（用材林）生产周期长，其生产过程中的资本、劳动力等要素投入均不能当期收回，属于长期投入，进而导致林业生产中的要素投入对于经济效率的影响也需要较长的时间才能显现。林业经营与农业经营不同，林产品只有在成熟时才能通过采伐获得收益，这使林业经营不仅要面对自然风险，还需考虑市场变化带来的风险。因此，在林业经营过程中，通过产量的提高来获得稳定的现金收入是维持林业可持续经营的根本。对于农户而言，要想获得稳定的林业收入以发挥土地的社会保障功能，其林业经营不仅要追求相对效率，还要通过提高产量以增加收入（李怡等，2012）。产量的提高可通过技术进步来实现，并表现为图 3-1 中的曲线 AA′向右上方移动到曲线 BB′，此时土地要素和劳动力要素会形成新的配置结果，林业产出也从 a 增加到 b。在曲线 BB′的技术水平下，P 点处在技术有效的状态，此时的生产效率 = 1，配置效率 $=\dfrac{OF}{OP}$，最终的经济效

率 $=\dfrac{OF}{OP}$，FP 对应的是经济效率损失。因此要提高经济效率，需要改善配置不当导致的效率损失，即实现图 3-1 中 P 点沿着曲线 BB′向 G 点靠拢。

3.1.2.2　要素优化与林业生态效益增长

（1）轮伐期延长与生态效益增长。林业的生态效益体现为森林提供的生物多样性、涵养水源、固碳释氧、保育土壤等一系列生态系统服务的总和（赵金龙等，2013）。任何的生态系统服务都具有尺度依赖性，会随着空间和时间尺度不同而发生变化，因而只有在特定的时空尺度上才能表现出生态系统服务效果。所以为简化理论，本书在此探讨的是一定时间内同一林地下的林业生态效益，并选用单位面积的林地生态系统服务总产出作为衡量林业生态效益的变量。由于森林的生态服务都以不同的方式受到树龄的影响，故在此以林木轮伐期（时间）作为中介变量，探讨要素投入对林业生态效益增长的影响。

森林的生态功能具有多样性，且会随着树龄的增加以不同的生态服务形式体现出来（张道卫等，2013）。有些森林的生态服务产出在幼龄林时呈现快速增长趋势，而后随着林龄的增加缓慢下降，如森林在幼龄林阶段，林下喜光植被较多，林区可进入性较好，此时森林能提供较高的放牧价值，而后随着林分郁闭，林下喜光植被减少，林区可进入性变差，放牧价值降低（见图 3-2 中的曲线 I）；某些生态服务产出与树龄无关，如森林中的一些鸟种数量（见图 3-2 曲线 II）；而大多数森林的生态服务产出会随着树龄的增加而呈现增长趋势，如森林群落稳定性、生物多样性、游憩、美化环境等的生态服务产出会随着树龄的增加而增长（见图 3-2 中的曲线 III）。

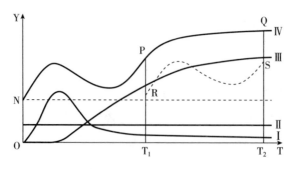

图 3-2　林木轮伐期与生态效益增长

同一林地下的林业生态效益（森林生态服务产出）与轮伐期的关系如图 3 - 2 所示。横坐标 T 表示林木的生长年限，纵坐标 Y 表示森林生态服务产出量，曲线 I 、II 、III 分别表示不同的生态服务产出曲线，曲线 IV 表示森林生态服务总产出，T_1、T_2 代表不同的林木轮伐期（采伐时间），这里假定 $T_2 = 2T_1$，曲线 I 与纵坐标 Y 的交点为 N，在横坐标上的 T_1、T_2 分别做 Y 轴的平行线，与曲线 IV 相交于 P 和 Q，将曲线 NP 向右水平平移 OT_1 距离后与直线 PT_1、QT_2 相交于 R 和 S。

假说某一林地上的林木轮伐期为 T_2，则此时森林生态服务总产量为 $ONQT_2$。若森林的轮伐期缩短，即林木在 T_1 点时就进行采伐，此时的森林生态服务总产出为 $ONPT_1$。假说林业经营是连续的且生产技术不变，林木在 T_1 点采伐后随即进行造林，则 T_2 为第二轮的采伐时点，则 T_1 到 T_2 期间的森林生态服务总产出为 T_1RST_2，通过对 T_1、T_2 两个不同轮伐期的森林生态服务总产出进行比较发现：当轮伐期从 T_2 缩短到 T_1 时，林业的生态服务总产出损失了 RPQS，即此时存在林业生态效益的损失。

（2）生产要素优化与轮伐期延长。通过对生态效益增长与轮伐期的关系研究可知，林业生产经营中轮伐期越长越有利于降低生态效益损失。对于林业经营来说，追求经营收益最大化是其最主要的经营目标，此时的最优轮伐期出现在边际收益等于边际成本时（Renata M B, 2013）。图 3 - 3 为最优轮伐期分析图，其中横坐标 T 表示林木的生长年限，纵坐标 Y 表示林木价值量。曲线 MS 和曲线 MC 分别表示林木的边际经济价值（活立木年增加值）和边际成本曲线，曲线 TMS 表示为林木总边际价值，TMS = MS + ME，ME 指的是边际生态服务价值。图 3 - 3 中，曲线 MS 与 MC 相交于 P，P 对应的横坐标为 T_1，曲线 TMS 与 MC 相交于 Q，Q 对应的横坐标为 T_2。从理论上来说，林木的最佳轮伐期是当总边际价值等于边际成本，即 TMS = MC 时，对应于林木的生长期 T_2。由于林业生态服务类型多样，且每种类型均受时空尺度的影响而存在差异，准确度量林业的生态效益难度较大。因此林业经营决策中常以 MS = MC 时的林木生长期 T_1 作为最佳轮伐期，轮伐期从 T_2 缩短至 T_1，这意味着存在林业生态效益的损失。

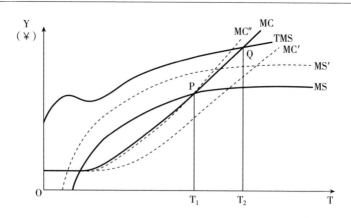

图 3 - 3　生产要素优化与林木轮伐期

经济学家 Hartman R（1976）在 Faustmann 模型（张道卫等，2013）的基础上，将森林所具有的美化环境、固碳、涵养水源等生态价值也考虑进来，以此确定最优轮伐期。根据 Hartman 模型，当考虑一个无限规划期的经济价值和生态价值时，林业收益目标最大化的公式为：

$$V = Max(Vs + Vn) = Max\left[\frac{PQ(t,\ E)e^{-rt} - wE}{1 - e^{-rt}} + \frac{N(t)e^{-rt}}{1 - e^{-rt}}\right] \qquad (3-1)$$

其中，V 表示林地总产出，Vs、Vn 分别表示林地的经济效益和生态效益，P 表示活立木价格，Q 表示林木的蓄积量，它是时间 t 和造林投入总量 E 的函数，PQ（t，E）表示采伐期 t 期间林木的木材价值，N（t）表示采伐期 t 期间的非木材价值。w 表示造林投入的单位成本，wE 表示营林成本，r 表示连续贴现的利率，t 表示任意的轮伐期，对 t 求微分，并设其结果等于零，则使林业产出最大化的必要条件：

$$\frac{PQt + Nt}{PQ + N(t) - wE} = \frac{r}{1 - e^{-rt}} \qquad (3-2)$$

调整公式得：

$$(PQt + Nt)(1 - e^{-rt}) = rPQ + rN(t) - rwE \qquad (3-3)$$

由式（3-3）可知，等式左边（PQt + Nt）为 t 时期内林木蓄积量的增长所带来的边际收益，再乘以（1 - e^{-rt}）为永续利用下的边际收益，即图 3-3 中的 TMS =（PQt + Nt）（1 - e^{-rt}）。等式的右边为推迟森林采伐的边际成本，即

图 3-3 中的 $MC = r[PQ + N(t) - wE]$，其中，PQ 为林木采伐所获得的收益，$N(t)$ 为推迟一个时期砍伐森林所产生的非木材价值，wE 为推迟一个时期的营林投入的收益。

因为林木的生态价值和经济价值都与森林的蓄积量和林龄有关，但具体的关系存在较大差异，因此只能在具体的实证调查中才能准确判断。为便于讨论，这里以 $MS = MC$ 时轮伐期延长情况进行讨论，$MC = r(PQ - wE)$，$MS = PQt(1 - e^{-rt})$。

第一，生产技术不变，利率下降，轮伐期延长。利率决定了森林资本（立木生长）的机会成本，在生产技术不变情况下，利率下降会使林权抵押贷款利息、林地地租等降低，此时曲线 MC 向下移动到 MC′，曲线 MS 向上移动到 MS′，最优轮伐期延长，则生态效益提高。

第二，生产技术不变，利率不变，造林成本增加，轮伐期延长。在生产技术和利率都保持不变的情况下，若劳动力要素、种苗、化肥等价格上升，会使造林的成本增加，表现为曲线 MC 向下移动到 MC′，曲线 MS 保持不变，则最优轮伐期延长，生态效益提高。

第三，利率不变，生产技术进步，轮伐期延长。在利率维持不变的情况下，若在林业生产中选用更先进的营林技术，如严格按标准进行整地和挖穴、采用良种壮苗、投入更多化肥，会使造林成本增加，但相应的林木蓄积量 Q、Qt 也会增加。此时曲线 MS 向上移动到 MS′，而 MC 可能因造林成本增加向下移动到 MC′或因林木蓄积量增加，向上移动到 MC″，无论怎么变化，最优轮伐期都会延长，生态效益提高。

3.2 林业经营的异质性及生产要素投入比较

3.2.1 集体林不同产权阶段下的林业经营

林业经营方式与林业的产权密切相关，林业经营方式的变迁历程就是集体林权改革的历程。我国林业产权按权属可划分为国有林和集体林两种产权类型。国有林长期以来一直实行国家统一经营管理，林业经营主体主要为国有林场、国有采育场等。集体林的经营方式是随着集体林产权制度的变迁而不断变化。案例地沙县的林权制度改革与我国特定时期的历史背景及社会经济发展情况相吻合，经历了最为完整的林业产权制度变迁过程，因而林业经营方式类型较多且复杂。根据实地调查结果，结合相关学者对福建省集体林权制度变迁的研究，将福建沙县的集体林权制度变迁划分为林业"三定"前（1949～1981年）、林业"三定"时期（1982～1985年）、集体林经营体制改革（1986～2003年）、新集体林权制度改革四个阶段（2004年至今）并对各阶段的林业经营加以分析，具体如下：

（1）林业"三定"前的林业经营。1949年至20世纪80年代，沙县的林权制度主要经历了分林到户，农业合作化时期的山林入社以及人民公社时期的山林统一经营等阶段。1951年，福建省结合国家的土地改革政策，出台了《福建省土地改革中山林处理办法》，沙县作为福建省重要的集体林区，其山林改革大部分也是在这一时期开始的。1954年，政府在各地创办农林合作社，要求山林同土地一样入股，进行统一经营，林农亦可将其余的林地折价入股。合作社持有林地的经营权，而林农则保留林地所有权，分享林地收益的分红。林业经营由原先的家庭经营过渡到集体统一经营，成为林地经营中占据时间最长、影响最为深远的经营方式。需要指出的是，这一时期的集体包括村集体和村民小组两种类型，前者一般指的是行政村，后者则是行政村内部再细分的小组或自然村。客观来说，集体统一经营为我国早期完成工业化的原始积累任务做出了重要贡献。但产权的不清晰与频繁改变，降低了林农生产积极性，损害了农民的利益，最终导致森林资源遭到严重破坏。

（2）林业"三定"时期的林业经营。1981年，中共中央、国务院联合下发《关于保护森林、发展林业若干问题的决定》，规定要在集体林区实行以"稳定山林权属、划定自留山和落实林业生产责任制"为主要内容的林业"三定"改革。由于有当时农地改革"分田到户"作为经营借鉴，林业的"分山到户"方式成为南方集体林区的主流经营方式，相对于其他省份，福建省是南方集体林区中家庭经营所占比重最小的省份，仅约占全省集体林总面积的 1/3。原因在于林业"三定"过程中，福建省仅少部分集体林地采取了家庭经营方式，绝大多数地区选择了集体林经营程度较高的林业股份合作经营模式。沙县经过试点探索采取"分股不分山，分利不分林"的办法，组建村林业股东会并逐渐成立股份公司，由股份公司对集体林地进行经营管理。该模式的核心是保持林地集体统一经营的情况下，每户按照家庭人口数占有一定比例的股份，并以此参与林业收益的分红。股份合作经营模式在理论上解决了产权私有化与林业规模经营之间的矛盾，在改革初期被认为是激发林农生产积极性同时又解决"分林到户"造成林地细碎化与乱砍滥伐问题的有效措施（徐晋涛等，2008）。但当时国家处于计划经济体制，木材市场未开放，股份公司很难有实际的经营，因此大多数林业生产经营权又返回村集体手中。

（3）集体林经营体制改革的林业经营。以家庭经营为核心的林业"三定"改革，由于 1986 年出现的大面积乱砍滥伐而遭到否定。1987 年中共中央、国务院下发了《关于加强南方集体林区森林资源管理坚决制止乱砍滥伐的指示》，南方集体林区暂停了林地家庭经营的分配方式，鼓励发展集体经营，造成当时一些已经分配下去的自留山、责任山被强制收回。而沙县这一时期实行的林业股份合作经营也显露出林业税费过重、产权混乱、收益分配不公等问题。随着社会主义市场经济的快速发展，林业股份经营越来越难以适应新的发展趋势。基于这一现实情况，沙县开始积极探索以"明晰产权、分类经营、落实承包、保障收益"为主要内容的集体林经营体制改革，主要做法是通过租赁、转让、承包、股份制等方式将集体林地流转给集体或集体外的企业、个人来经营，村集体则通过一次性收取承包费用或者逐年收取等方式获得收益。这一时期的集体林产权逐渐形成了以家庭经营方式为基础，专业户造林或管理、股份经营、合办林场、国家与乡村或个体联营多种林业经营方式并存的局面（张自强等，2018），激发了林农的生产积极性，在一定程度上解决了毛竹等经济林的经营管理问题，为后来的集体林权制度改革进行了较好的实践探索。

（4）新一轮集体林权制度改革的林业经营。2003 年，政府下发《中共中央　国务院关于加快林业发展的决定》，依据该决定，福建省率先开始了以

"明晰产权、放活经营权、落实处置权、保障收益权"为主要内容的新一轮集体林权制度改革。2004 年,沙县依据省政府下达的指示开始了新一轮林权制度改革,主要做法:一是在林业"三定"基础上,维持林权权属不变,换发全国统一式样的林权证,目前沙县的林权证发放已达90%以上。二是提出"山要定权、树要定根、人要定心"的口号,要求落实林地的家庭承包权。但此次改革不同于林业"三定"时期,政府的执行力较弱,再加上农民对森林的依赖程度较低,还要承受来自村委会的巨大阻力,因此实际的改革仅落实了少部分集体山林地的家庭承包权,多数的林地以村民小组为单位,划定实行共有制度,即村集体拥有林地所有权、村民小组拥有林地的承包经营权和林木所有权。随着集体林权制度改革的不断推进,沙县逐渐暴露出了造林粗放、林分质量差以及经营主体多元化导致的森林资源破碎化等问题。2014 年沙县被国家列为第二批农村改革试验区,承担起了深化集体林权制度改革试验任务,这对沙县的林权制度改革提出了新的要求。

3.2.2 "三权分置"下异质性经营主体的生产要素投入

3.2.2.1 林业经营主体类型

(1)国有林场经营。国有林场是中华人民共和国成立初期为加快培育森林资源、保护和改善生态环境,采取国家投资的方式,在我国大面积集中连片的国有荒山荒地和重点生态脆弱区上建立起来的专门从事营造林和森林管护的林业事业单位。国有林场不仅为我国的经济发展提供丰富的木材与林副产品,还承担着森林资源保护的重要使命。在当前生态环境问题日益严重的现实背景下,国家日益重视国有林场在生态环境保护方面的作用。如 2015 年政府颁布的《国有林场改革方案》就明确将国有林场的主要功能定位于保护培育森林资源、维护国家生态安全。

调研中的典型案例沙县水南国有林场成立于 20 世纪 70 年代末,为省办市管县监督的林业生产单位。林场现有林地面积 4700 多公顷,其中约 500 公顷林地为生态公益林,每年可获得 300 元/公顷的补偿费用,实际可经营的商品林有 4200 公顷。从林地性质来看,水南国有林场 30% 的林地为国有土地,70% 为集体土地，由于历史原因，水南林场拥有 70% 集体土地的不限期经营权。水南林场现有在职职工 73 人，工资待遇按事业单位论处，需林场经营自行解决，另有退休职工 90 人，其部分工资也需要林场进行支付。林场造林和采伐等经营活动均采用招投标的方式进行，职工本身并不从事造林等生产活动，主要从事专业技术指导和山林巡视等。水南林场的工资负担很重，每年需要采伐大量的优质木材来维持林场的正常运转，所以林地经营采取的是高强度的集约化经营。

（2）村集体经营。村集体经营主要是林改时由于一些历史和现实原因，林地没有分到户仍由村集体对林地进行统一的经营管理。村集体统一经营通常是采取合作造林的方式来实现，即村集体与集体内部成员或另一组织（国有林场、森工企业、采育场等）间的合作，双方按照约定履行各自的权利和义务进行造林、抚育、间伐等。村集体经营所得或采取均利到户，或保障村集体的日常运作和村内公共事业的开销。

调研中的沙县高沙镇龙慈村就是村集体经营的典型代表。龙慈村位于高沙镇西北部，全村共有 280 户分属 7 个村民小组，总人口 1152 人，村里有 400 多劳动力外出经营沙县小吃，常住村民仅约 200 人且多为年长者。全村土地总面积 1680 公顷，林地面积约 1500 公顷，其中有 630 公顷的林地为生态公益林，另外，20 世纪 70 年代乡镇林场占用林地约 320 公顷，故实际经营的商品林约为 550 公顷。村集体经营的龙慈林场源于林业"三定"时期，当时村集体为落实林业生产责任制，成立林业股份公司，对集体林地进行统一的经营管理。此后在 2004 年沙县开展新一轮集体林权制度改革时，龙慈考虑到村里的实际情况，没有将林地分配到户，继续沿用此经营方式至今。在村集体经营方式下，龙慈村村委会负责指导林业生产经营，并长期聘用场长负责龙慈林场的管护，采伐主要借助县交易平台进行招投标，林业经营所得收益由村集体与村民按四六进行分成。

（3）林业大户经营。林业大户指的是具有一定资金实力、营林生产技术以及相关林业生产经验的农户，以农户家庭承包经营为基础，通过本村及邻近村的林地流转获得较大面积林地的使用权，而后对林地进行统一的经营与管理，以取得林地的规模效益。林业大户是伴随着中国市场经济的发展产生，突破了单个家庭生产力边界，对于加快林地流转，吸收南方集体林区细碎化林地有着不可低估的作用。

实地调查发现，沙县林业大户的年龄多在40岁以上，且租赁林地前多为经商者，有一定的资金积累。大户的林地主要是从林农和村集体那流转所得，其流转经营林地的租金2010年前普遍为750~900元/公顷·年，2010年后由于土地价格的飞涨，林地租金高达2700元/公顷·年且需要一次性缴纳。由于自身经验、技术有限，大户在实际经营中多采取参照国有林场的方式进行造林、管护等活动，以期获得更高的比较收益。大户经营林地主要依靠的是家庭内部成员，没有固定雇工，均为短期雇工且以本地人为主。

（4）村民小组经营。村民小组经营是以生产小组或自然村为经营单位。在这种模式下，整个村民小组只有一本林权证，各村民小组自行将分到小组的山林以股份制方式组织生产经营。目前沙县80%的林权为村民小组所拥有的共有产权。

以调研中的沙县高桥镇新桥村为例，该村国土总面积813公顷，林地面积有660公顷，其中140公顷分属于9个村民小组共有。各村民小组林地面积分布不均，有2个村民小组所拥有的林地约为3公顷，而最多的村民小组经营林地达10公顷。从9个村民小组的总体收入来源看，70%来自以沙县小吃为载体的服务业，20%来自工资性收入，仅约10%的收入来源于农业和林业。由于农户非农就业程度高，对森林的依赖程度低，再加上村民小组的组织化程度低，难以同村集体一样有稳定的收入来维持后续的林业经营，因此大多林地处于采伐后不再更新造林的状态。

（5）农户个体家庭经营。家庭经营指的是以单个农户家庭为单位，自主安排造林、抚育、采伐等林业经营活动的组织方式。农户家庭经营的林地主要来源于林业"三定"时期划定的自留山、责任山以及新一轮林改以来"分山到户"的林地。一般而言，林农在拥有林地自主经营权后，能依据自身的利益需求选择相应的投资方式，若林农对未来林业经营的收益预期较高，会倾向于积极从事林业生产；相反，则会将林地流转而从事其他行业。

通过对家庭经营农户的走访调查发现，农户承包的林地面积普遍在2公顷以下且零星分散。农户的家庭平均规模约为 4.5 人/户，留在村里的以老人和儿童为主，劳动力大都外出经营沙县小吃，其家庭收入均依靠沙县小吃为载体的非农产业，因而对林地的依赖程度极低。再加上农村大量青壮年劳动力向城市流动，农村的劳动力老龄化非常严重，林业生产面临劳动力不足的问题，使家庭经营的林地大多只是进行了造林，却基本无后续的经营管护。

3.2.2.2　异质性林业经营的生产投入比较

（1）数据来源。由于林业生产经营主要分为用材林和经济林两种造林林种，前者表现为经营周期长、多年投入一次产出但生态效益显著，具有典型的林业生产特征。而后者表现为经营周期短、年度现金流入稳定且生态效益极低，更符合农业生产经营特征。另外，在经营树种方面，沙县超过 60% 以上的林地为杉木纯林，另有少部分的松树纯林或杉木—松树混交林，由于松线病虫害，已停止使用松树造林，因此研究过程中所有的数据与资料获取都以杉木纯林为主。

要素投入的获取通过两次调研获得，一是主体调研。2017 年 10 月在沙县开展主体调研，形式包括召开座谈会、访谈和调查问卷三种。座谈会采用半结构方式举行，在县林业局和村级层面召开，乡镇领导及工作人员参与村级座谈会，访谈对象包括县林业局、乡镇领导和工作人员、村干部、集体林场经营主体、农户代表及国有林场管理者和职工等，并在农户层面做了结构化的调查问卷。与县林业局的访谈获知了不同经营方式的生产特征并了解了各经营方式投入产出情况的基本信息。对高桥镇新桥村（下辖村民小组，或采用村民小组经营，或采用小农户经营方式进行营林生产）、高砂镇龙慈村集体林场和国有水南林场的深度调研获得了不同经营方式下其营林生产活动中确切的投入产出信息。此次调研，共获得小农户经营样本 13 个、村民小组经营样本 3 个、村集体经营及国有林场经营的样本各 1 个。二是补充调研。为弥补主体调研中样本不足导致的有效性问题，课题组在 2018 年 8 月借助参与国家林业局集体林权改革跟踪调研①的机会，对本书所需要的信息进行了补充完善，获得的有效样本分布如

---

① 国家林业局集体林权改革跟踪调研在沙县的样本为 3 个镇 9 个村 45 户农户，具体为大洛镇（文坑村、罗坑村、山际村）、高砂镇（龙江村、龙慈村、冲原村）和凤岗街道（西霞村、际硋村、三姑村）。

下：小农户经营样本41个（其中15个样本农户仅有自留山）、村民小组经营样本6个、村集体林场经营样本1个。此外，课题组还获得了沙县林业采育总场、官庄国有林场的相关信息与数据。

（2）要素投入比较。当前处于集体林权制度改革深化阶段，沙县的林业经营方式呈现出多样化的发展趋势，不同的林业经营方式由于要素投入的差异，会表现出不同的林业生产特征，进而影响林地经营效益。林业要素投入是林业生产的前提，是林业发展的保障，因此有必要对沙县现有林业经营方式的要素投入进行深入分析。与农业生产类似，林业生产要素投入主要包括经营技术、资本、劳动力以及林地面积四个方面。但由于林业生产的长周期性，林木的生长周期（轮伐期）不仅决定了资本从森林资源形态转化为货币资本形态的时间，还决定了为保持一定生产力水平所必须维持的森林蓄积量，因此这里将轮伐期同样作为林业要素投入进行分析。

第一，经营技术投入。经营技术是林业生产经营的关键，决定了林业的生产力水平，经营主体采取的经营技术越高，林木的生长情况越好，越有利于林业综合效益的发挥。根据标准的营林技术规范，杉木用材林的经营技术主要体现在林业生产过程中的造林、抚育、间伐和主伐四个环节。

表3-2显示了异质性林业经营主体所采用的技术，从表3-2中可以看出，各经营主体所采用的生产技术存在较大差异。从造林活动来看，国有林场、林业大户和村集体都能够严格按照技术规范开展整地、清杂、挖穴、选用良种壮苗等造林活动，而家庭经营受农户自身技术水平的限制，更多的是按经验造林，通常不选用良种壮苗，且整地、清杂、挖穴等技术很不规范。从抚育活动来看，国有林场、林业大户均在造林的前三年进行除草、施肥等相关抚育活动，村集体与前两者相比缺乏了第三年的抚育管护活动，而家庭经营的农户则不进行前三年的抚育管护。从间伐来看，国有林场、林业大户和村集体分别在第10年、第15~18年进行间伐，以促进杉木的继续生长；而农户由于对林地的依赖程度较低，后续的间伐管护明显不足，实地调查中发现当地农户基本不进行间伐，即使有也很不规范。从主伐来看，国有林场通常依据经营目的进行主伐，如林场需要培育大径材时，通常会在杉木林龄达到约40年再进行主伐；林业大户经

营、家庭经营基本都是依据林业经营方案规定的采伐年限 26 年进行主伐;村集体林场原先经营的部分杉木林采伐年限可以达到 35 年,但近几年由于高速公路、机场等项目建设,可经营的商品林面积不断缩小,目前也基本按照林业经营方案中杉木最低采伐年限 26 年进行主伐。相比于前四种经营方式,村民小组则在上一轮林木采伐后就没有继续更新造林,因而没有经营技术的投入。

表 3 - 2 异质性林业经营主体的生产技术投入比较

经营主体	生产技术投入			
	造林	抚育	间伐	主伐
国有林场	严格按技术标准开展整地、清杂、挖穴和选用良种壮苗等造林活动	造林的前三年进行除草、施肥等抚育活动	第 10 年和第 15~18 年间伐	依据经营目的进行主伐
村集体	严格按技术标准开展整地、清杂、挖穴和选用良种壮苗等造林活动	缺乏第三年抚育活动	第 10 年和第 15~18 年间伐	基本依据规定采伐年限进行采伐
林业大户	严格按技术标准开展整地、清杂、挖穴和选用良种壮苗等造林活动	缺乏第三年抚育活动	第 10 年和第 15~18 年间伐	依据规定采伐年限进行采伐
村民小组	无	无	无	无
农户家庭	依据经验造林,不选用良种壮苗,整地、清杂、挖穴等不规范	无	不间伐或间伐技术不规范	依据规定采伐年限进行采伐

资料来源:对不同林业经营方式的实地调查。

第二,资本投入。杉木用材林具有生长周期长、前期经营投入大等特点,整个林业经营过程中的资本投入包括林地使用费、种苗费、农药化肥费、抚育间伐过程中支出费用、主伐支出费用、日常管理费用。为简化分析,这里将林地使用费以外的其余 5 项费用按林业生产环节分为营林投入和采伐投入两部分进行估算。表 3 - 3 显示了不同林业经营主体的资本投入。从营林投入来看,国有林场和林业大户的投入最高,达 22500 元/公顷,这是由于国有林场和林业大户均严格按照技术规范进行营造林，因而营林投入较大。村集体因缺乏第三年的管护，营林投入稍低于国有林场和大户，为18000元/公顷。家庭经营的营林投入要远低于前三者，仅占到国有林场营林投入的1/5。从主伐投入来看，国有林场、林业大户和村集体均选用机械采伐，采伐成本为200元/立方米；家庭经营主要还是自行采伐，采伐成本为0。在林地租金方面，国有林场的林地租金每年约为520元/公顷，大户的林地租金在2010年以前通常每年为750～900元/公顷，2010年以后由于土地价值激增，林业大户的租金每年高达2700元/公顷，且需要一次性缴纳全部地租。村民小组在上一轮采伐后没有更新造林，林地为萌芽更新的杉木林，没有资本投入。

表3-3　异质性林业经营主体的资本投入比较

经营主体	资本投入[a]		
	营林（元/公顷）	主伐（元/立方米）	地租（元/公顷）
国有林场	22500	200	520[b]
村集体	18000	200	0
林业大户	22500	200	2700
村民小组	无	无	无
农户家庭	4500	0	0

注：a表示资本投入中的营林投入、采伐投入均是按杉木26年轮伐期进行核算所得。b表示国有林场的林地产权包括国有和集体两种，其地租也进行分类支付。根据福建省政府文件规定国有林场的地租包括两部分：一是按林价款（直径≥14厘米的林价款为160元/立方米，直径≤14厘米的林价款为112元/立方米）的40%给村集体作为林地租金；二是支付林价款的32%作为国有土地的地租，其中省、市各占16%。案例地水南林场的林地30%属于国有，70%属于集体所有。按林价款160元/立方米并以杉木轮伐期26年进行测算，水南林场的林地租金约为520元/公顷·年。

资料来源：对不同林业经营方式的实地调查。

第三，劳动力投入。劳动力的投入是维持林业生产经营的主要投入之一，影响着林业经营的可持续性。杉木用材林由于生长周期较长，在营林生产过程中，造林、幼林抚育、除草施肥、郁闭后成林抚育、主伐以及日常森林管护等各个方面都需要有较多的用工投入。通常而言，劳动力的投入数量会直接影响到林业经营效率，若劳动力投入过多，会造成劳动力资源的浪费；若劳动力投入过少,则会导致林木生长差,木材产出降低。在沙县实地调查的五类经营主体,从劳动力的投入方式来看,国有林场、林业大户和村集体林场在林业经营中均采用雇工的方式,而农户家庭经营的劳动力投入主要依靠的是家庭内部成员。从单位面积的工时投入来看,各经营方式存在较大差异。国有林场、林业大户和村集体林场在主伐时均选用机械进行采伐,无劳动力投入,故劳动力投入主要发生在营林环节。以杉木 26 年轮伐期进行估算,则国有林场和林业大户的劳动力投入工时为 324 天/公顷,村集体林场因缺乏第三年的管护,其劳动力投入工时稍低一些,为 275 天/公顷。农户家庭经营的劳动力投入包括营林和采伐两个环节的人力投入,故劳动力投入工时为 295 天/公顷。而村民小组则在上一轮采伐后便不再更新造林,因而没有后续劳动力投入。

第四,林地面积投入。林地面积是林业经营的基本生产资料,决定了林业经营的规模大小,进而会影响到不同经营主体对林业经营方式的不同选择。在沙县实地调查的五类经营主体,从林地面积投入情况来看,国有林场可经营的林地面积最大,约为 4200 公顷;原先村集体林场经营的林地面积约为 1500 公顷,但由于部分林地划为生态公益林,再加上机场、高速公路等项目建设,目前可经营的林地面积仅有 550 公顷;林业大户所经营的林地主要是从村集体和农户那流转所得,其林地面积通常在 15 公顷以下;家庭经营的林地面积通常小于 2 公顷,且实地调查中发现,沙县农户家庭经营的林地面积普遍较小且细碎化问题严重;而村集体内部各个村民小组经营的林地面积存在分布不均的情况,林地面积普遍在 3~10 公顷。

第五,轮伐期。轮伐期是一个林木的生产经营周期,表示林木经过正常的生长发育到可以采伐利用为止所需要的时间。轮伐期在林业经营中起着重要作用,关系到林业的生产计划、营林措施等一系列生产活动的安排,也影响着林业资本投入的回收期限。国家制定的《森林采伐更新管理办法》中规定杉木的轮伐期为 26 年,在沙县,除国有林场外,其余经营主体都是按林业经营方案规定的主伐年限 26 年进行采伐。国有林场的采伐年限通常长于 26 年,原因主要有以下两点:一是与其他四类经营主体相比,国有林场的经营面积较大,每年实施部分采伐即可满足日常经营所需,使林木的采伐年限延长成为可能;二是调查地的水南国有林场虽然70%土地属于集体所有，但却拥有这部分林地的无限期经营权，因而能够在林木采伐后继续经营。

3.3 异质性经营主体的效益分析与比较

3.3.1 经济效益分析与比较

沙县超过60%的林地为杉木纯林，另有少部分的松树纯林或杉木—松树混交林，由于松线病虫害，已停止使用松树造林，因此在研究过程中有关经济效益所有的数据与资料获取也都以杉木纯林为主。根据研究区域内林地经营的实际情况，本书所关注的经济效益是基于投入—产出的经营效率评价。由于杉木用材林经营周期较长，不同经营方式的杉木林种植时间存在较大差异，仅用短期或者单独一年的收入来衡量各经营主体的经济效益可能并不全面。因此，本书选择沙县最常见的Ⅱ级立地条件的杉木用材林在一个轮伐期内（26年）的单位林地产出来度量5种经营方式的经济效益。

3.3.1.1 经济效益测算与数据来源

（1）数据来源。与要素投入一样，经济效益数据的获取也是通过两次调研获得，一是主体调研。2017年10月在沙县开展主体调研，形式包括召开座谈会、访谈和调查问卷三种。座谈会采用半结构方式举行，在县林业局和村级层面召开，乡镇领导及工作人员参与村级座谈会，访谈对象包括县林业局、乡镇领导和工作人员、村干部、集体林场经营主体、农户代表及国有林场管理者和职工等，并在农户层面做了结构化的调查问卷。与县林业局的访谈获知了不同经营方式的生产特征并了解了各经营方式投入产出情况的基本信息。对高桥镇新桥村（下辖村民小组，或采用村民小组经营，或采用小农户经营方式进行营林生产）、高砂镇龙慈村集体林场和水南国有林场的深度调研获得了不同经营方式下其营林生产活动中确切的投入产出信息。此次调研，共获得小农户经营样本 13 个、村民小组经营样本 3 个、村集体经营及国有林场经营的样本各 1 个。
二是补充调研。为弥补主体调研中样本不足导致的有效性问题,课题组在 2018
年 8 月借助参与国家林业局集体林权改革跟踪调研①的机会,对本书所需要的信
息进行了补充完善,获得的有效样本分布如下:小农户经营样本 41 个(其中
15 个样本农户仅有自留山)、村民小组经营样本 6 个、村集体林场经营样本 1
个。此外,课题组还获得了沙县林业采育总场、官庄国有林场的相关信息与
数据。

(2) 经济效益计算方法。选用两个变量来衡量经济效益,一是单位林地的
木材产出量,二是测算林木产出的净收益。

林木产出的净收益计算。考虑到时间价值,在此用净现值来衡量单位林地
的净收益。假设所有的收益都发生在年末,除一次性林地使用费外其他的成本
支出都发生在年初,则计算公式如下:

$$
NPV = \left(\frac{Q_1 P_1}{(1+i)^{26}} + \frac{Q_2 P_2}{(1+i)^{m_2}} \right) -
$$

$$
\left[\left(\sum_{n=1}^{3} \frac{C_{1n}}{(1+i)^{n-1}} + \frac{C_2}{(1+i)^{(m_1-1)}} + \frac{C_3}{(1+i)^{(m_2-1)}} \right) + \frac{C_4}{(1+i)^{25}} + \frac{C_5}{(1+i)^{26}} \right]
$$

$$(3-4)$$

其中,NPV 为净现值。收益包括主伐收入和第二次间伐收入两项,其中,
$Q_1 P_1$ 为第 26 年的主伐收入,Q_1 为主伐的产材量,P_1 为主伐木材的售价;$Q_2 P_2$ 为
第 m_2 年第二次间伐的收入,Q_2 为间伐的产材量,P_2 为间伐木材的售价。成本包
括营林成本、主伐成本和林地使用费三项,营林成本又包括前三年的营造林成
本和两次间伐成本,其中,$\dfrac{C_{1n}}{(1+i)^{n-1}}$ 为前三年每年发生的营造林成本,

$\dfrac{C_2}{(1+i)^{(m_1-1)}}$ 为第一次间伐(发生在第 m_1 年)成本,$\dfrac{C_3}{(1+i)^{(m_2-1)}}$ 为第二次间伐

---

① 国家林业局集体林权改革跟踪调研在沙县的样本为 3 个镇 9 个村 45 户农户,具体为大洛镇(文
坑村、罗坑村、山际村)、高砂镇(龙江村、龙慈村、冲原村)和凤岗街道(西霞村、际硋村、三姑
村)。

（发生在第 m_2 年）成本，$\dfrac{C_4}{(1+i)^{25}}$ 为主伐成本，$\dfrac{C_5}{(1+i)^{26}}$ 为主伐后一次性缴纳的林地使用费。未考虑木材销售费用。第一次间伐、第二次间伐时间 m_1、m_2 分别为林木生长的第 9~10 年、第 15~18 年。

折现率 i 取值。参照《森林资源资产评估技术规范》（LY/T2407—2015），森林资源资产评估中的折现率视同于投资收益率，而按风险累加法，投资收益率＝经济利率（纯利率）＋风险率＋通货膨胀率。由于世界上许多国家经济利率处于 3%~4%，我国政府长期政策性贷款利率也接近这个水平；《森林资源资产评估技术规范》建议林木生产的风险率为 1%；自 2000 年以来我国通货膨胀率比较稳定，均值为 2.1，中位数为 1.8，可认为通货膨胀率介于 1%~3%。故在此以 5%~8% 利率作为折现率。

3.3.1.2　经济效益测算与比较

（1）不同经营主体的投入与产出。第一，不同林业经营主体的成本投入。结合前文的要素投入分析可知，5 种林业经营方式的生产投入由营林成本、主伐成本和林地租金三部分构成。从表 3-4 中不同经营主体的总成本来看，林业大户的总成本最高，为 25400 元/公顷；国有林场虽然营林成本、采伐成本与林业大户相同，但由于其在林地租金上具有明显的比较优势，因此林业生产的总成本要稍低于林业大户，为 23220 元/公顷；村集体经营过程中缺乏第三年的管护投入，总成本要比国有林场、林业大户低一些，为 18200 元/公顷；农户家庭经营的林业生产总成本最低，为 4500 元/公顷，究其原因是农户在营林过程中，主要依据经验进行造林，通常不选用良种壮苗，整地、清杂、挖穴等经营技术不规范，基本不进行抚育和间伐等管护活动，因而总成本投入较低。由此可知，林业经营过程中的成本投入表现出较大的规模差异。总体来看，经营规模较大的国有林场、林业大户和村集体成本投入较高，而经营规模较小的农户成本投入较低。村民小组在上一轮采伐后便没有继续更新造林，无成本投入。第二，不同林业经营主体的产出。杉木用材林的经营收益取决于林木的出材量和销售价格。从表 3-4 中不同林业经营主体的木材产量来看，国有林场、林业大户在经营中均有两次木材产出，第一次在 15~18 年林木第二次间伐时出材，产量为 60 立方米/公顷；第二次在林木主伐时出材，产量为 225 立方米/公顷。村集体通常也有两次木材产出，但产量要低于前两者，如表 3 – 4 所示，村集体在间伐时产量为 41 立方米/公顷，主伐时产量为 150 立方米/公顷。家庭经营则仅在主伐时出材，其产量为 105 立方米/公顷。杉木用材林的销售价格会受到木材直径的影响，表现为林木生长年限越长，木材直径越大，价格越高。从表 3 – 4 中的木材价格来看，国有林场、林业大户和村集体主伐时的木材价格均为 1200 元/立方米，而三者在间伐时的木材产出由于直径小于主伐时的产出，销售价格要低一些，均为 1000 元/立方米。家庭经营由于缺乏营林中的经营管护，主伐时的木材直径明显小于国有林场等经营主体，销售价格仅为 1000 元/立方米。

表 3 – 4 不同林业经营主体的投入与产出

经营主体	生产投入[a]				产出			
	营林成本（元/公顷）	采伐成本（元/立方米）	林地租金（元/公顷）	总成本（元/公顷）	木材产量（立方米/公顷）		价格[b]（元/立方米）	
					间伐	主伐	间伐	主伐
国有林场	22500	200	520	23220	60	225	1000	1200
林业大户	22500	200	2700	25400	60	225	1000	1200
村集体	18000	200	0	18200	41	150	1000	1200
农户家庭	4500	0	0	4500	0	105	0	1000
村民小组	第一轮采伐后无造林无产出无经营							

注：a 表示林业经营中的劳动力投入均已包含在各成本项中；b 表示杉木的价格按 2017 年沙县的市场平均价计算。

资料来源：对不同林业经营方式的实地调查。

（2）不同经营主体的经济效益比较。根据式（3 – 4）并利用表 3 – 4 的数据所测算的经济效益如表 3 – 5 所示。从单位林地净收益来看，国有林场经营的收益区间值为 1.27 万 ~ 4.67 万元、林业大户经营的收益区间值为 0.98 万 ~ 3.21 万元、村集体经营的收益区间值为 0.25 万 ~ 2.41 万元、农户家庭经营的收益区间值为 0.51 万 ~ 1.57 万元。从年净收益来看，国有林场的收益区间值为 488.47 ~ 1796.16 元、林业大户经营的收益区间值为 376.93 ~ 1234.62 元、村集体经营的收益区间值为 96.16 ~ 926.93 元、农户家庭经营的收益区间值为 196.16 ~ 603.85 元。利用区间中心法对 5 种经营主体的收益区间进行排序，则不同林业经营方式单位林地的净收益、年净收益由高到低均依次是：国有林场经营、林业大户经营、村集体经营、农户家庭经营。而村民小组因在第一轮林地采伐后缺乏资金、劳动力等要素投入无法维持后续的林业再生产，即无造林导致的无收益。

表3-5　不同林业经营主体的单位林地产出

经营主体	总产出		年度产出	
	木材产量 （立方米/公顷）	净收益 （万元/公顷）	年木材产量 （立方米/公顷）	年净收益 （元/公顷）
国有林场	285	1.27~4.67[a]	10.97	488.47~1796.16
林业大户	285	0.98~3.21	10.97	376.93~1234.62
村集体	191	0.25~2.41	7.35	96.16~926.93
农户家庭	105	0.51~1.57[b]	4.04	196.16~603.85
村民小组	第一轮采伐后无造林无产出			

注：a表示收益区间值的右项按 i=5% 计算得到，左项按 i=8% 计算得到，以下同；b表示农户按自行采伐（即采伐成本为零）进行成本收益计算。

结合表3-4和表3-5的分析结果可以看出，国有林场对林业生产的投入力度和持续性最强，单位林地产出水平最高，属于高投入、高产出的类型，有利于林业的长期发展；林业大户虽然采取参照国有林场的方式进行林业生产经营，但其林地租金却比国有林场高出许多，从而影响了大户的林地净收益；村集体经营对林业生产的投入和产出虽然低于国有林场和林业大户，但在当前农村劳动力大量转移，在土地经营粗放化的现实背景下，村集体经营与家庭经营相比，效益依然显著，尤其是村集体采取的股份合作经营方式保证了村委会和村民均能获得持续稳定的收入。家庭经营由于大量劳动力外出，林地粗放经营甚至撂荒的较多，导致单位林地产出最低，属于低投入、低产出的类型。村民小组因为要素投入不足，再加上小组内部的组织管理能力有限，在上一轮采伐后便没有继续更新造林，属于无投入无产出的类型。

3.3.1.3　生产要素投入差异对经济效益的影响

（1）更先进生产经营技术的采用。机理分析表明，提高单位林地产出的有效办法是采用更先进的生产经营技术，根据表3-2对不同林业经营主体所采纳的生产经营技术分析可知，国有林场和大户在林业生产中能够严格按照技术规范进行经营管护活动，两者的经营技术可以代表林业经营中最先进的技术水平。村集体林场虽然按照标准的技术规范进行林业经营管护，但在实际林业生产中，却缺乏第三年的抚育管护活动，因此，可认为村集体林场的经营技术相较于国有林场与林业大户来说，要稍差一些。与前三者不同的是，家庭经营在林业生产中基本上是按经验进行林业的经营管理，如调查中发现多数农户在造林时很少（甚至不知道）选用良种壮苗，代之以杉木萌芽更新的方式造林，杉木造林后的前三年也没有进行抚育管护，通常间伐技术不规范甚至是不进行间伐，可以认为农户家庭经营的技术水平又明显地逊于村集体经营。结合表 3 - 5 中不同林业经营主体的单位林地产出分析可知，国有林场和林业大户的单位林地产出最高，村集体经营次之，而家庭经营最低。由此可以看出，林业经营中采取的经营技术越高，林木的生长情况越好，相应的单位林地产出越高，越有利于提高林业经济效益。

（2）其他生产要素间的替代。第一，木材采伐环节的劳动力要素替代。随着城镇化发展速度不断加快，第三产业和非农产业机会增加，进城务工人数越来越多，大量农村劳动力转移在增加农户家庭收入、提高农民生活水平的同时，也减少了农村实际务农劳动力的数量，给林业生产带来较大冲击，表现为劳动力的短缺使得当地劳动力价格持续上涨，为此以劳动力投入为主的传统林业经营方式随之发生变化。如实地调查中发现，国有林场、林业大户和村集体在林木采伐时，面对持续上涨的劳动力成本，均选用机械进行规模化采伐，采伐成本约为 200 元/立方米。而农户家庭经营由于林地面积较小，难以进行规模化采伐，因此依旧选用传统的人力采伐，采伐成本若根据当地市场上劳动力的价格进行折算，则约为 300 元/立方米。劳动力要素替代使得生产效率更高的机械投入进入到林业生产中，弥补了劳动力转移所造成的雇工难问题，在一定程度上减少了林业粗放经营或土地撂荒问题的出现。第二，造林与间伐环节资本要素对林地要素的替代。不同经营主体开展林业经营的根本目的都是实现经济利益的最大化，因此，如何通过有限的生产要素投入与配置来获取最大的木材产出，成为经营主体们追求的共同目标。当经营技术一定时，土地和资本成为影响林地产出的主要生产要素。但随着国家对生态环境的重视不断加强，越来越多的集体林地被划为生态公益林不允许采伐，导致可经营的林地面积提升空间有限，再加上不断上涨的林地租金，经营主体难以通过增加林地要素投入来获得更多的木材产出量。因此，经营主体更多的是通过资本要素投入替代林地要素投入，以提高要素配置效率。如国有林场、林业大户和村集体在造林时均采用良种壮苗，并且在后续的管护中会根据经营所需施用足量的化肥与农药，期望通过更多的资本要素投入来替代林业生产中较大的林地投入需求。

3.3.2 生态效益分析与比较

3.3.2.1 指标选取与数据来源

（1）生态效益衡量指标选取。林业的生态效益体现为森林所提供的生物多样性保护、涵养水源、固碳释氧、土壤保持等一系列生态系统服务的总和。任何生态系统服务都存在时空尺度的依赖性，从微观林地的角度来看，生态效益主要是通过不同土地覆盖或经营管理方式下生态系统服务的变化来反映，常用的变量包括植物种类、生物多样性和森林群落等（Persha L 等，2011）。由于森林群落所表现出的群落特征能够提供更丰富的森林生态系统服务信息，如林下植被的盖度、植被的丰富度、植被的结构与层次、群落的稳定性等（盛炜彤，2018），另外，群落类型还能表征林地的一些物理特征，如土壤的水分、质地与构造、有机质含量等（刘林馨等，2018）。因此，本书选择森林群落作为林业生态效益的度量变量。

（2）数据来源。第一，本节数据资料主要来源于课题组 2017 年 10 月在沙县开展的田野调查。由于杉木人工林的生态特征会同时受到林木生长特性、林地所处的地理位置等自然因素以及经营主体采取不同营林措施等人为因素的影响，为剔除自然因素对林地生态效益产生的影响，本书在实地调查中尽可能地选择同一地理位置的相邻地块，或者是位于不同地理位置但具有相似物理特征的林地地块，以此比较不同经营方式下的林地生态效益。调查样地中有国有林场经营、林业大户经营和家庭经营的幼龄林为 7~8 年生，样地均位于高桥镇新桥村同一地理位置，具体位置为北纬 26°58′，东经 117°75′；村集体经营的幼龄林同为 7~8 年生,样地位于高沙镇龙慈村,具体位置为北纬 26°43′,东经 117°89′。村集体林场的成熟林为 30 年生,样地位于高沙镇龙慈村,具体位置为北纬 26°43′,东经 117°87′。国有林场的过熟林为 40 年生,样地位于沙县水南国有林场,林地具体位置为北纬 26°35′,东经 117°76′。第二,生态效益数据的获取。首先是指示性植被数据的获取,在沙县林业局专家高工的陪同下,深入每一种林业经营方式的样地进行植被辨识所得。其次是群落类型与群落特征数据的获取,因调研地与阳含熙(1958)调查的建瓯市高阳乡同处于武夷山区且相互毗邻,杉木生长的生物物理条件完全一致,故利用该文献的调查数据,获取群落类型和群落特征信息,再利用样地调查中获得的指示性植被数据与文献数据进行比对,确定各经营方式样地的群落类型与群落特征,并据此评价不同林业经营方式的生态效益。

3.3.2.2 生态效益测度与比较

(1)不同经营方式的生态效益测度。根据上述所介绍方法,五种不同林业经营方式的林下植被群落类型和群落特征如表 3-6 所示。

表 3-6 不同森林地块的林下植被群落类型和群落特征

林龄	经营主体	指示性植被	群落类型	群落特征[a]
幼龄林(7~8 年生)	国有林场	苦竹、芒萁	苦竹—芒萁群落	群落总盖度为 88%,主要由苦竹(Cop1-Soc)和芒萁(Sp-Cop2)组成,群落稳定性较差
	林业大户	苦竹、芒萁	苦竹—芒萁群落	群落总盖度为 88%,主要由苦竹(Cop1-Soc)和芒萁(Sp-Cop2)组成,群落稳定性较差
	村集体	苦竹、芒萁	苦竹—芒萁群落	群落总盖度为 88%,主要由苦竹(Cop1-Soc)和芒萁(Sp-Cop2)组成,群落稳定性较差
	农户家庭	苦竹、芒萁	苦竹—芒萁群落	除上述特征外,因杉木种植密度高且分布不均,导致林隙大的地方林下植被盖度更高

续表

林龄	经营主体	指示性植被	群落类型	群落特征ᵃ
成熟林 （30年生）	村集体	常绿阔叶灌木、观音座莲	常绿阔叶灌木—观音座莲群落	群落总盖度为80%～95%，层次结构明显，灌木层较高大，但明显缺乏优势种，其优势植物为第二层的观音座莲（Cop1－Cop2），群落稳定性较好
过熟林 （40年生）	国有林场	长叶黄肉楠、杜茎山	长叶黄肉楠—杜茎山群落	群落总盖度为95%～100%，林下植被层次结构非常明显，木本植物数量最多，多是耐阴植被，优势植被为长叶黄肉楠（Cop2－Cop3）和杜茎山（Cop1－Cop2），林下生长着观音座莲，群落稳定性较好
村民小组（不经营）				萌芽更新杉木林，呈现同一林层的高大苦竹和杉木混交林，间或有非常高大的阔叶树千年桐，若无人为干扰，此混交林群落可演变成层际混交，其演替方向是天然次生林
农户家庭（不经营）				"三定"以来任其生长的小农户林地（主要是自留地），林下植被丰富且层次分明

注：a表示群落特征中的植被多度是根据德氏（Drude）7级制标准，英文变量的具体含义如下：Soc表示植株遇见极多，相当于覆盖度在75%以上；Cop3表示植株遇见很多，相当于覆盖度在50%以上；Cop2表示植株遇见较多，相当于覆盖度25%～50%；Cop1表示植株遇见尚多，相当于覆盖度5%～25%；Sp表示植株散生，数量不多，相当于覆盖度1%～5%。

资料来源：对不同林业经营方式的实地调查。

（2）生态效益比较。根据表3－6可知，不同森林地块的生态效益与林木生长年限、经营时间及是否进行人工干扰（人工经营）有关，具体如下：

1）同一主体所经营森林的生态效益取决于林木生长年限。由表3－6可知，国有林场经营的杉木幼龄林，其林下植被主要由苦竹、芒萁两种植被组成，群落类型为苦竹—芒萁群落，林下植被总盖度为88%，该群落是发展较低且稳定性较差的群落；而国有林场经营的杉木过熟林，林下主要优势植物为长叶黄肉楠和杜茎山，群落类型为长叶黄肉楠—杜茎山群落，林下植被总盖度为95%～100%，林下植被层次结构非常明显，其中木本植物数量最多，且绝大多数是耐阴植物，如扁叶卷柏、观音座莲等，群落稳定性较好。后者的植被总盖度、植被丰富度、植被层次与结构、群落稳定性等各项变量均优于前者。而对村集体经营的杉木幼龄林和成熟林进行比较发现,村集体经营的杉木幼龄林,其林下植被依然是苦竹和芒萁,群落类型亦是苦竹—芒萁群落,群落稳定性较差;而杉木成熟林的林下植被则表现出较大差异,群落类型为常绿阔叶灌木—观音座莲群落,林下植被总盖度为80%～95%,层次结构明显,灌木层较高大,种类较多,但明显缺乏优势种,林下混生许多当地的阔叶林小树,观音座莲成为第二层的优势植物,群落稳定性较好。可以看出后者的生态效益要明显高于前者。由此可知,同一经营方式下的森林生态效益主要受林木生长年限的影响,表现为杉木林龄越大,林下植被群落发展越高且越稳定,相应的森林生态效益也越高。

2)不同主体所经营森林的生态效益差异随经营时间的增加而扩大。通过对国有林场、林业大户、农户家庭、村集体所经营相邻地块上的杉木幼龄林进行比较,发现四者的林下指示性植被都是以苦竹和芒萁两种为主,群落类型都是发展较低级且很不稳定的苦竹—芒萁群落,说明国有林场、林业大户、农户家庭和村集体所经营杉木幼龄林样地的生态效益基本相同,都比较低。而对村集体所经营的杉木成熟林和国有林场所经营的杉木过熟林比较来看,前者的林下植被群落为常绿阔叶灌木—观音座莲群落,后者的林下植被群落为长叶黄肉楠—杜茎山群落,两者群落类型虽有不同,但都具有发展较高级且群落较稳定的特征。但若是细化到植被的总盖度、植被的多度、植被的层次与结构、群落的稳定性等具体变量,国有林场所经营的过熟林,其生态效益又明显优于村集体所经营的成熟林。可见,不同主体所经营的森林生态效益差异会受到经营时间的影响,并且随着经营时间的增加而不断扩大。

3)无人工干预林地的森林生态效益好。目前村民小组由于缺少资金、劳动力、经营技术等要素投入,所经营的林地在上一轮林木采伐后便没有继续更新造林。通过对村民小组经营林地的实地调查发现,当地的村民小组经营的样地多为萌芽更新的杉木林,样地内呈现出了同一林层高大苦竹与杉木混交,其群落类型为混交林群落,样地间或有阔叶树千年桐等树种,若无人为干扰,此混交林群落可随着时间的推移逐渐演变成层际混交,并最终成为天然次生林,表明无人工干预的村民小组林地，随着时间的推移其森林生态效益会逐渐变好。

通过上述分析可知，杉木用材林的生态效益会随林木轮伐期的延长而不断增长。原因是轮伐期的延长使样地经营树种的林龄变大，从而林下就有相对充分的时间来形成层次结构更加多样和复杂的群落。因此，对于不同林业经营主体来说，适当延长杉木用材林的轮伐期有利于促进林下植被生长，提高群落的生物多样性，使林下植被群落朝着较高级且稳定的群落方向发展，从而促进林业经营的生态效益提高。

（3）生产要素投入差异对生态效益的影响。不同主体所经营森林生态效益差异的本质在于其不同要素投入导致了轮伐期差异。具体如下：

1）林地经营规模对轮伐期影响所致的差异。林业生产对于规模化经营的需求要远高于农业生产，这种规模经济效益在林业生产中表现得更为明显。由于用材林生产具有长周期性，其经营过程中的资本与劳动力投入较大，均不能在当年收回，属于长期投入。此外，林业生产不同于农业生产，林业经营初期，用材林没有收益，只有等林木达到采伐年限时，经营主体才可以通过木材采伐获取经营收益。用材林具有多年投入一次产出的特点，加大了林业经营的风险，使林业经营的利润很不稳定。那么对于收入主要依赖森林的经营主体而言，林地经营就需要达到一定的规模来保证其每年都有维持林业再生产所需的稳定现金流入，这一林地经营规模即为"门槛"规模。

林地经营规模对于轮伐期的影响同样存在"门槛"效应。具体来说，当林地经营面积超过所需的"门槛"规模后，林木经营的轮伐期才能得以延长；反之，当林地经营规模减少时，相应的轮伐期也会随之缩短，直至达到国家要求的最低采伐年限。以实地调查的沙县水南国有林场为例，该林场日常经营的工资负担较重，每年需要采伐40公顷优质纯杉木林，所获得的木材收入才能维持林场的简单再生产。若以杉木用材林26年轮伐期进行计算，大约需要1040公顷的林地，而目前水南林场可经营的林地面积为4200公顷，远超过维持简单再生产所需的面积，这使林场部分林木的轮伐期能够延长至40年。另一个例子是村集体经营的龙慈林场。该村的林地均由村集体统一经营管理，林场收入在村民分红后，余下的需要纳入村级财务管理中，目标在于保证村集体有比较稳定的年现金流入来满足村级公共产品供给、村民社会福利保障如医保、社保、养老等。为实现上述目标，村集体经营的林地面积需要 700 公顷，即为保证村集体正常运转的林地"门槛"规模。村集体经营的龙慈林场原有林地面积 1500 公顷，其中有部分杉木的林龄已达 30 年。但是近几年由于修建高速公路、机场征地以及部分林地被划为生态公益林，目前村集体林场可经营的林地面积只有 550 公顷，明显低于"门槛"规模 700 公顷。这使村集体现有的林木采伐年限也已缩短至林业经营方案规定的最低采伐年限 26 年。

2）不同资金成本对轮伐期影响所致的差异。资金成本会影响到轮伐期的长短，体现为资金成本越低，轮伐期越长。从国有林场经营与林业大户经营来看，两者虽然在林业经营中均采取高投入的方式，但国有林场的投入成本要明显低于林业大户，主要原因在于两者的林地租金差异较大。国有林场的林地租金为 520 元/公顷，而林业大户的林地租金则高达 2700 元/公顷，从金额数字上来看，前者仅为后者的约 20%。若从支付方式来看，国有林场实际上要比林业大户更低一些，原因是林业大户需要在经营初期一次性支付整个经营周期 26 年的林地租金，而国有林场则是等到经营期末林木主伐时按林价款支付租金。国有林场较低的资金成本使图 3-3 中的边际成本曲线 MC 向下移动到曲线 MC'，边际价值曲线 MS 向上移动到曲线 MS'，这使林木轮伐期从 T_1 延长至 T_2 成为可能。另外，对于原先林地经营面积超过"门槛"规模的龙慈村集体而言，林地不需要支付租金也是其选择将轮伐期延长的一个重要原因。

3）不同经营技术对于轮伐期影响所致的差异。经营技术是林业生产的关键所在，经营技术包括造林技术、抚育技术、间伐技术和采伐技术等的有效利用，决定了林业的生产力水平。林业经营中严格按技术规范营林体现了更高的经营技术水平。以造林技术和间伐技术为例，高水平的造林技术体现为土地的集约经营技术，即在经营中使用更多的化肥、良种壮苗以及采取更精细化的清理与整地方式。而间伐技术则是通过对过密林木进行疏化管理，以改善林分结构，调整林内光、温度及土壤养分等资源，从而为林木后续生长提供更多有利条件。通过对同一立地条件下不同经营技术（是否严格按技术规范）杉木 30 年的平均胸径、每公顷蓄积量变量进行比较（见图 3-4、图 3-5），可以看出高水平经营技术下的杉木从第五年开始，平均胸径、每公顷蓄积量均比低水平经营技术下的杉木要大，且随着时间的推移，差距逐渐拉大。由此可知造林、间伐等技术的有效利用，提高了林木每年的生长量，进而延长了林木的生长期。即表现为图3-3中边际价值曲线MS向上移动到曲线MS′的位置，从而使轮伐期延长成为可能。根据实地调查了解到，水南国有林场经营的林木部分轮伐期可延长至40～50年，以及龙慈村经营的林场原先部分林木的轮伐期能达到35年，经营技术是二者延长轮伐期的一个重要原因。

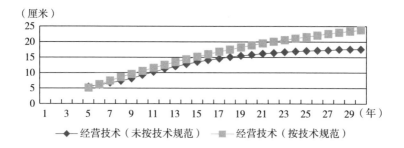

图3-4 不同经营技术下杉木平均胸径

资料来源：在《福建省杉木速生丰产栽培技术规程》的基础上，根据水南林场与龙慈村林场的实际数据进行修正而得。

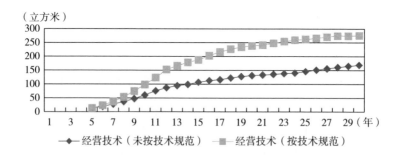

图3-5 不同经营技术下杉木每公顷蓄积量

资料来源：在《福建省杉木速生丰产栽培技术规程》的基础上，根据水南林场与龙慈村林场的实际数据进行修正而得。

3.4 本章结论与建议

3.4.1 研究结论

根据上述分析,可得研究结论如下:

第一,林业生产要素投入与经济效益、生态效益增长的作用机理为:要实现林业经济与生态双重效益的增长,关键在于寻求林木轮伐期延长前提下的经济效率提升,而采用更先进的经营技术、更低成本的资金(如通过林权抵押贷款获得较低的贴息贷款等)可以达成这一目标。同时,由于林地经营需要达到一定的规模才能够保证经营主体每年有足够的木材采伐量以获得稳定的、用于维持生计及林业再生产所需要的现金流入,当林木的轮伐期延长时,林地经营面积也需要相应地增加。虽然劳动力成本的上升提高了林业生产的总成本,进而延长了林木的轮伐期,但同时也降低了林业经济效率,因此在林业经营中需要避免。

第二,异质性林业经营主体因其生产要素投入差异导致了经济效益的差异。以沙县为案例的研究发现:一是异质性林业经营主体的经济效益存在差异。从单位林地木材产出来看,国有林场和林业大户的木材产出量最高,村集体林场的木材产出要稍低于国有林场、林业大户,农户家庭经营的木材产出又明显低于村集体林场,而村民小组在上一轮采伐后便没有继续更新造林,无木材产出;从单位林地净收益来看,不同林业经营方式由高到低依次是:国有林场经营、林业大户经营、村集体经营、家庭经营,而村民小组因为在第一轮林地采伐后缺乏资金、劳动力等生产要素投入,无法维持后续的林业再生产,即无造林导致的无收益。二是生产要素投入对林业经营主体经济效益差异的影响。具体如下:其一,采用不同经营技术影响了单位林地的木材产出,体现为林业生产过程中采用更先进的经营技术(如国有林场),其单位林地的木材产出也会相应提高;其二,林业经营中的生产要素替代提高了要素配置效率,主要体现在木材采伐环节的劳动力要素替代以及造林与间伐环节中资本要素对林地要素的替代。

第三,异质性林业经营主体因其生产要素投入差异导致了生态效益的差异。以沙县为案例的研究发现:一是林业经营主体的生态效益存在差异。比较沙县不同林龄、不同林业经营方式的生态效益可知,同一主体其所经营森林的生态效益取决于林木的生长年限,表现为林龄越大,林下植被群落发展越高级且越稳定,相应的森林生态效益也越高;不同林业主体所经营森林的生态效益差异会受到经营时间的影响,且会随着经营时间的增加而不断扩大;无人工干扰的村民小组林地,随着时间的推移,森林群落会向着天然次生林的方向演替,森林生态效益会逐渐变好。二是生产要素投入对生态效益差异的影响。具体如下:一是林地经营规模对于林木轮伐期的影响存在"门槛"效应,只有当林地经营面积超过所需的"门槛"规模后,林木经营的轮伐期才能得以延长;反之,当林地经营规模减少时,相应的林木轮伐期也会随之缩短,直至达到林业经营方案规定的最低采伐年限(即林木的主伐年限)。二是资金成本影响了林木轮伐期的长短,体现为资金成本越高,林木轮伐期越长。三是更高水平的经营技术包括造林技术、抚育技术、间伐技术以及采伐技术等的有效利用,有利于延长林木的轮伐期。四是林业生产经营中营林投入的高低会受到经营技术选择的影响,采用更先进的经营技术能够在增加林地木材产出的同时,提高林业经营的总生产成本,从而延长林木的轮伐期。

3.4.2 政策建议

政策建议从林地适度规模和林地流转两个角度提出,具体如下:

第一,适度经营规模至少要达到"门槛"规模水平。从经济可持续性角度来看,林地经营规模存在"门槛",林地经营规模对于轮伐期的影响也存在"门槛"效应。由于用材林生产具有长周期性,其经营过程中的资本与劳动力投入较大,均不能在当年收回,属于长期投入。此外,林业生产不同于农业生产,林业经营初期,用材林没有收益,只有等林木达到采伐年限时,经营主体才可以通过木材采伐获取经营收益。用材林所具有的多年投入一次产出的特点，加大了林业经营的风险，使林业经营的利润很不稳定。那么对于收入主要依赖森林的经营主体而言，林地经营就需要达到一定的规模来保证其每年都有维持林业再生产所需的稳定现金流入，这一林地经营规模即为"门槛"规模。实证研究结果也显示，当林地经营面积超过所需的"门槛"规模后，林木经营的轮伐期才能得以延长；反之，当林地经营规模减少时，相应的轮伐期也会随之缩短，直至达到国家要求的最低采伐年限。

第二，通过制度完善推动林地向更高生产效率的经营主体流转。一方面，采用现代生产经营方式的经营主体如国有林场，虽有更高的经济和生态效益，但也存在林地要素投入不足并导致轮伐期缩短从而降低生态效益的可能。另一方面，城镇化背景下因城镇具有更多非农就业机会并提供更完善的教育、医疗等公共服务，吸引了众多农村劳动力永久性或半永久性离开村庄，导致村民小组或家庭经营的集体林地因缺乏劳动力、资本和技术等要素投入而降低了林地生产率。要促进两者间的生产要素优化组合，一是可通过产权完善，特别是在"三权分置"背景下，在促进土地承包权与经营权分离以提高地权生产效率同时，要发挥所有权在监督、管理转出林地使用过程中的可能存在土地生产力破坏问题，从而保护承包权主体农户的权益；二是完善林地流转机制，在承包经营权初步流转中发挥村集体土地所有权主体的作用，通过契约关系先集中已经分散化的林地以此降低流转中的高交易成本。具有更高生产效率的经营主体在规模经济性驱动下，通过契约关系直接转入已集中到村集体的林地经营权，从而实现不同经营主体间的生产要素优化。

第4章 "三权分置"下林地流转机制研究

自20世纪80年代林业"三定"至今的集体林权制度变迁，都旨在解决集体林业生产效率低下、林地经营规模小而分散、林业经营收益低等问题。经过长期探索，政府、学界和社会形成了"根源在于林地经营规模过小，解决的关键在于林业规模化经营"的问题解决共识，并期望通过集体林权"三权分置"的提出与完善，促进承包权与经营权分离从而推动经营权向新型经营主体流转以实现规模化经营。现实中，面对林地分散流转交易成本高、林地流转期限长、转出林地生产力维持与保护难以监督与管理、林地经营规模化中的适度规模如何考量等阻碍林地流转与交易的因素，如何构建并完善林地流转机制来解决这些问题？对此本章首先进行了理论探讨，接着以福建省沙县实施的基于"四共一体"的集体林权流转为例进行案例分析并总结提炼了实践经验。

此外，由于对林业规模化经营中"适度规模"的认知不同或把握不准，现实中造成林地经营规模相对于经营者生产能力显得"过大"或"过小"的情况（石丽芳等，2016），前者导致了林地规模过于集中并使资源使用效率和社会公平效率下降，后者则因林地面积不足以满足规模经济性需要导致对经营者经济激励不足，因此，本章还对林业规模经营的"适度"性问题进行了探索。

4.1 研究框架与理论分析

4.1.1 FTM – SES 研究框架构建

4.1.1.1 研究框架

以 SES 理论为基础构建"三权分置"下林地流转机制（Forestland Transfer Mechanism，FTM）的研究框架（FTM – SES）如表 4 – 1 所示。FTM – SES 涉及治理系统（GS）、行动者（A）等 4 个第一层级变量以及行动情景（I – O），社会、经济与政治背景、外部关联的生态系统等仍不做重点分析。

表 4 – 1 FTM – SES 研究框架及主要变量

第一层级变量	第二层级与第三层级变量	
治理系统（GS）	GS4 产权系统 　GS4 – a "三权分置"下的林地流转（所有权落实，承包权与经营权分离） GS6 集体选择规则 　GS6 – a 集体经济组织对林地使用的规划与监督	
行动者（A）	A2 行动者的社会经济属性 　A2 – a 传统型专业化经营主体如各类林场 　A2 – b 新型专业化经营主体如家庭林场或林业大户 A8 资源的依赖性 　A8 – a 森林经营是收入主要（或全部）来源	
行动情景： 互动（I）→ 结果（O）	I5 投资活动 　I5 – a 经营适度规模：林地面积、采伐时间 　I5 – b 其他生产要素：资本、技术和劳动力	O1 社会绩效评估 　O1 – a 经济可持续（稳定的年度收入） O2 生态绩效评估 　O2 – a 生态可持续（稳定的林地生产力）

4.1.1.2 研究框架构建的依据

对研究框架中第一层级、第二层级变量选择和第三层级变量设置的说明如下：

（1）第一层级变量"治理系统"（GS）及相应第二层级、第三层级变量的选择和设置。第二层级变量"产权系统"（GS4）选择及其相应第三层级变量设置。"三权分置"政策目的在于通过促进林地流转以解决集体林林权制度改革后，因林地细碎化对生态系统造成的严重负面影响并有效提升林业经营的规模效益（蒋瞻等，2018）。现有"三权分置"研究中更关注土地承包权与经营权分离以提高地权经济效率，但却忽视了所有权与承包权、经营权长期分置可能导致所有权虚化（高海，2019），从而削弱所有权主体通过监督、管理经营行为以合理利用和保护土地，甚至组织农业基础设施建设的权能（代琴等，2019）。而林权制度变迁的实践也表明，早在"两权分离"时期因所有权与承包经营权分离，村级层面上林地使用缺乏总体规划、林业生产缺乏监督与制约机制并导致森林生态系统严重退化（侯一蕾等，2013），这对如何落实林地所有权管理权能提出更高要求。因此，"三权分置"下的林地流转，应当回归更大程度地坚持落实集体土地所有权视角，即研究中设置"'三权分置'下的林地流转"（GS4－a）第三层级变量。

第二层级变量"集体选择规则"（GS6）选择及其相应的第三层级变量设置。虽然共有产权比私人产权更有利于防治资源退化，社区土地产权在克服外部性上优于私有产权，但"分权"成功与否还取决于当地人认识到其目标而采取的集体行动（龙贺兴等，2017）。设立生态公益林是我国集体林区解决外部性的主要做法，其他的集体林地因林地确权边界与提供公共性或区域性公共产品的森林资源空间边界不一致，具私人产权特点的集体林地制度激励经营主体生产与土地不可分割的资源产品而非与土地分离的生态产品（罗必良等，2013）。因此，社区或公有（共有）产权仍无法解决超出林地产权空间边界的外部性问题，而若以集体经济组织为载体的林地所有权主体能发挥其对村级范围内的林地使用规划和监督管理，则可有效解决这一问题。因此"集体选择规则"（GS6）及其下设"集体经济组织对林地使用的规划与监督"（GS6－a）变量成为研究中不可忽略的因素。

（2）第一层级变量"行动者"（A）相应第二层级、第三层级变量的选择和设置。第二层级变量"行动者的社会经济属性"（A2）下相应第三层级变量的设置。集体林权制度改革后，林地小而分散导致林业经营收益有限，难以按永续利用的原则规划和布局林业生产，经营者为提高成本收益率常常采用掠夺式经营并导致森林生态系统毁损。面对此问题，政府、学界和社会形成了"根源在于林地经营规模过小，解决的关键在于林业规模化经营"共识，"三权分置"不仅关注土地承包经营权如何分离以放活经营权，还关注土地经营权如何流转到新型经营主体（蒋瞻等，2018）。因此，在"行动者的社会经济属性"（A2）第二层级变量下不仅关注"传统型专业化经营主体如各类林场"（A2－a），还关注"新型专业化经营主体如家庭林场或林业大户"（A2－b）。

第二层级变量"资源的依赖性"（A8）下相应第三层级变量的设置。集体林权制度改革目标旨在通过寻求林业经营的规模化和专业化以实现生态安全、资源增长和增收等目标，且（A2－a）、（A2－b）的专业化经营主体属性也意味着行动者收入对森林资源具有高依赖性（A8－a）。

（3）行动情景中"互动"（I）模块第二层级、第三层级变量的选择和设置。林业经营（特别是用材林经营）的生态效益和经济效益同时受林地面积和林木采伐时间的约束（蒋瞻等，2019b），相同林地面积下采伐时间越长其生态效益越高，但也可能引发更高的生产成本导致经济效益下降，专业化的林业生产决策需要统筹考虑林地和林木生产时间的规模经营，即需要设置第三层级指标（I5－a）来反映林业的生产特点。

此外，林业经营反映了经营者在林业生产过程中各种土地、劳动力、资本和技术等生产要素组合的投入，除林地和林木采伐时间外，社会经济属性各异的经营者其资本、技术和劳动力等要素投入各异，因此，需要设置第三层级指标（I5－b）来反映这些生产特征。

（4）行动情景中"结果"（O）模块第二层级、第三层级变量的选择和设置。林地规模化经营可能激励更多资本与劳动力投入并提高经济效率，但因经营者对短期收益最大化需求，出现大规模种植单一品种、大量使用化肥除草剂和农药、短轮伐期经营等行为，引发森林物种多样性丧失、水土流失、地力下降等负外部性，因此，只有完全解决林业生产中长期投入与短期现金流需求的矛盾才可能实现林业的可持续发展，是故设置了（O1 - a）和（O2 - a）两个第三层级变量。

4.1.2　"三权分置"下林地双层流转机制的理论模型

基于 4.1.1 对 FTM - SES 研究框架及各级变量分析基础上提出的"三权分置"下林地双层流转机制理论模型如图 4 - 1 所示。

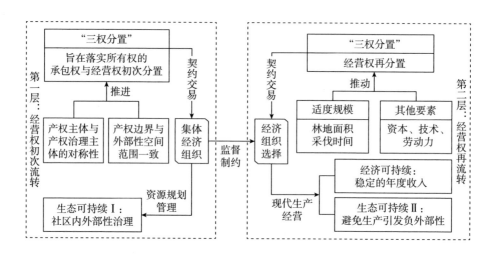

图 4 - 1　"三权分置"下的林地双层流转机制

第一层为经营权初次流转。产权主体与产权治理主体的对称性及产权边界与外部性空间范围的一致性是社区范围内外部性有效治理的前提，在"三权分置"流转机制中可通过承包权与经营权初次分离，并把经营权流转给以村集体经济组织为载体的林地所有权主体从而落实林地所有权，通过集体经济组织对全村范围内的林地资源使用进行规划、监督和管理，以此保护林地生产力并实现林业经营的可持续性。

第二层为经营权再流转。林业生产经营的规模化和专业化是实现经济可持续（即具有稳定的年度收入）和生态可持续（即避免采用可能引发负外部性的掠夺式生产方式以保护林地生产力）目标的必由之路，规模化及其他现代生产要素投入推动了经营权再流转。由于林业生产经营的规模经济性取决于林地经营面积和林木采伐时间，适度规模的确定需要兼顾林地面积和林木采伐时间。

4.2 林地双层流转机制中的适度规模研究

由于适度规模确定是经营权再流转（特别是林地转入）决策的关键，在此以专业化农户杉木经营为例对经营权再流转的适度规模展开研究。以专业化农户杉木经营为例的原因如下：一是我国森林资源分布的地理区域广阔，林木种类多且生长属性差异大，难以用同一个标准来量度林业适度经营规模，鉴于杉木是我国特有的用材林树种，具有生长快、材性好等特点，用途多栽培面积大，杉木人工林占我国人工林面积约为25%。在地理空间分布上，南方集体林区杉木林面积之和占全国总面积的89.83%，是南方集体林区最重要经营树种之一，以杉木为例分析适度规模经营具有典型意义。二是农户仍然是南方集体林区森林经营的主体，且家庭林场和林业大户是最重要的新型林业经营主体之一。

当前我国林业生产低效率部分源于具有高人力资本的农户转移至非农部门，但作为集体林区最主要的森林经营主体，农户是否愿意把劳动力、资本和土地等要素投入林业生产取决于其对林业收益与机会成本的比较，只有当生产要素投入林业部门的产出收益高于其投入非林业部门的机会成本，农户方能投身于林业生产。因此，首要是从农户的利益诉求出发，通过扩大林地规模使之达到能满足经济可持续目标的经营规模底线，提高其收入并初步实现经济目标；而实现了经济可持续性目标的森林经营可激发农户更多的要素投入，如专业从事林业生产、选用更优质的种苗及施用化肥等，进而提高土地、劳动力生产率，在实现资源增长目标的同时，也增加了森林资源存量实现了生态安全目标，这是现代林业多重目标实现的逻辑。因此从经济可持续目标出发，对专业化农户林地适度经营规模进行测度。

4.2.1　适度规模测度的模型构建

4.2.1.1　杉木采伐收益分析

在农业生产中，农户所经营的作物类型通常为一年生或一年多生，那么农业生产年度经济收入为所经营作物的同年内投入产出的收益，即农业年度经济收入等于农户经营作物单位面积产量农户所经营作物单位面积产量、经营作物市场价格、农地经营面积和复种指数四者相乘。林业生产可类比于农业，但林业生产具有自身特性，林业相比较农业经营需要更长时间的持续性经营，尤其是用材林生产。在一个生产经营周期内，森林经营除了轮伐期结束的时序点上收益外，漫长的生产过程中几乎没有其他直接收入。若能根据轮伐期的时间长度，把林地划分至相等数量的区划伐区，每年对其中一个伐区进行采伐，并使该伐区的收入能够达到与外出务工收入相等，当然这需要一定的林地规模，这种规模下能够实现农户的经济可持续，此时把一个伐区一个轮伐期终点的主伐收入作为农户的年度经济收入。林业生产的年收益等于农户所经营杉木的单位面积产量 Q、杉木市场价格 P、杉木林地采伐面积 S 三者相乘。

（1）杉木产量。以往关于适度规模文献中对产量的确定，不论农业还是林业，多数学者依据农户调查数据，但绝大多数农户对所经营作物或林分的产量记录一般为经验估计，这势必造成产量数据误差较大，可信度较低、精确度大打折扣，从而导致适度经营规模的测算结果产生偏差。用材林生产经营周期长，难以获得一个周期内的投入产出长面板数据，以往从效率角度的研究通常代之以截面数据或短面板数据并导致了研究结果的不合理。林业生产特性显示，在自然再生产与经济再生产相交织过程中，人力和资本力所发挥的作用小于自然力作用，土地作为林木赖以生长发育的母体，不同立地类型对林木自然生长量有巨大的影响。倘若能掌握自然力与人力驱动下不同立地类型林木生长动态变化规律，即林木收获模型，产量可从该模型中计算得到。相比较农户经验估计所得的产量数据，使用根据林木生长动态变化得到的用材林蓄积量模型计算得出的产量数据更有信服力。

林木收获模型中适用性较广的是 Chapman – Richards 模型,其描述了单位林地面积蓄积量与林龄的关系,但原模型未能考虑到不同立地类型和林种对林木蓄积的影响,在此使用以一般杉木人工林为例且能较好剥离不同立地类型下杉木生长量的改进模型测算杉木生长量(陈则生,2010),具体如下式:

$$M = b_1 SI^{b_2} \left[1 - \exp \left(-kt \right) \right]^c \tag{4-1}$$

其中,M 表示每公顷的蓄积量,SI 表示立地指数,t 表示林分年龄。通过非线性最小二乘法迭代确定出各参数值为:$b_1 = 4.53547$,$b_2 = 1.60931$,$k = 0.096004$,$c = 3.720004$。根据杉木人工林二元材种出材率表及相关研究对杉木出材率选择,确定杉木出材率为 70%。由此可得,杉木标准出材量模型:$Q = M \times 70\%$。

(2)杉木市场价格。杉木价格与林木生长量——胸径、树高有关,大径材的价格通常要高于中径材和小径材。胸径、树高等生长量与不同立地类型和生长时间有关,立地质量越好、林木生长时间越长,林木的胸径就越大,其市场销售价格也越高。采用改进模型测算杉木的平均胸径 D 和平均树高 H(陈则生,2010),具体如下式:

$$D = 1.77871S I^{1.38791} \left[1 - \exp \left(-0.011672t \right) \right]^{0.80127} \tag{4-2}$$

$$H = 14.8032S I^{0.42132} \left[1 - \exp \left(-0.00942t \right) \right]^{0.76261} \tag{4-3}$$

(3)木材价格依据。价格指数是反映价格总水平变动和总体趋势变化的量化指标,中国木材价格指数(CTI)是首个国家级木材价格指数,CTI 的时间动态波动在一定程度上反映了木材价格水平的波动和趋势,2014 ~ 2019 年 CTI 基本围绕 1200 波动,且上下波动阈值为 1150 ~ 1250,幅度不大,反映了我国木材市场价格在一定周期内较为稳定。木材生产周期长,仅以一段时期内的 CTI 难以精确描述轮伐期内的价格变化,但观察我国木材市场的演化过程,从改革开放初期的垄断竞争市场,到伴随国内市场化进程的推进和木材市场与国际市场的逐步对接,木材市场机制愈加完善、垄断竞争市场逐步向完全竞争市场靠拢,在未来一段时间内木材价格会逐步趋向稳定,即木材市场价格可能在一段时间内围绕 CTI 上下波动。因此,用 2014 ~ 2020 年 CTI 指数反映木材价格。

4.2.1.2 杉木生产成本分析

林业生产的长周期性特点决定了资本、劳动力等要素投入并非是一次性同时完成。一个轮伐期内的生产经营过程可划分为多阶段，流入土地、造林、抚育及采伐阶段，其中大多为资本要素的投入，即各种费用，如土地租金、种子费、肥料费等，而劳动力要素的投入由农户自身提供，无论农户投工于林业部门或非林业部门，其劳动力是类似的，因此不必重复计算劳动力成本。

林地是林业生产经营活动的最基本生产资料，农户获取林地通常有两种方式，一是通过一级市场即"分山到户"等集体林权制度把集体林地分配到由农户经营；二是通过二级市场即林地流转从其他农户手上获取林地经营权。一级市场是对林地资源的初始分配，农户往往不需要支付费用，或支付费用很少，但在二级市场获取林地需要一定的费用即林地的租金费用C_1。当前小农户、家庭林场或林业大户等森林经营主体在扩大林地规模过程中，大多从二级市场使用林地流转的方式进行交易。

营林是农户获取林地后开展生产经营活动的阶段，营林过程中主要包括两个阶段，一是整体造林，其是林业具体生产经营活动的起点；二是抚育和间伐，主要是为了保证幼苗成活，促进林木生长和提高生产率等所采取的一系列生产措施。假设农户在营林阶段所发生的费用即营林费用为C_2，在营林阶段的费用主要包括种子、种苗、肥料、农药等资本性要素购买。采伐是一个轮伐期的时序终点，杉木用材林在达到轮伐期后，农户对其进行采伐、运输等作业，此时产生的主要是采伐费用C_3。

4.2.1.3 专业化农户可持续经济目标的分析

森林经营收入何以满足农户的可持续经济目标？需要考虑以下两个因素：一是林业收入占家庭总收入的比例。与农业生产一样，林业劳动力要素的特点即季节性和兼业性，农户可能在农闲时务工或经营副业等，因此把用材林经营收入作为经营者家庭的主要收入来源而非全部收入来源，这与《国家林业局关于加快培育新型森林经营主体的指导意见》中对以家庭为主要劳动力进行专业林业生产的家庭林场的规定一致，即以经营林业为主要收入来源且收入至少达到家庭总收入的75%，此规定也成为本书考虑林业收入占家庭总收入比例的依据。二是林业生产机会成本的参照物。从以往文献来看，农户的机会成本通常有两个参考标准，城镇居民收入或外出务工收入（倪国华等，2015）。选用前者的优势在于从长期发展进程考虑,以消除城乡差别为最终目的,选用后者的优势在于当前农民从事农业经营最大的机会成本是放弃了外出务工的收入,更加直接反映农户机会成本。以城镇居民收入作为林业生产机会成本的参照,有利于提高农民收入,符合社会发展趋势。

4.2.1.4 林地适度规模的理论模型

农户选择林业部门或非农部门生产是对初始时点的机会成本的权衡,因此把非年初的成本和收益按照合理折现率全部折算为初始现值,如此便于直接计算。假设:单位林地面积的年度总收入为 E,根据前述分析可知,$E = Q \times P (1+i)^{-1}$,单位林地面积的生产成本为 C,$C = C_1 + C_2 + C_3 (1+i)^{-1}$,基于此,可得单位林地面积净收益 Npv = E − C。根据所求出的单位林地面积净收益 Npv,以城镇在岗职工平均工资 CZ 除以 Npv 便可得到相对应的林地采伐面积 S,假定经营周期(即轮伐期)为 T,则满足农户森林经营经济可持续性目标的杉木用材林林地适度规模 S^* 为林地年度采伐面积与轮伐期之积,用公式表示为:

$$S^* = S \times T = CZ/Npv \times T \tag{4-4}$$

4.2.2 适度规模的测度

4.2.2.1 案例点选择与数据来源

(1)案例点及其立地指数。选择福建省作为林地适度规模的研究区域,案例树种杉木是福建省用材林的主要树种之一,且从福建省用材林产量情况来看,杉木产量比例虽呈下降趋势,但始终维持在较高水平,杉木在福建省仍是农户用材林经营的主要树种。

第一,立地指数。因气候、地形、土壤、植被及杉木生长的差异性,福建省杉木生长区域被划分为中心产区、一般产区和边缘产区。不同产区基于造林地部位、土层厚度、黑土层(腐殖质层)厚度、海拔、土壤容重 5 个因子评定的立地指数不同,中心产区中等立地条件的立地指数可达 15,一般产区中等立地条件的立地指数可达 13,边缘产区中等立地条件的立地指数一般小于 12(俞新妥,1980)。就案例点的立地指数而言,鉴于数据的可获得性及一般性,具体杉木产区的立地指数用该产区中等立地质量的立地指数来表示，即中心产区和一般产区立地指数分别为15和13，而边缘产区立地指数的确定需要结合其他文献的现实选择（陈则生，2010），其结果为10。

第二，案例点选择。由于地级市内部各区域林地的立地条件差异大，下属各县往往被划分属不同产区。此外，由于县政府是我国各类项目组织实施管理主体，因适度规模经营需要在县域内跨乡镇的林地流转更易实现，因此本部分把研究尺度放至县级层面。案例县是从每一类型产区的相应地级市中抽取，抽取原则是案例县是否进行杉木用材林的生产经营活动及规模大小，最终共选取案例县13个，中心产区2个，一般产区6个，边缘产区5个，具体选取结果见表4－2。

表4－2　福建省杉木不同产区的行政区域分布及立地指数

产区	行政区域分布	立地指数*
中心产区	南平市（建阳、建瓯、顺昌、邵武）；三明市（将乐、沙县、明溪、永安、清流）	15（15）
一般产区	南平市（蒲城、松溪、政和、光泽）；三明市（建宁、泰宁、宁化、尤溪、大田）；龙岩市（长汀、连城、武平、上杭、永定、漳平）；泉州市（德化、永春）；福州市（永泰、闽清、闽侯、罗源、连江）；宁德市（古田、寿宁、福安、拓荣、周宁、屏南、福鼎、霞浦）	13（13）
边缘产区	福州市（长乐、福清、平潭）；莆田市（仙游）；泉州市（惠安、晋江、南安）；厦门市（金门）；漳州市（南靖、平和、云霄、漳浦、诏安、东山）	10（＜12）

注：＊表示括号内的数字指各产区中等立地条件下的标准立地指数（卞辉和樊志民，2014）；括号外的数字是本研究进行模型估算时所使用的立地指数。由于边缘产区的标准指数为"＜12"，因此，结合卞辉和樊志民（2014）的现实选择，本部分选择10作为模型估算的指数依据。

（2）数据来源。本章使用数据有三个来源，第一，各县城镇在岗职工平均工资的数据来源于福建省统计局公布的《福建统计年鉴2019》；第二，福建省杉木市场价格来自于中国木材网、木材圈网，近年来杉木原木价格波动不大，假定未来木材市场价格趋向于稳定，在此把近几年各规格下的市场平均价格作为杉木价格，即胸径3～6厘米、8～12厘米、12～14厘米和14厘米以上的市场价格分别为 825 元/立方米、940 元/立方米、1140 元/立方米和 1260 元/立方米；第三，杉木用材林生产经营成本数据来源于课题组于 2018 年在沙县的调研数据及相关文献数据。

4.2.2.2 林地适度经营规模计算结果

根据国家林业局颁布的《主要树种龄级与龄组划分》行业标准，一般杉木用材林生产经营周期为 26 年，根据福建省《杉木速生丰产林栽培技术规程》标准，生长 40 年和 30 年的林分能满足大、中径材标准。基于此，本部分设置三个不同轮伐期，$T_1 = 26$、$T_2 = 30$、$T_3 = 40$，分别计算不同轮伐期下的适度规模经营。参考文献对贴现率的设置（朱臻等，2019），以央行平均一年期存款利率为贴现率，近十年来央行存款利率变动为 2% ~ 3%，考虑到贴现率在一定时间内是波动的，因此，以 2% 和 3% 为节点，分别测度了相同轮伐期下不同贴现率的林地适度规模经营区间。受立地条件及总林地规模限制，在此不考虑边缘产区 T_3 条件下的适度规模。计算结果如表 4 - 3 所示。

表 4 - 3　福建省各案例地的杉木林地适度规模

产区划分	案例地	城镇在岗职工平均工资（元/年·人）	不同轮伐期的林地适度规模（公顷）		
			T_1	T_2	T_3
中心产区	建瓯	64632	15.41 ~ 21.79	19.74 ~ 29.94	34.69 ~ 65.31
	将乐	69075	16.47 ~ 23.29	21.10 ~ 32.00	37.08 ~ 69.79
一般产区	浦城	59359	19.36 ~ 28.41	25.05 ~ 39.99	45.41 ~ 96.78
	尤溪	72378	23.61 ~ 34.64	30.54 ~ 48.77	55.37 ~ 118.01
	连城	56889	18.55 ~ 27.22	24.01 ~ 38.33	43.52 ~ 92.76
	德化	63488	20.71 ~ 30.38	26.79 ~ 42.78	48.57 ~ 103.51
	福安	75092	24.49 ~ 35.93	31.69 ~ 50.59	57.45 ~ 122.43
	罗源	68340	22.29 ~ 32.70	28.84 ~ 46.05	52.29 ~ 111.43
边缘产区	福清	71704	45.82 ~ 77.53	61.40 ~ 122.10	—
	仙游	57404	36.68 ~ 62.07	49.16 ~ 97.75	—
	惠安	56423	36.05 ~ 61.01	48.32 ~ 96.08	—
	漳浦	60403	38.60 ~ 65.31	51.72 ~ 102.85	—

从表 4 - 3 可以看出，2018 年福建省 12 个案例地在生产经营周期为 26 年的

集体林权制度改革深化研究

条件下，适度规模面积最小的是建瓯市，原因在于其位于中心产区杉木生长量大且城镇在岗职工人均收入不高，而人均收入较高且位于边缘产区的福清市，其人均适度规模面积最大，此现象也适用于生产经营周期分别为 30 年和 40 年的条件。由此可以看出，不仅农户自身经营决策对林地适度规模起决定性作用，当地城镇在岗职工收入水平对林地适度规模也产生了较大影响。

对比三个不同生产经营周期下的林地适度规模可看出，T_2 下的适度规模要明显大于 T_1 下的适度规模，T_3 下的规模大于 T_2。这说明，在相同立地条件下，虽然杉木生长周期越长，因单位林地上的木材出材量更大，且单位木材价值更高，用于满足年度经济收入需求的林地采伐面积相对减少，但从整个生产周期而言，仍需要更大的经营面积，即现有经营技术下延长生产周期所产生的产量增量及其价值增量，仍不足以替代林地生产要素的投入。

4.3　集体林地双层流转机制案例：
“四共一体”模式

作为全国集体林权制度改革的示范县，福建沙县的林权制度改革始终围绕生态保护和农民增收两个核心任务展开，在完善林业经营体制、产权制度、社会化服务体系等领域展开了诸多探索，如推出“股权共有、经营共管、资本共享、收益共盈”（简称“四共一体”）新型经营模式等，为深化集体林权制度改革提供了宝贵的经验借鉴。因此，本节以福建沙县“四共一体”模式为例，对集体林地的双层流转机制做更深入探讨。

4.3.1　案例基本情况

2016 年沙县高桥镇新桥村和沙县采育总场首次采用“四共一体”模式进行了集体林地流转，流转双方的资源禀赋及经营情况具体如下：

4.3.1.1　新桥村基本情况

沙县高桥镇新桥村是“四共一体”新型森林经营方式的首个试点村。该村

· 106 ·

共有 284 户，总人口 1153 人，约有 50% 人口留在村里，以老人和儿童为主，劳动力都外出经营沙县小吃。全村土地总面积 813 公顷，其中林地面积 654 公顷。2004 年沙县开展新一轮集体林权制度改革，新桥村同其他村一样，将大部分林地分到组或户经营，村级林场可经营的林地面积不到 100 公顷。林改后新桥村林地每公顷林木蓄积量仅为 90～105 立方米，远低于国有林场经营的林木蓄积量，在劳动力大量转移、农村"空壳化"成为沙县的普遍现状下，其原因可归纳如下：一是村集体林场不仅林地经营面积有限，且面临资金、劳动力短缺问题。二是村民小组由于内部的组织化程度低，再加上资本的严重缺乏，难以组织后续的林业生产经营，致使村民小组分得的林地在上一轮采伐后便不再继续更新造林。对于农户家庭经营而言，由于非农就业机会的增加，林业经营比较效益的低下，使农户普遍对森林的依赖程度极低，造成了农户家庭经营出现林地粗放经营甚至是处于抛荒状态。

4.3.1.2　沙县林业采育总场

福建省沙县林业（集团）有限公司沙县林业采育总场成立于 2004 年，属传统型专业化林业经营主体。与其他国有林场一样，相较于其他经营主体，沙县林业采育总场具有更高的生产和生态效率，但近年来，国有林场在实际经营中出现了影响其经济效益与生态效益的问题，具体表现在两个方面：一是随着国家对生态环境建设的日益重视，国有林场作为承担生态建设与修复的重要力量，越来越多的林地因处于重点生态区位范围内而被国家划定为生态公益林，从而减少了国有林场每年可采伐变现的林地面积，具体到沙县林业采育总场就有约 500 公顷的林地被划为了生态公益林，导致林木无法进行采伐，导致沙县林业采育总场原本可以采伐变现的用材林林地面积极大地减少。二是虽然国有林场改革后，林场内职工执行的是事业单位的工资制度，但是职工的工资、社保等费用却需要国有林场自行支付，而随着劳动力成本的上升，国有林场职工的工资待遇普遍有所提高，加重了林场的工资负担，使林场需要采伐更多的林木来维持其简单再生产，沙县林业采育总场也不例外。基于上述问题，采育总场要想继续维持原先较高的经济效益和生态效益，就需要进一步加大可经营林地面积的投入。

4.3.2 基于"四共一体"的林地双层流转

4.3.2.1 "四共一体"的内涵

"四共一体"经营方式可归纳为股权共有、经营共管、资本共享、收益共盈四个方面，具体内涵分析如下：

（1）股权共有。明确各自所占股份。合作双方通过认可的第三方评估机构对合作经营森林资源中的林木资源价值进行资产评估后，沙县林业采育总场按51%股份支付股份转让款，村集体或村民小组则占剩下的49%股份。合作双方共同承担经营成本。即沙县林业采育总场、村集体林场（或村民小组）需要共同承担造林、幼林抚育、间伐以及其他促进林木生长的营林措施等生产经营费用，共同承担森林资源管护、森林保险等费用。而林地租金方面，则是按6:4的比例承担。上述合作中产生的经营成本均由沙县林业采育总场先行垫付，待经营周期结束从林木主伐的经营利润、资金占用费或股份转让款中扣回。合作双方需在年度生产经营活动结束后，及时结清生产经营费用以及合作经营合同中明确规定的其他费用。

（2）经营共管。林业生产经营中合作双方需明确各自的职责。沙县林业采育总场拥有森林经营的主导权，负责合作森林资源的造林、幼林抚育、间伐、主伐、木材销售等经营管理活动，而村集体林场、村民小组等需要协助沙县林业采育总场做好护林防火、边界管护、维护经营区稳定等工作。双方通过建立生产经营通报机制进行监督。沙县林业采育总场需要将生产经营计划、营林每个阶段的进展情况及时通报给村集体林场、村民小组，必要时后者可派专人对沙县林业采育总场的森林经营情况进行监督。

（3）资本共享。沙县林业采育总场51%的股份转让款不需要直接支付，而是按银行贷款基准利率上浮6%，在每年的12月以资金占用费的形式支付给村集体（或村民小组）。另外，林地租金费用也是在每年年末由沙县林业采育总场进行预付。同时，沙县林业局与地方农行、农商行等签订深化林改合作协议，沙县林业采育总场可以依托双方合作共营的林场，进行资本化运作以获取较低利息的林权抵押贷款，使股权变为资本投入，但规定贷款总额不得超过合作共营林场总资产评估价的 10%。

（4）收益共盈。合作共营中的收益主要包括三个部分：一是林木主伐所获得的经济收益。这部分收益以第三方机构确定的评估价为基数，按年化收益 5% 的复式利息计算股份预期收益，若林木主伐时获得的经营利润有溢价，溢价部分则沙县林业采育总场、村集体林场或村民小组双方按 4∶6 的比例分配收益；若林木主伐时获得的经营利润无溢价或达不到年化收益 5% 的复式利息计算股份预期收益的，则按照各自所占的股份比例进行分配。二是合作经营过程中取得的政策性收益。其中对于林地征占用补偿，除林地补偿费归林地所有者外，林木补偿费、安置补助费等按各自所占的股份比例分配收益。对于国家和当地政府提供的造林、森林抚育等各项支农惠农政策补贴和服务以及国家给予的其他经济补偿按各自所占股份比例分配。三是森林经营过程中取得的生态收益，如林业碳汇等，同样是按各自所占的股份比例进行收益的分配。

4.3.2.2　基于"四共一体"的林地流转

（1）村民小组所拥有的林地经营权初次集中流转到村集体。新桥村集体林场林地的经营权没有下放到村民小组或农户家庭中，这部分林地经营权流转的收益在村级层面进行分配，村集体与村民的收益按 4∶6 的比例分成。村集体留存统一纳入村级财务之中，并用于村级公共产品支出和村民福利支出，前者包括修建或省二院村级公路、保洁、绿化、路灯维护等，后者则包括发放养老金、为村民缴纳部分医保和社保等。分红按村民人口数分，分红前进行公示，分红的钱直接打到村民的账户上。分给村民小组的林地在林木主伐时，除了村集体留存部分收益，其余都是在村民小组内部进行分配，主伐之后的采伐迹地收归村集体。村集体林场的林地和村民小组的采伐迹地由村民代表大会决定是否流转，村集体经济组织负责林地流转的具体实施，包括流转对象选择、收益分配谈判、通过"经营共管"形式监督并制约转出林地使用符合现有的资源规划并保证林地生产力的可持续性。

（2）村集体所拥有的经营权再次流转到沙县林业采育总场。沙县林业采育总场通过"股权共有"方式增加林地面积，提高了其经营的规模经济性，进而保证采育总场能有足够的林地面积满足再生产所需要的稳定的年度现金流入；

对于新桥村村民和村集体而言，通过评估把林木、林地资源资产转化成资产并通过"股权共有"转化成资本，并通过"资本共享"方式实现资本的年度收益，从而使村民和村集体每年有稳定的资本收益。此外，利用"资本共享"方式沙县林业采育总场可获得并投入更多与林地资源相匹配的资本。以沙县林业采育总场为主导的经营方式保证了生产能按高标准技术规范实施从而避免了掠夺性生产方式进而维护林地生产力，而土地节约技术和劳动力节约技术的使用，不仅可以降低生产成本，同时还提高了单位林地的产出；"经营共管"还可保证林地所有权人村集体能够履行对林地使用监督和制约的职能。"收益共享"方式保证了林地承包权所有人农户也能分享林地生产率提高带来的红利，提高了村集体林地的经营收益。

4.3.3 林地双层流转的绩效

4.3.3.1 优化林业生产要素

村集体、村民小组等与以沙县林业采育总场为代表的国有林场基于"四共一体"的林地双层流转，能充分利用国有林场在技术、资金、管理等方面优势进而优化林业生产要素投入，这种双层流转对林业生产要素的优化主要体现在四个方面（见图4-2）。

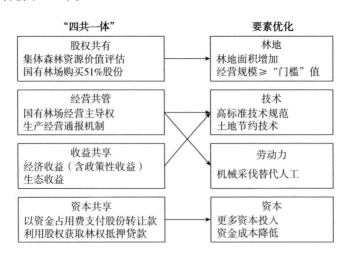

图4-2 基于"四共一体"的林地双层流转对生产要素的优化

（1）股权共有增加林地要素投入。股权共有有利于增加林地要素投入。根据第 3 章研究可知，国有林场、村集体都在林业生产经营中面临着林地要素投入不足的问题，基于"四共一体"的林地流转可通过"股权共有"的做法，将村集体、村民小组可以进行商品性经营的林地、林木资源与国有林场展开合作共营，林地、林木经营权的转移使得大量零散甚至是闲置的森林资源进一步聚集，扩大了林地经营的规模。当村集体与国有林场合作共营的林地经营面积超过维持林业简单再生产所需要的"门槛"规模后，林木经营的轮伐期才能得以延长。此外，林地要素向合作共营林场的转移，能够重新优化配置林业生产要素，使得森林资源经营中新的林地、资金、劳动力等的要素投入组合达到最优化，更好地实现森林经营的经济效益与生态效益目标。

（2）经营共管保证先进经营技术、劳动力投入。经营共管有利于保证先进经营技术投入。根据第 3 章可知，以沙县林业采育总场为代表的国有林场在林业生产中能够严格按照高标准的技术规范进行经营管护，其经营技术代表着林业生产中最先进的技术水平。国有林场与村集体（或村民小组）等展开的合作共营，明确规定国有林场占 51% 的股份，村集体等占 49% 股份，保证了代表先进经营技术的国有林场占据经营主导权，能够自主决定在造林、抚育间伐、主伐等营林过程中投入高水平的经营技术，以获取更高的经营效益。而更高水平经营技术的投入意味着更多的资本投入，对于目前资本要素投入不足的村集体、村民小组而言，"四共一体"经营方式规定林场合作共营期间产生的各种经营费用均是由国有林场先行垫付，村集体等的经营费用都是待经营期结束后直接从林木主伐的经营利润或资金占用费中扣回，这一做法确保合作共营林场有充足的资本投入，进而保证了高水平的森林经营技术投入。

经营共管有利于解决农村劳动力投入不足的问题。林业生产周期较长，经营过程中的各个环节都需要投入大量的劳动力，而当前农村劳动力短缺却成为沙县的普遍状况。村民小组等与国有林场开展合作共营，扩大了林地经营规模，在林业用工投入较多的林木采伐阶段，一方面可以利用专业化机械进行林木采伐，另一方面可以通过招投标的方式将林木采伐业务进行外包，以此解决林业生产中劳动力投入不足的问题。此外，经营共管通过建立生产经营通报机制，加强了村集体、村民小组内部成员对于合作共营林场的管护意识，从而有利于在森林经营管护中增加劳动力的投入。

（3）资本共享保障更多资本投入且资金成本较低。资本共享有利于更多资本要素投入。村集体、村民小组等用于合作共营的林木资源经过第三方评估机构进行资产评估后的51%股份虽然转让给了国有林场，但是在林木采伐前国有林场并不需要直接支付这部分股份转让款，而是在每年的12月以资金占用费的形式进行支付，因此从本质上来说，这部分股份已经转变为合作共营的资本投入。另外，国有林场还可以依托双方合作共营的林场，进行资本化运作以获取较低利息的林权抵押贷款，这一做法保证了国有林场在林业生产经营中能够有更多的资本投入。

同时资本共享也有效地降低了资金成本。在森林经营过程中，国有林场是在每年的12月支付林地租金，而不是合作共营初期一次性支付所有林地租金，这一支付方式有效地降低了森林经营的资金成本。另外国有林场通过合作共营方式进行林权抵押贷款能够大大降低贷款利息，从而有效地降低了资金成本。

（4）收益"共盈"激励兼顾经济与生态效益的经营技术投入。基于"四共一体"的林地双层流转通过收益共盈的做法，让村集体、村民小组与国有林场通过所占股份比例分享经营利润，双方在森林经营过程中对经营技术的选择会直接影响到各自的利益，因此通过该种共享收益的做法有效地激励了两者在森林经营中投入更高水平经营技术以获取更高的经营效益。此外，收益共盈机制中不仅明确规定了合作双方的经济利益，还对双方的生态利益进行了详细规定，如对于林业碳汇收益的规定是：由双方按照各自所占的股份比例进行分成，但合作前所取得的林业碳汇收益则归原经营者所有。上述做法有效地激励了经营者在技术选择时更多地兼顾到经济效益与生态效益。

4.3.3.2 生态和经济绩效

新桥村与沙县林业采育总场自合作开展"四共一体"新型经营方式以来，取得了良好的合作成效，主要体现在两方面：一是生态效益。合作共营林场的经营状况涉及新桥村集体内部成员的切身利益，因此普遍提高了村民的生产经营积极性，加强了村民对森林资源的培育管护，减少了随意砍伐偷盗等事件的发生，大大提高了林木成活率。另外，合作共营林地由沙县林业采育总场负责其生产经营，充分发挥了采育总场在技术、资本、经营管理等方面的优势，大大提高了林分的质量，可将每公顷林木的蓄积量提高到 225～300 立方米，有利于实现沙县生态环境的优化。二是经济效益。基于"四共一体"林地双层流转通过逐年支付林地使用费和资金占用费的办法，使新桥村即使不砍伐林木，也能在每年年末获得近 6 万元的村财收入，保障了新桥村集体的正常运转以及村民分红等的持续获得。新桥村与采育总场的合作共营起到了很好的示范作用，截至 2017 年底，沙县国有林场已与县内 6 个乡镇林场、5 个村集体以及 1 个林业大户开展了合作，推动了沙县集体林权制度的深化，并实现了林业的规模化经营。

4.4 本章结论与建议

4.4.1 研究结论

本章研究结论有三个，具体如下：

第一，林地双层流转机制提出。林地双层流转机制包括两方面：一是承包权和经营权的初次流转集中到以村集体经济组织为载体的林地所有权主体，落实所有权对林地资源使用的规划、管理与监督的职能，从而保护林地生产达成林地流转的生态绩效。二是旨在满足规模化和专业化生产要素投入需要的林地经营权再流转，通过生产要素优化以实现经济可持续和生态可持续的目标。

第二，基于"四共一体"林地双层流转机制实现经济、生态双重效益目标的内在逻辑。对福建沙县的案例研究可知：一是"股权共有"实现资源到资产再到资本的转变，再利用"资本共享"机制实现稳定的林木林地资本年度收入，同时使林地转入方获得赖以维持稳定的年度现金流入的林地经营面积，从而实现经济可持续性。二是"合作共管"一方面使林地转入方拥有经营主导权，保证采用更先进的生产经营方式采用从而提高生产效率；另一方面则使集体经济组织在行使林地资源使用监督管理职能时有抓手，从而使林地生产力得到有效维护。三是"收益共盈"激励了兼顾生态效益的生产技术投入并提高了生产效率。

第三，林地适度规模取决于经营者收入目标与林木经营周期。一是专业化经营中林地适度规模是关于经营者收入目标的函数，以经营者获得城镇居民同等收入为目标的研究表明，经营者所在地在岗职工平均工资越高，经营者在经济可持续目标下所需的林地适度规模越大。二是林地的适度规模也是关于经营周期的函数，轮伐期越长，其所需的林地规模也越大。

4.4.2　政策建议

基于前述研究，在此就集体林权制度深化改革及"四共一体"经验推广提出以下建议：

第一，基于"四共一体"林地流转经验推广的关键点。基于案例研究表明，要推广"四共一体"林地流转的经验，关键在于做好以下几点：一是理性选择合作对象以降低合作成本。为降低合作的交易成本、谈判成本和经营成本，现有"四共一有"模式以"国有林场＋村集体林场"或"国有林场＋村民小组"为主，而小农户人数众多导致高谈判、高交易成本，且小农户林地的碎片化、分散化可能导致高经营成本等原因，使"四共一有"模式在实践中并没有把小农户经营中撂荒的零散土地纳入。二是兼顾各方的利益共享机制是长期稳定合作的基础。"四共一有"模式的利益共享机制包括收益共享和资本共享，其可满足村集体或村民小组对"持续、稳定年度现金流入"的需求，也有助于国有林场降低资金成本并获得林权贷款，此模式还对林地经营者（国有林场）有充分的生产性激励。三是通过政府监督提高了合作的稳定性。"四共一有"模式是在县级政府引导下，由县林业局和林地所在地的乡（镇）政府促成的，且合作双方需把年度合作状况，特别是合同中重要条款的履行情况，如年度生产经营费用及合作经营合同规定的其他费用的收支情况等，在县林业局、乡（镇）政府报备。如此设计，实质上是政府部门期望通过对合同实施的监督来保障合作平稳与持续。

　　第二，进一步深化集体林权制度改革。当前南方集体林区人均林地面积仅为 1.72 公顷，与适度规模的要求还有相当大的差距，因此，引导农户进行林地流转仍是深化集体林权制度改革的主要目标之一。此外，理论上相同立地条件下杉木生产周期越长，采伐时单位林地产出收益越高，用于满足年度经济收入需求的林地采伐面积相对减少，有利于土地节约并可带来更大的生态效益，但现有生产技术条件下延长生产周期所带来的收益增加仍不足以替代林地生产要素投入的收益，现实中各类经营者都缺乏延长生产周期的经济激励，因此，深化集体林权制度改革，还要积极培育新型经营主体以增加社会化服务，特别是技术服务如更优质的种苗和化肥、病虫害防治等的供给，全面提高林业全要素生产率，从而突破林地资源短缺对现代林业发展的制约。

第5章 农户林地流转行为研究

深化集体林权制度改革的重要内容之一就是规范和合理推动林地流转，促进林业适度规模经营，而合理推动林地流转有赖于对农户的林地流转行为特征和规律的把握。现有文献对农户林地流转行为的研究，多是从农户角度出发去研究哪些因素会对其林地流转行为或意愿产生显著影响。这类研究在实证过程中一般对影响农户林地流转的显著因素进行甄别，这种方法仅仅是将林地流转当作一次决策事件，并没有说明农户是如何作出林地流转行为决策的，其内在机制和决策过程无法得到解释。本章在利用 SES 理论分析影响农户林地流转行为的外生变量后，利用计划行为理论内生化其中的变量，以此探讨农户行为的内在决策机制并利用实地调研数据进行实证研究。此外，由于本章旨在尝试回答规模化林业经营"如何实现"问题，更关注已分山到户的碎片化林地如何流转集中，是故聚焦农户林地转出行为。

5.1 研究框架构建与理论分析

5.1.1 FFTB – SES 框架提出

5.1.1.1 研究框架

以 SES 理论为基础构建农户林地流转行为（Farmer's Forestland Transfer Be-

havior，FFTB）的研究框架（FFTB － SES）如表 5 － 1 所示：FFTB － SES 包括治
理系统（GS）和行动者（A）2 个第一层级变量以及行动情景（I － O），并根
据研究需要分解到第二、第三层级变量。

表 5 － 1　FFTB － SES 研究框架及主要变量

第一层级变量	第二层级与第三层级变量	
治理系统（GS）	GS3 网络结构 　GS3 － a 林地流转网络建设（如产权交易平台等） 　GS3 － b 林业社会化服务网络 GS4 产权系统 　GS4 － a 集体林产权制度安排（尤指产权结构设计） 　GS4 － b 集体林产权改革配套政策（资金、技术、信息和政策支持） GS6 集体选择规则 　GS6 － a 村里是否统一组织林地流转	
行动者（A）	A2 行动者的社会经济属性 　A2 － a 家庭资源禀赋（劳动力、家庭收入水平等） 　A2 － b 林地资源特征 A6 社会规范/社会资本 　A6 － a 亲朋好友、村里人对林地流转的态度 A8 资源的依赖性 　A8 － a 收入功能 　A8 － b 社会保障功能	
行动情景： 互动（I）→ 结果（O）	I5 投资活动 　I5 － a 林地转出	O1 社会绩效评估 　O1 － a 经济影响如收入变化 　O1 － b 非经济影响如生活方式改变

5.1.1.2　研究框架构建的依据

对研究框架中第一层级、第二层级变量选择和第三级变量设置的说明如下：

（1）第一层级变量"治理系统"（GS）下第二层级、第三层级变量的选择
和设置。

首先，第二层级变量"网络结构"（GS3）选择及其相应第三层级变量设
置。农户生产性决策会受到社会网络的影响，作为社会网络不同衡量角度，网

络结构、网络关系强度、网络活动、网络支持以及生产活动中的榜样等都会影响农户决策过程中的不同阶段（郭东红等，2013），在农村土地流转中，有一半的土地流转是农户通过自发私下进行且土地流转中口头合同比例很高（邰亮亮，2014），表明社会网络对农户林地流转具有很大影响，研究农户林地流转行为决策时不能忽略网络结构（GS3）的作用，是故设置第二层级变量。而第三层级变量设置的依据如下：从交易视角来看，农村土地流转可以视为土地转出方与转入方自由交易的结果，而市场交易必然存在搜寻信息、讨价还价、签订合约、监督违约、寻求赔偿等种种交易费用，研究表明交易费用过高会阻碍农村土地交易（Renata M B，2013），对江苏、广西、湖北及黑龙江四省区农户调查数据的实证分析结果也显示，交易费用是影响土地流转的一个重要约束因素，土地流转中存在的交易费用会抑制转出户转出土地（冀县卿等，2015），因此，"林地流转网络建设（如产权流转交易平台等）"（GS3－a）成为农户土地流转网络支持的形式之一，也成为研究中不可忽略的变量；此外林权交易过程中除缺乏成熟的中介机构和评估机构，买卖双方信息流通不畅，交易成本居高不下（孔凡斌等，2008）外，还需要更完善的林业社会化服务体系，特别要增加市场服务与信息服务，以提高林业市场化水平从而降低交易成本，是故研究中还需要考虑变量"林业社会化服务网络"（GS3－b）的影响。

其次，第二层级变量"产权系统"（GS4）选择及其相应第三层级变量设置。产权作为一种社会工具，在影响人的行为决定、资源配置和经济绩效的制度变量中，其功能无疑是极其重要的。合适的产权安排是资源得以有效利用和优化配置的先决条件（Alchian A等，1973）。研究发现：土地产权越清晰和安全，农地流转市场发展水平和完善程度越高（钟文晶等，2013），如签订过30年土地承包经营权合同，以及发放过30年土地承包经营权证书的农户更倾向于参与土地流转（包宗顺等，2009）。姚洋（1999）认为，尽管土地调整降低了农户对地权稳定性的预期，但是它促进了农村劳动力的外出流动进而增加了农地使用权市场中的供给，是故设置第三层级变量"集体林产权制度安排"（GS4－a）。研究还表明，建立健全林业投融资制度，包括推进林权抵押贷款、森林保险、林业贷款贴息、森林资产评估等工作开展有助于推进林地流转，是故第二个第三层级变量设置为"集体林产权改革配套政策"（GS4－b）。

最后，第二层级变量"集体选择规则"（GS6）选择及其相应第三层级变量设置。由于林业生产的土地规模经济性，以及林地流转中对交易成本的考量，林地"连片流转""整村流转"在一些地方成了破解林业发展难题的举措（蒋瞻等，2018），这两类流转要执行《农村土地承包法》第四十八条规定，而通过村民代表大会根据"多数同意"规则进行表决后的林地连片流转、整村流转也提高了农民收入与福利水平（龙贺兴等，2017），但也存在逐利资本和地方政府两者不正当结合而导致农民利益受损的情况（卞辉等，2014）。由于林地连片流转面积占林地总流转面积的比例很高，因此"集体选择规则"（GS6）及其下设"村里是否统一组织林地流转"（GS6－a）变量成为研究中不可忽略的因素。

（2）第一层级变量"行动者"（A）及相应第二层级、第三层级变量的选择和设置。

首先，第二层级变量"行动者的社会经济属性"（A2）选择及其相应第三层级变量设置。农户家庭资源禀赋如家庭农业劳动力状况、家庭收入等变量是影响林地流转的因素，研究显示：农业劳动力越多，土地转出的可能性越小，转入土地的可能性越大（陈美球等，2008）；而家庭收入对土地流转的影响表现为，随着收入水平提高，农户的土地流转意愿在增强，农地流转的一个主要方向就是由高收入户向低收入户流转，家庭收入越高越易于将土地转出（史清华等，2003）。另外，资源禀赋中的人均土地面积和土地破碎度等因素都对土地流转决策产生了不同程度的影响，地块数越多、土地分散程度越高、耕作效率越低的农户越想将自己零碎的土地租出去但却没有人愿意租入零碎土地（田传浩等，2004），但也有研究显示：农地面积越少则承包期越长转出的可能性越大、农地面积越大则转入农地的可能性越大（曹建华等，2007）。借鉴现有文献对林地、农地流转的研究，选择行动者的社会经济属性（A2）为第二层级变量并设置"家庭资源禀赋"（A2－a）和"林地资源特征"（A2－b）两个第三层级变量。

其次，第二层级变量"社会规范/社会资本"（A6）选择及其相应第三层级变量设置。农户的农地流转行为不仅是一种经济行为，还是一种社会行为。在农地流转过程中，经济利益最大化并不是农户在农地流转过程中行为选择的唯一标准，农户的农地流转行为不仅受农地市场等客观环境的影响，还受特定的社会文化环境下人们所形成的心理与主观认知的影响，其中与农户关系密切的个人如农户的家庭成员配偶和子女、重要的亲戚朋友、邻居等就对农户土地流转具有很大影响（Carter M R 等，2002）。因此，农户林地流转行为需要考虑"社会规范/社会资本"（A6），特别是考虑"亲朋好友、村里人对林地流转的态度"（A6 - a）。

最后，第二层级变量"资源的依赖性"（A8）选择及其相应第三层级变量设置。研究显示，农户非农就业及就业收入占家庭总收入比例越高，则转出土地可能性越大，转入农地行为明显减弱（田传浩等，2004）。非农化程度相对较高的农户是农地流转市场的主要供给者，而非农化程度相对较低的农户则是主要的需求者，是故土地所承担的"收入功能"（A8 - a）高低成为农户林地流转研究中不可忽略的因素。现实中，土地不但能满足农户的生存需要，而且能提供就业机会，并在一定程度上起到养老保险的作用。土地对于农户而言，心理的保障作用远远大于经济保障功能，农村社会保障水平与土地流转率之间呈正相关关系，即农村社会保障水平越高，土地流转率也越高，降低农地的社会保障功能有助于土地的转出（包宗顺等，2009）。因此，土地所承担的"社会保障功能"（A8 - b）高低也是研究中不可忽略的因素。

（3）行动情景中"互动（I）→结果（O）"模块第二层级、第三层级变量的选择和设置。

本章旨在对农户林地转出行为进行研究并体现在互动（I）模块"投资活动"（I5）中的"林地转出"（I5 - a）。城镇化背景下农户林地转出决策不仅是一种经济行为，同时也是生活方式选择（蒋瞻等，2018），因此"社会绩效评估"（O1）下设置两个第三层级变量"经济影响如收入变化"（O1 - a）和"非经济影响如生活方式改变"（O1 - b）。

5.1.2 农户林地流转行为的内在机制分析

用于解释农户行为内在决策机制的计划行为理论认为，农户行为主观规范、价值观和控制认知共同作用于农户行为态度，行为态度作用于行为意图，而行

为意图影响了农户的最终行为（Ajen I 等，1986），这一行为过程也被称之为
"价值观—态度—行为"模型（Value Attitude Behaviour，VAB）（Kahle L R，
1980）。本节尝试把 FFTP - SES 分析框架中的变量内生化，并借鉴 VAB 的逻辑
以此厘清农户林地流转行为的内在形成机制。

5.1.2.1　农户林地流转模型构建与假说提出

根据计划行为理论及简化的 VAB 模型，对农户林地流转行为的分析如下。

（1）林地价值观。土地价值观作为农户价值观念系统的一部分，是农户结
合自身条件和环境对土地的意义、作用和重要性进行的综合认识和判断。土地
价值认知即土地价值观是农户进行土地流转的心理基础，它直接决定着农户对
待土地的态度与行为、土地流转的速度与规模（Poppenborg P 等，2013）。研究
发现，农户对土地价值的认知存在着显著差异，从农村整个阶层体系来看，不
同阶层对同一种土地价值的认知存在显著性差异，而从土地价值的类别来看，
农村社会阶层对不同土地价值的认知也存在显著差异。当今中国农民土地价值
观的分化及其对土地流转的影响已经得到了来自实践的有力证明（陈成文等，
2006）。了解农民的土地价值观现状、对土地的诉求和总体价值追求已经成为影
响一个地区土地政策和农业政策推行的关键，因此，作为一种影响农村土地利
用的深层次心理因素，有必要将林地价值观作为影响林地流转行为态度的先导
因素予以考虑。

（2）农户林地流转行为主观规范。计划行为理论认为主观规范独立于行为
态度直接对行为意图产生影响，但有许多实证研究发现，主观规范和行为态度
是有联系的，主观规范会通过行为态度来间接影响行为意图和行为，而主观规
范对于行为意图的直接影响可能并没有那么显著，这可能是因为它对行为意向
的一部分影响实际上以态度为中介传递。主观规范可能对行为人的行为态度产
生影响（Ajen I 等，1986）。作为一个社会人，行为人必然要受到社会外界的影
响，这种影响对行为态度和行为所能产生的影响大小，与行为人的规范信念和
遵从动机密切相关。当行为人希望得到重要他人或团体对某种行为的期望，并
愿意顺从重要他人或团体的期望时，主观规范对行为态度和行为的影响就比较
大，反之，当行为人有较强内在自我控制力和强烈的自我行为导向时这种影响

就比较小（Kahle L R，1980）。

（3）农户林地流转行为控制认知。计划行为理论认为行为控制认知对行为意向有直接影响，但后续研究发现行为控制认知也可以通过行为态度进而影响行为意向（Austin E J 等，2001）。根据计划行为理论，行为控制认知不仅是行为意向的一个组成维度，而且对行为发生有着直接的作用。即如果实际控制条件不充分，例如农户清楚地认识到家庭缺乏经营林地的劳动力，则很可能直接影响其林地转出行为的决定。因此行为控制认知不仅通过行为态度的中介作用间接影响实际行为，在特定条件下还能直接影响实际行为。考察农户对林地的实际经营能力的认知和林地流转市场机会的把握是林地流转行为决策框架不可或缺的一个重要变量，它不仅可能会通过流转行为态度间接对林地流转行为产生影响，也可能会对林地流转行为产生直接影响（Karppinen H，1998）。

（4）农户林地流转行为态度。农户的行为态度已经被证明对行为有显著的影响。Lynne G D 等（1988）利用 TRA 模型对农户的土壤保护行为进行了分析，结果发现农户对土壤保护的态度对于他是否采取土壤保护行为或者采取一项还是多项土壤保护行为是高度显著的。Austin E J 等（2001）将农户的对种植行为的态度分为对种植成就的态度、对相关农业法律的态度、对农业前景的悲观态度、对种植行为的开放度、对风险承担的态度、对使用化肥的态度以及对农业政策的敏感度等，研究发现，农民的态度和不同的种植行为有着密切的关系。Hansson H 等（2012）对农户的专业化和多样化生产行为进行了考察，结果发现对多样化生产评价越高，即态度对多样化生产越正面的农户，其从事多样化生产的可能性越大。

（5）农户林地流转行为意图。个体行为意图就是个体所要采取某一行动的倾向和主观动机，即个体采取某一行动的主观概率，反映出一个人愿意付出多大努力、花费多少时间去实施某种行为（Ajen I 等，1975）。农户林地流转行为意图是指农户是否愿意流转林地和流转多大面积的一种总体评价和倾向，个体实施某一行为的意图越强，行为被执行的可能性越大（Munsell J F 等，2009）。例如，当农户认为扩大林地经营对家庭和个人是一件好事时，那么农户转入林地的可能性就越大；反之，农户转入林地的可能性就越小，甚至会转出林地

（Brough P 等，2013）。计划行为理论认为行为意图是预测行为最直接的变量，因此农户的林地流转行为意图很可能对林地流转行为产生影响。

（6）林地流转政策环境认知。农户是否决定流转林地，和农户所处的政策环境密切相关。自新集体林权制度改革以来，国家和地方相继出台了一系列林改配套政策，不仅关系到农户的切身利益，而且对其是否继续经营林地产生直接影响（曹兰芳等，2014）。如果这些政策规制能使农户感知到林地经营政策氛围是宽松的，林地经营是受到政策鼓励的，则有助于其产生扩大经营林地经营的意图，有助于林地转出。因此，本部分将林地流转政策环境认知作为影响林地转出行为意图的变量之一。

（7）林地流转交易成本认知。研究显示，交易过程中流转信息的匮乏、复杂的流转程序、林地资产缺乏科学评估、不规范的流转合同导致的林地纠纷等都会造成林地交易成本高昂从而抑制林地流转（陈美球等，2008）。调查也发现一些有流转意愿的农户不知道如何实现林地转让因而无法达成流转。由此可见，只有当农户感知到林地流转信息是比较容易获得且林地流转手续较为简便时流转才可能发生，如果农户认为需要花费大量时间与精力才能实现林地流转，他实施林地流转的行为积极性就会受到影响，因此林地流转交易成本高低的认知可能会对林地流转行为有显著的负向影响。

（8）农户林地流转行为。根据《森林法》规定，林地属于国家和集体所有，林地流转指的是林地承包经营权或林地使用权的流转，即在不改变林地所有权和林地用途的前提下，按一定程序，通过转包、出租、转让、入股、抵押等方式，有偿或无偿地由一方转让给另一方的行为。对于林地转出而言，由于后两种方式的流转并不达成林地承包经营权和林木所有权的真正转移，故本项目的林地转出仅指转包、出租和转让三种方式。农户林地流转行为最终体现为"是"或"否"两种结果。

根据上述分析所构建的农户林地流转（转出）行为决策模型如图 5 - 1 所示。

根据林地流转行为决策模型，可提出如下研究假说：

H1：农户林地价值观对林地流转行为态度有显著正向影响。

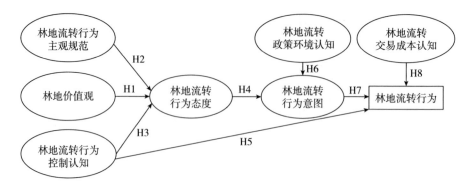

图 5 - 1　农户林地（转出）流转行为模型

H2：农户林地流转行为主观规范对农户林地流转行为态度有显著正向影响。

H3：农户林地流转行为控制认知对农户林地流转行为态度有显著正向影响。

H4：农户林地流转行为态度对农户林地流转行为意图有显著正向影响。

H5：农户林地流转行为控制认知对农户林地流转行为有显著正向影响。

H6：农户林地流转政策环境认知对农户林地流转行为意图有显著正向影响。

H7：农户林地流转行为意图对农户林地流转行为有显著正向影响。

H8：农户林地流转交易成本认知对农户林地流转行为有显著负向影响。

5.1.2.2　FFTP - SES 变量内生化

把 FFTP - SES 框架中三级变量内化于农户林地流转行为模型，使之与模型中各变量的定义与内涵相匹配。具体分析如图 5 - 2 所示。

（1）农户林地价值观。随着农村经济的发展，城镇化的加速，很多农村剩余劳动力到城市中谋求出路，林地对于农户的重要性与意义需要进行重新审视。对于一部分农民来说，由于缺乏非农就业特长与稳定的非农收入渠道，很难走出山林到城镇中立足，同时我国农村的社会保障无论在保障力度还是保障范围上都不能做到让农民没有后顾之忧转出林地，因此对他们来说土地不仅是家庭资产，有时更是安身立命之所在，持有这种观点的农户多半会对林地流转持否定态度（蒋瞻等，2018）。而对于有非农就业特长和稳定非农收入渠道的农户来说，林地在他们眼中是一种可增值的资产，在其他条件成熟时会考虑流转林地。因此，FFTP – SES 中的（A2 – a，b）和（A8 – a，b）可内化于农户林地流转模型中的农户林地价值观。

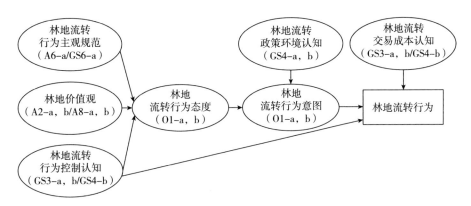

图 5 – 2　FFTP – SES 变量内生化的农户林地流转行为模型

（2）农户林地流转行为主观规范。Ajen I（1991）认为，主观规范是一个人在做出某种行为时感受到的来自社会和外界的压力。农户林地流转行为主观规范是农户在进行林地流转行为时，感受到的来自农户重要关系人的影响，例如，农户在进行林地流转决策时，可能受到来自家庭重要成员、亲戚、邻居以及村集体组织等各方面的压力。这些压力有可能对农户林地流转行为态度产生影响，从而最终影响农户林地流转行为（Karppinen H，2005）。因此，FFTP – SES 中的（A6 – a）和（GS6 – a）可内化于模型中的农户林地主观规范。

（3）农户林地流转行为控制认知。Ajen I（1991）认为，行为控制认知是指对行为人执行行为能力的认知。农户林地流转行为控制认知是农户对自身的林地经营能力、林地流转机会与可能性的一种认知。则农户转出林地的可能性就比较小。如果农户认为自身缺乏经营林地的能力，如缺乏劳动力、难以获得采伐指标，经营中无法获得资金、技术等政策支持，也难以获得病虫害防治、防火等社会化服务的支持，此时农户更偏向于转出林地。因此，FFTP – SES 中的（GS3 – a，b）和（GS4 – b）可内化于模型中的农户林地流转行为控制认知。

（4）农户林地流转行为态度。农户对于林地流转的行为态度反映了农户对于流转林地这一行为好坏、喜恶的评价。它可以从林地流转行为信念和流转行为结果评价两个方面来解释。林地流转行为信念是指其对转出林地事件本身的期待程度和好坏评价；流转行为结果评价是指其对流转林地的结果，如对生活方式的影响、对家庭收入的影响、对个人兴趣及能力发挥等进行的正面或负面的评价。当农户对林地流转的信念和结果评价越正面、越期待，越有可能发生林地流转，否则发生林地流转可能性就越小。因此，FFTP – SES 中的（O1 – a，b）可内化于模型中的农户林地流转行为态度。

（5）农户林地流转行为意图。个体行为意图就是个体所要采取某一行动的倾向和主观动机，即个体采取某一行动的主观概率，反映出一个人愿意付出多大努力、花费多少时间去实施某种行为。农户林地流转行为意图是指农户是否愿意流转林地和流转多大面积的一种总体评价和倾向。个体实施某一行为的意图越强，行为被执行的可能性越大（Ajen I，1991）。例如，当农户认为扩大林地经营对家庭收入和生活改善是好事时，那么农户转入林地的可能性就越大。因此，FFTP – SES 中的（O1 – a，b）可内化于模型中的农户林地流转行为意图。

（6）林地流转政策环境认知。自新集体林权制度改革以来，国家和地方相继出台了一系列林改配套政策，如采伐限额政策、林权抵押政策、造林补助政策、中幼林抚育补贴政策以及林地流转政策等（曹兰芳等，2014），这些政策不仅关系到农户切身利益，而且对其是否继续经营林地产生直接影响，即影响农户林地流转行为决策。因此，FFTP – SES 中的（GS4 – a，b）可内化于模型中的林地流转政策环境认知。

（7）林地流转交易成本认知。在林地流转中，交易成本包括搜寻信息、讨价还价、签订合约、林权计量、监督违约、寻求赔偿、防止侵权等成本。交易过程中流转信息的匮乏、复杂的流转程序、林地资产缺乏科学评估、不规范的流转合同导致的林地纠纷等都会造成林地交易成本高昂从而抑制林地流转（柯水发等，2012）。因此，FFTP – SES 中的（GS3 – a，b）和（GS4 – b）可内化于模型中的林地流转交易成本认知。

5.2 农户林地流转调查与初步分析

5.2.1 调查问卷设计与预调查

5.2.1.1 潜变量题项设计

本节所使用的最初的调查问卷题项设计,一是来源于文献综述,从已有研究中寻找题项设计的依据;二是来源于专家调查,咨询相关领域专家提供意见。林地转出行为决策模型中的潜变量包括农户林地价值观、行为主观规范、行为控制认知、行为态度、林地流转政策环境认知、交易成本认知和转出行为意图,对于这 7 个潜变量的题项测量主要采用李克特五点量表法,测量问项由非常不同意到非常同意,计 1 ~ 5 分。

(1)林地价值观题项设计。林地价值观是指农户对土地价值、土地对其自身发展的意义以及重要性的总的认识看法和态度。农户的林地价值观是一个多维度、多层次的价值系统,土地价值观是一个多维度、多层次的价值系统。传统上对于土地的认知有两种代表性的观点:一是土地功能说,费孝通认为,土地是农民的基本生活资料,土地是农民安全感的来源,而且土地的产出率还直接和农民的名声与手艺挂钩;二是土地情结说,即认为农民世世代代在土地上耕种,对土地的眷念和执着是中国农民的重要特征。尽管这两种观点对传统农民的土地意识从不同角度进行了分析,但由于缺少实证研究而欠缺深度。近年来,有学者从土地价值意识、土地产权意识和土地依赖意识三个维度考察农户对土地的价值观,结果发现不同经济发展水平的农村社区在这三个维度上表现出明显的差异,其中,经济因素是影响农民土地意识变迁的根本原因(陈成文等,2006)。还有学者从土地保障观、土地为本观、土地亲和观、土地致富观和土地包袱观五个维度设计了土地价值观量表,对土地价值观构成进行了实证研究。根据土地价值观已有研究的成果,本节从林地给农户带来的安全性和保障性角度考察了林地对于农户的重要性，并设置题项如下："林地是我家生活的重要保障""林地是我家晚年养老的保障""林地是我家的祖产，是传家宝"。

（2）林地转出行为主观规范题项设计。农户在进行林地转出行为决策时，同样也会感受到与该事件相关的重要他人的影响。林地作为农户的固有资本，转出这一重大事件必然会影响其家庭今后的生活方式和收入来源，因此有两类人可认为是和农户林地转出行为相关的重要他人。一类是和农户关系密切的个人，如农户的家庭成员配偶和子女，重要的亲戚朋友以及村子里的邻居。这些人如果对林地转出持有正面的评价或者发生过林地转出时，那么就会给农户林地转出行为态度带来积极的影响。另一类是政府和村民自治组织，如村委会（村小组）。如果政府的林地制度、流转政策是鼓励林地进行流转的，村委会对林地转出持支持态度，那么农户会感受到来自政府的政策激励，则将对农户的林地转出行为态度产生积极的影响。如果政府的林地制度、流转政策并不鼓励流转的发生，村委会对林地转出不支持，则农户会感受到来自政府的政策约束，将对农户的林地流转行为态度产生消极影响（朱再昱等，2011）。本节中将主观规范涉及的重要他人设为"我的家人亲朋、我的邻居、村集体以及政府"，并在题项设置中按照 Ajen I（1991）的建议对农户和重要他人的关系进行了考察，即农户个体感知到的重要他人对其是否应该转出林地的期望，设置题项为："家人和亲朋认为我应该转出林地""我的邻居认为我应该转出林地""村集体认为我应该转出林地"和"政策鼓励林地转出"。

（3）林地转出行为控制认知题项设计。农户林地转出行为控制认知是农户对自身的林地经营能力、林地转出市场机会的一种认知。如果农户认为自身有足够的能力经营林地，比如有足够的劳动力和资金、能够比较容易获得采伐指标等，且林地在市场上转出的机会不大时，则农户转出林地的可能性就比较小。如果农户认为自身缺乏经营林地的能力，如缺乏劳动力、难以获得采伐指标等，且有机会转出林地时，他转出林地的可能性就比较大。因此对于林地转出行为控制认知，本节从两个方面设置题项：一是农户对自身林地经营能力的认知，设置三个题项"我家有足够资源能把林地管理好""我家有能力经营更多林地"和"我家有足够劳动力把林地管理好"；二是农户对林地市场流转机会的认知，设置三个题项"有人想买我的林地""只要我想，我就能转出林地"和"按我的开价很容易转出林地"。

（4）林地转出行为态度题项设计。林地转出行为态度是指农户对于林地转出行为的好坏评价，即对转出行为态度的考察应从农户如何评价该行为给他带来的结果角度来进行。那么农户如何评价林地转出带给他的结果呢？这和农户在林地转出中追求的不同目标有关。研究表明，现实生活中的农户行为决策过程总是处于某种特定环境下，因此农户行为不仅表现为追求利润最大化的单一经济理性，还表现为考虑特定制度、文化、心理和道德等众多因素下的有限理性（Gasson R，1973）。对现阶段中国农户行为的考察，不仅要从经济角度进行分析，还要从非经济角度研究农户的非经济动机，如安全与稳定、荣誉以及身份与地位等。因此对林地转出行为态度的考察，不仅要从林地转出对农户经济收入的影响角度，还要考察林地转出对农户生活方式的影响、对职业兴趣的影响等，农户如何评价这些影响，决定了农户的林地转出行为态度是积极的还是消极的。

从现有的研究成果来看，农户转出林地出于以下几个原因：一是出于生计安全考虑，转出林地以缓解生活压力，有研究发现家庭有子女上学的农户对林地林木变现的需求更大（蒋瞻等，2018）。二是寻求预期稳定且更高的收入。从收入预期角度来看，林地资源的投资回报期长，且投资过程中存在着自然风险和经营风险，因此农户为规避森林经营风险获得稳定预期收入选择转出林地的可能性会增加（孔凡斌等，2013）；从增加家庭收入来看，农户对家庭劳动力资源配置遵循机会成本最低的原则。在劳动力资源一定的条件下，理性的农户肯定会选择有利于自己收入最大化的劳动力配置结构，农户如果从非林产业中获得的收入更多时，则有可能会导致林地的转出，这一点已经得到很多研究的支持，如有学者通过深入研究指出农户是否会转出林地取决于投入林地得到的边际报酬率和务工的工资率的比较，并不直接取决于劳动力的多少（严峻等，2013）。三是对生活方式转变的追求。研究发现有林农出于对改变山林生活方式以及对下一代出路的考虑会选择转出林地（朱再昱等，2011）。基于农户转出林地的原因，本节拟将对林地转出行为态度的题项设置如下："转出林地可以缓解生活压力""转出林地可以规避经营风险""转出林地可以获得更多收入""转出林地给别人种更划算""转出林地可以让我有更多时间从事非林工作""我不喜欢种树"。如果对这些题项的回答都是肯定的，那么农户对林地转出的行为态度则是积极的，反之是消极的。

（5）林地转出行为意图题项设计。个体行为意图就是个体所要采取某一行动的倾向和主观动机，即个体采取某一行动的主观概率，反映出一个人愿意付出多大努力、花费多少时间去实施某种行为。对农户林地转出行为意图的考察是指农户是否愿意转出林地、转出林地的可能性大小。对此，依据 Ajen I（1991）的建议对林地转出行为意图设立了三个不同的题项进行考察，包括"转出林地对我家来说是重要的""在某种程度上，减少林地经营对我家是件好事""在某种程度上，我打算转出林地"。

（6）交易成本认知题项设计。由于对交易成本和林地流转政策环境的衡量是一件比较困难的事情，本节采用的是农户对林地流转难易程度和林地流转相关政策满意度的主观评价。主观评价是指个体通过对客观事物的认知和主观情感的体验，从而对该事物进行综合评价以确定是否满足自己的需求与偏好（曹兰芳等，2014）。农户对于林地流转难易程度的主观评价可以间接反映交易成本的高低，对于林地流转政策环境的满意度评价则间接反映了林地流转相关政策的实施效果。对于交易成本认知的题项设置从以下三个方面说明农户对流转难易程度的感知，"我不知道在哪里可以获得林地流转信息""我感觉进行林地流转花的时间比较多"和"我觉得林地流转手续比较复杂"。

（7）林地流转政策环境认知题项设计。对林地流转政策环境认知则从以下几个方面进行说明：第一，森林采伐限额政策会影响农户的林地流转决策。森林采伐限额政策是我国森林采伐管理的重要内容，林地经营者采伐林木必须申请采伐许可证，并应按许可证的规定限额和期限进行采伐，林农不能决定何时采伐木材和采伐多少木材，也不能决定把所采伐的木材销售给谁，因此必然降低林地使用者的预期收益，进而导致林地流转行为的发生（Liu J 等，2004）。第二，林权抵押贷款政策对林地流转的影响。林权抵押是林业生产经营者融资的重要方式，是扩大林地经营规模的重要途径，但是当前农户要想获得林权抵押贷款却并非易事。在信息不对称的情况下，金融机构很难把握借款林农的相关信息，往往通过"惜贷"去控制信用风险（Liu C 等，2017），因此林权抵押贷款政策宽松与否可能会影响农户的林地经营规模。第三，林业补贴等惠农措施对农户的林地流转可能存在影响。自新集体林权改革以来，政府在林业方面实施了如造林补贴、森林抚育补贴、低产林改造补贴、优先配置林木采伐指标等优惠政策，这些惠农政策降低了农户的营林成本、提高了森林经营收益，调动了林农营林积极性（柯水发等，2005）。因此，可以认为这些林业补贴政策对于农户保持或扩大林地经营规模是有促进作用的。第四，林权流转中介组织的建立和发展对林地流转有直接的影响。林地流转中介组织的主要职能有提供流转信息收集与发布、咨询、林地评估以及产权变更登记等，完善的中介组织有助于林地流转市场的发展。我国目前各地建立的林地流转服务组织是由林业部门牵头设立的，因此兼具行政管理和中介服务双重职能，目标差异导致利益矛盾，因此中介服务功能不能充分发挥，导致业务开展受限，这必将阻碍林地流转市场的发展（李怡等，2012）。

综上所述，对于林地流转政策环境认知变量本书设置了四个题项："获得采伐指标是容易的""获得林权抵押贷款是容易的""获得营林优惠政策是容易的""政府为林地流转搭建了充分的林地流转平台"，通过这四个方面考察林农对林地流转政策环境的认知。

5.2.1.2 预调查

为了最终形成正式调查问卷，首先在浙江省安吉县对农户的林地流转行为进行了预调查，以检验问卷设计的科学性。安吉县位于浙江省北部，是浙江省重点林区县之一。2017 年初预调查在浙江省安吉县递铺镇和孝丰镇两个乡镇展开，此次预调查共选择了 28 户农户进行一对一入户调研。预调查的主要内容包括以下几方面：一是农户家庭基本情况；二是农户的林地资源状况；三是了解农户的林地价值观，农户对林地流转行为的态度、主观规范以及行为控制认知的看法；四是农户对林地流转相关政策及交易成本的看法和认知。

（1）农户基本情况。本次预调查中访谈的农户户主都是男性，被访谈的农户基本情况如下：一是林地经营规模，10 亩以下的有 9 户，10~30 亩的有 18

户，30 亩以上仅有 2 户。二是转出林地信息，仅有 3 户转出林地，转出林地 10 亩以下有 2 户。

（2）农户访谈。对农户进行入户调研，设置了一些开放性问题，如"林地对于农户的意义，农户对林地流转的态度看法，林地转入或转出需要具备的条件"等，对于这些问题，农户回答主要集中在以下一些表述中。这些表述对于确定量表题项有重要参考价值，具体如表 5-2 所示。

表 5-2　预调查农户关于林地流转的主要看法

开放性问题	范畴	农户的集中表述
林地的意义与作用	林地价值观	林地是生活的保障；林地可增加收入；林地可以传给子女；林地可以增值等
对林地转出的看法	林地转出行为态度	劳动力不足；转出可以增加收入；转出林地可以从事其他工作；不喜欢种树
对林地转入的看法	林地转入行为态度	有足够劳动力；转入林地可以增加收入；林地本身可以增值；喜欢种树
他人是否会影响你林地流转的决定	林地流转主观规范	会受到家人和亲朋的影响，会受到相邻林地农户的影响，会受到村集体和政府的影响
林地转出的条件	林地转出行为控制认知	管理不了林地，林地价格低，买的人出价低

（3）项目分析。项目分析的主要目的是鉴别设计题项是否能反映出不同样本的反应程度。本书采用独立样本 T 检验方法。将每个样本的题项得分进行加总，得分前 27% 的样本组成高分组，得分后 27% 的样本纳入低分组，对高低两组样本在每个题项上的平均分数进行显著性差异检验，得到的 T 值称为每一个题项的临界比率（Critical Ratio，CR），如果题项的 CR 值达到显著性标准（$\alpha < 0.05$），则说明该题项能够反映不同样本的反应程度，反之如果 CR 值达不到显著性标准（$\alpha > 0.05$），则说明该题项无法反映不同样本的反应程度。鉴于项目分析涉及的题项众多，因此，本节此处只列出应该被剔除的题项。由表 5-3 可知，题项"转出林地可以规避森林经营风险"以及"我的邻居认为我应该转出林地"没有通过独立样本 T 检验，显著性（双侧）检验值高于

0.05，说明这两个题项不能鉴别不同样本的反应程度，应予以剔除。

表 5 - 3　独立样本 T 检验结果

题项		Levene 方差齐次性检验		针对平均数是否相等的 T 检验				
		F	显著性	T	df	显著性（双侧）	平均值的差异	标准误
转出林地可以规避森林经营风险	假设方差相等	1.121	0.325	1.357	7.000	0.217	0.750	0.553
	假设方差不相等			1.307	5.416	0.244	0.750	0.574
我的邻居认为我应该转出林地	假设方差相等	0.144	0.716	0.909	7.000	0.393	0.650	0.715
	假设方差不相等			0.929	6.955	0.384	0.650	0.699

通过与预调查农户的交流，发现题项"转出林地可以规避森林经营风险"不能通过检验，是因为绝大多数农户认为林地经营目前来看并没有太大的风险，反而对近年来竹木市场有较高的盈利预期，因此在这一大环境下该题项无法鉴别不同样本的反应程度。题项"我的邻居认为我应该转出林地"不能通过检验的原因在于，在调研中发现有部分农户认为邻居并非重要关系人，而其林地周围的人家才是重要的关系人。由于单个农户拥有的林地规模有限，而通常规模较大的林地更易于在市场上转让，因此一些农户进行林地转出决策时还需要考虑林地周围其他人家的意见，以期联合其他人家共同转出林地。因此，本节将原题项修改成"相邻林地的农户认为我应该转出林地"。通过农户访谈与项目分析，本节对调查问卷的测量题项进行了调整与修正，从而形成最终调查问卷。

5.2.2　正式调查

在确定最终调查问卷后，本节开始着手正式调查，正式调查的主要内容包括以下几个部分：

（1）样本地选择与问卷调查实施。选择位于南方集体林区的安徽省黄山区、江西省婺源县、福建省的武平县和漳平市作为样本地，这 4 个地方均属于南方集体林区重点林业区县，林业资源丰富，集体林权制度改革起步相对较早，为研究新集体林权制度改革后的农户林地流转行为提供了较好的实践基础。以南京林业大学经济管理学院师生为主，利用 2017 年寒假和 2018 年暑假分别前往江西、福建和安徽 3 省 4 市（县、区）40 个村开展问卷调查。正式调查共涉及农户 416 户，最后确定有效样本为 395 户。问卷采取随机分层典型抽样方法。在选取调查乡镇和村庄时综合考虑以下两个因素来确定：一是林地流转规模，考虑样本的典型性和数据分析的有效性，选择林地流转发生较为集中的样本乡（镇）或村；二是社会经济状况，经济状况较好和较差的样本乡（镇）或村都要选取。对于样本农户的选择，则采取随机抽样的方法，每个村随机走访 10 ~ 15 户农户，以访谈和填写问卷相结合的方式进行调查。

（2）农户林地流转现状。一是在被调查的 395 户农户中，自新集体林权制度改革以来发生林地流转的有 59 户，林地流转概率为 14.94%。其中，发生林地转出的有 47 户。二是农户林地流转规模。样本农户林地流转面积共 3048 亩，其中林地转出面积 1900 亩，共有 47 户转出林地，户均 40.43 亩。三是农户林地流转期限与约定形式。共发生林地流转 71 宗，其中林地转出 53 宗。林地转出流转期限在 10 ~ 30 年的约占 73.58%，30 年及以上的占 18.87%，10 年以下比例为 7.55%，其中 10 年以下的都集中在婺源县，属于集体转包。从林地流转约定形式来看，林地转出采用书面协议比例达 96.23%，由此可见，农户的林地流转行为日趋规范化，农户对交易凭据性的重视，也是农户法律意识提高表现。四是农户林地流转价格支付方式。农户在选择林地流转价格的支付方式时，一次性现金支付占绝大多数。在 53 宗林地转出事件中，农户全部选择了一次性获得现金，农户一般希望一次性获得一笔资金以作他用，在调查中也发现有农户在转出林地后觉得价格偏低而后悔，这从另一个侧面说明了林地估值的困难。

（3）样本农户林地流转特征。一是对林业生产依赖高的地区林地流转更活跃。在被调查农户中，新集体林权制度改革发生以来林地流转发生概率（即林地流转农户占样本农户比例）为 14.94%，其中，转出发生概率为 11.90%。在被调查的 4 个地区中，婺源县 47 户样本农户中有 18 户发生了林地流转，林地转出率达 36.17%，主要是以集体名义转出；黄山区 20 户样本农户中有 7 户发生了林地转出，林地转出发生率为 35.00%，与婺源县不相上下，黄山区样本农户的林地转出主要原因在于距离偏远且四至不清。林地转出率较低的是武平县和漳平市，武平的林地流转率最低为 2.63%，也就是新集体林权制度改革发生以来 38 户样本农户中只有 1 户发生了林地转出。漳平市的林地转出率为 7.58%，290 户样本农户只有 22 户发生林地转出，转出率也不高。二是联户经营的农户林地转出率高于单户经营。在 395 户样本农户中，有 44 户为联户经营，其中有 39 户在婺源县。从林地转出来看，44 户联户经营农户中有 19 户发生了林地转出，转出率达 43.18%，主要集中在婺源县，由集体统一转出，单户经营的转出率仅为 7.80%。调研中有农户坦言，由于林地是联户经营，自身没有独立决定林地流转的权利，只能由集体共同决策，而集体决策的结果可能并不一定是自己想要的。三是林地流转方式多元化。从林地转出方式来看，主要包括私人转包和转让，村集体名义的转包和转让，出租和股份合作等。在总共 53 宗林地转出中，转包、转让（私人和集体名义）占到 52 宗，说明这是样本农户林地转出的主要方式，其中，以村集体名义转让的有 23 宗，完全集中在江西婺源地区，可以认为这和该地区样本农户林权证集体共有即联户经营存在密切关系。

样本农户林地流转范围扩大化。在 53 宗林地转出事件中，转给本村农户的达到了 21 宗，转出面积约占 10.37%，转给外村农户的有 14 宗，面积约占 36.26%，转给林场的有 5 宗，面积约占 21.63%，转给私人老板的有 12 宗，面积约占 21.21%，均集中在婺源县。可见林地流转范围已经不完全局限在本村范围之内。

5.3 农户林地流转行为的实证研究

5.3.1 模型变量的描述统计

（1）潜变量测量题项的描述统计。表 5 - 4 描述了 395 户样本农户对于潜变量测量题项的描述统计，从统计结果可见：第一，林地价值观。农户对于这三个题项的回答是较为接近的，即农户对于林地对于自身生活的保障性和安全性接近或持中立态度的较多。这说明林地目前尽管没有成为样本农户重要的生计保障来源和养老依赖，但也不是可有可无的家庭资产。第二，林地转出行为主观规范。从重要他人对农户的林地转出建议来看，村集体和政府对于农户的转出建议均值都在3以上，农户林地周围人家以及家人和亲朋给出的转出建议均值都低于3，说明前者对农户鼓励林地转出的倾向明显高于后者。第三，林地转出行为控制认知。从农户对自身的林地经营能力来看，均值在3或以下，说明农户对自身的经营管理林地的能力并没有较好的把握；而从农户对林地流转的市场机会认知来看，均值都在3以上，说明农户对转出市场机会是普遍较乐观的。第四，林地转出行为态度。各个题项的平均值都在3以下，说明农户对林地转出行为的结果评价并不高，这意味着农户对于林地转出的行为态度并不积极，在395户样本农户中，发生林地转出的只有47户，仅占11.9%。第五，林地转出行为意图。农户林地转出行为意图各题项均值接近3，并没有积极的林地转出行为意图，即农户在某种程度上并没有觉得转出林地是一件重要的、迫切的事。第六，林地流转交易成本认知。农户对交易成本的认知各题项平均值在3以上，说明农户对于林地流转交易难易的感知是偏难的。第七，林地流转政策环境认知。农户对林地流转政策环境认知各题项的选择平均值低于3，说明农户总体感知到的林业相关政策环境对林地流转经营行为的激励并不算高，这有可能会促使农户产生林地转出的想法。

表5-4 潜变量测量题项的描述统计

潜变量	测量题项	题项名称	最小值	最大值	平均值	标准差
林地价值观	林地是我家生活的重要保障	价值观_1	1	5	2.95	0.87
	林地是我家晚年养老的保障	价值观_2	1	5	3.04	0.90
	林地是我家的祖产，是传家宝	价值观_3	1	5	2.94	1.11

续表

潜变量	测量题项	题项名称	最小值	最大值	平均值	标准差
林地转出行为主观规范	相邻林地的农户认为我应该转出林地	转出规范_1	1	5	2.44	1.04
	家人和亲朋认为我应该转出林地	转出规范_2	1	5	2.77	0.97
	村委会（村小组）认为我应该转出林地	转出规范_3	1	5	3.31	0.91
	政策鼓励林地转出	转出规范_4	1	5	3.38	0.89
林地转出行为控制认知	我家有足够资源能把林地管理好	转出控制_1	1	5	2.92	0.85
	我家有能力经营更多林地	转出控制_2	1	5	3.07	0.89
	我家有足够劳动力把林地管理好	转出控制_3	1	5	2.90	1.09
	有人想买我的林地	转出控制_4	1	5	3.28	0.99
	只要我想，我就能转出林地	转出控制_5	1	5	3.67	1.23
	按我的开价很容易转出	转出控制_6	1	5	3.67	1.12
林地转出行为态度	转出林地可以缓解生活压力	转出态度_1	1	5	2.45	1.01
	转出林地可以获得更多收入	转出态度_2	1	5	2.31	1.18
	转出林地给别人种更划算	转出态度_3	1	5	2.60	1.00
	转出林地可以让我有更多时间从事非林工作	转出态度_4	1	5	2.74	0.88
	我不喜欢种树	转出态度_5	1	5	2.55	0.88
林地转出行为意图	转出林地对我家来说是重要的	转出意图_1	1	5	2.83	0.81
	在某种程度上，减少林地经营对我家是件好事	转出意图_2	1	5	2.97	0.82
	在某种程度上，我打算转出林地	转出意图_3	1	5	3.26	0.76
林地流转交易成本认知	我不知道在哪里可以获得林地流转信息	交易成本_1	1	5	3.09	0.97
	我感觉进行林地流转花得时间比较多	交易成本_2	1	5	3.20	0.92
	我觉得林地流转手续比较复杂	交易成本_3	1	5	3.28	0.92
林地流转政策环境认知	获得采伐指标是容易的	政策_1	1	5	2.74	0.61
	获得林权抵押贷款是容易的	政策_2	1	5	2.81	0.62
	获得营林优惠政策是容易的	政策_3	1	5	2.80	0.62
	政府为林地流转搭建了充分平台	政策_4	1	5	2.77	0.67

（2）林地转出行为变量统计。本节对林地转出的设置为一个分类变量（1 = 发生林地转出，0 = 没有发生）。新集体林权改革以来样本农户发生林地转出的有 47 户，占样本总数 395 户的 11.9%，转出率偏低。

5.3.2　样本数据质量及结构分析

5.3.2.1　反向题项调整

为了更方便地解释结构方程中路径系数，本节对样本中的潜变量的反向题项（林地流转交易成本认知除外）首先进行了调整，具体包括林地价值观中三个题项"林地是我家生活的重要保障""林地是我晚年生活的重要保障"和"林地是我家传家宝，要传给子孙"，林地转出行为控制认知中的前三个题项"我家有足够的资源能把林地管理好""我家有能力把林地管理好"和"我家有足够的劳动力能把林地管理好"，林地流转政策环境认知中的四个题项"获得采伐指标是容易的""获得林权抵押贷款是容易的""获得造林、抚育补贴是容易的"和"政府提供了充足的林地流转平台"，利用 SPSS 调整后，量表中除"林地流转交易成本认知"变量外其余题项所选分值越高，代表越有利于转出，"林地流转交易成本认知"变量中题项则相反，即分值越高，代表交易成本越高，越阻碍转出。

5.3.2.2　缺失数据处理

访谈过程中，由于被调查者可能不愿意回答所有问卷上的题目，或者由于理解错误、遗忘等原因，导致问卷出现数据的缺失，因此需要对此进行处理。缺失值的处理主要有以下几种办法：第一，删除有缺失值的个案；将所有丢失的数据替换为零值。第二，数据插补，如用特殊值填充，比如零；也可以通过计算数据的均值，使用均值替换缺失的数据，或者计算数据的中值，使用中值替换缺失的数据。第三，使用软件来处理丢失的数据。第四，不处理。由于删除有丢失数据的个案会降低样本的数量、造成部分信息的丢失，而将所有丢失的数据替换为零值，容易使结果出现偏差，因此，本节采用研究中常用的插值法来处理缺失数据。其中，SPSS 提供的插补方法有四种：以列的算术平均值替代；以缺失值临近点的算术平均值替代；以缺失值临近点的中位数替代；根据缺失值前后的两个观测值进行线性内查估计和替代（吴明隆，2010）。

5.3.2.3 对于潜变量的正态性检验

主要是对潜变量的偏度和峰度进行分析。一般研究者建议，当偏度值小于2 且峰度值小于 5 时就可以认为数据是符合正态分布的（West S 等，1995）。对调查样本所获得各测量题项进行分析，发现数据的偏度值都小于 2 且峰度值都小 5，因此，样本数据总体上服从正态分布，满足进行后续数据分析处理的基本条件。

5.3.2.4 样本信度检验

信度又称为可靠性，是指问卷的可信程度，为了保证问卷检验结果的一致性和稳定性，必须进行信度检验，结果一致性程度越高，意味着问卷设置越有意义，检验结果的可信度就越高。本节采用信度分析常用的 Alpha 信度系数法进行检验，具体做法与结果如表 5 - 5 所示：一是选取"校正得项总计相关性CITC 值"是否大于 0.40 作为检验潜变量测量题项是否合适的分界点，结果显示所有题项的 CITC 值都大于 0.40，满足要求；二是计算"删除该题项后 Cronbach's α 信度系数"指标，都满足"信度值提高"的要求（Farh J L 等，1997）；三是计算潜变量的 Cronbach's α 值，结果显示 α 值处于 0.763 ~ 0.906，表明问卷信度处于较好和极好之间（Nunnally J C，1978）。

表 5 - 5　各题项的 CITC 值与信度

潜变量	题项	校正得项总计相关性 CITC 值	删除该题项后 Cronbach's α 信度系数	Cronbach's α 信度系数
林地转出行为态度	转出态度_ 1	0.762	0.829	0.872
	转出态度_ 2	0.721	0.844	
	转出态度_ 3	0.642	0.859	
	转出态度_ 4	0.685	0.850	
	转出态度_ 5	0.719	0.843	

潜变量	题项	校正得项总计相关性 CITC 值	删除该题项后 Cronbach's α 信度系数	Cronbach's α 信度系数
林地转出行为主观规范	转出规范_1	0.632	0.797	0.828
	转出规范_2	0.651	0.784	
	转出规范_3	0.703	0.762	
	转出规范_4	0.642	0.789	
林地转出行为控制认知	转出控制_1	0.402	0.753	0.763
	转出控制_2	0.495	0.732	
	转出控制_3	0.473	0.737	
	转出控制_4	0.481	0.735	
	转出控制_5	0.563	0.714	
	转出控制_6	0.630	0.692	
林地价值观	价值观_1	0.658	0.711	0.796
	价值观_2	0.602	0.761	
	价值观_3	0.684	0.685	
林地转出行为意图	转出意图_1	0.658	0.711	0.794
	转出意图_2	0.602	0.761	
	转出意图_3	0.684	0.685	
林地流转交易成本认知	交易成本_1	0.855	0.828	0.906
	交易成本_2	0.814	0.864	
	交易成本_3	0.771	0.899	
林地流转政策环境认知	政策_1	0.537	0.788	0.802
	政策_2	0.646	0.738	
	政策_3	0.650	0.736	
	政策_4	0.634	0.744	

5.3.2.5 样本效度检验

（1）内容效度。内容效度是指一个测验实际测到的内容与所要测的内容之间的吻合程度，即量表中的题项是否对测验内容有较好的代表性。为了获得足够的内容效度，应特别注意设计量表时应遵循的程序和规则。内容效度的主观性使其不能单独用来衡量量表的效度，但可以用来对观测结果作大致的评价。对内容效度的评价一般是通过经验判断进行。从以下两个方面来看，本量表具有较好的内容效度：一是借鉴较为成熟的计划行为理论，参照了经过实证检验的相关量表；并在调研之前通过对农户的深度访谈了解农户的林地流转实际情况和实际需求，量表正是在这样一个理论与实践结合的基础上被开发出来。二是在量表开发过程中邀请相关专家对测量题项与原定内容范围的吻合程度进行专业判断，从而帮助修订完善量表的测量内容。

（2）结构效度。结构效度是指一个量表实际测量到的理论上期望的结构和特征的程度，即量表所要测量的概念能在多大程度上显示出科学的意义并符合理论上的设想。本节利用因子分析法进行结构效度检验。为检验数据是否适合做因子分析，首先对数据进行 KMO 和巴特利特球形检验，检验结果 KMO 值为 0.80，满足"KMO 在 0.5 以上就适合做因子分析"的要求，兼顾巴特利特球形检验也非常显著，表明样本数据适合进行因子分析。接着进行因子分析，最终提取了 8 个特征值大于 1 的公因子，这 8 个因子的累计方差解释量达 73.31%。由于所有测量题项都不存在"自成一个因子的单一测量题项"或"在所有因子上的负荷均小于 0.5 或在两个及以上因子的负荷大于 0.5 的测量项目"的情况（Farh J L 等，1997），因此，所有项目都予以保留。

根据表 5-6 探索性因子分析的结果可知：原先预想中的潜变量"林地转出行为控制认知"被分成两个公因子，一个公因子由"我家有足够的资源能把林地管理好""我家有能力把林地管理好"和"我家有足够的劳动力能把林地管理好"三个题项组成，因此命名其为"林地经营能力认知"因子；另一个公因子由"想买我林地的人很多""我感觉转出林地很容易""按我的开价很容易转出"这三个题项组成，因此命名其为"林地转出机会认知"因子，并调整假说为"林地经营能力认知"和"林地转出市场机会认知"对林地流转行为态度和林地流转行为有显著影响，即调整 H3 为 H31 和 H32，H5 为 H51 和 H52。

表 5 - 6　探索性因子分析

测量题项	公因子							
	1	2	3	4	5	6	7	8
转出态度_ 1	**0.773**	0.205	0.003	0.029	- 0.086	0.140	0.036	0.258
转出态度_ 2	**0.762**	0.164	0.045	0.019	- 0.120	0.155	0.008	0.205
转出态度_ 3	**0.791**	- 0.114	0.014	0.092	0.057	0.072	0.198	0.034
转出态度_ 4	**0.827**	- 0.144	- 0.003	0.076	0.056	0.081	0.165	0.003
转出态度_ 5	**0.822**	0.177	0.013	- 0.001	- 0.002	0.014	- 0.112	0.144
转出规范_ 1	0.140	**0.757**	- 0.084	- 0.024	- 0.158	- 0.107	- 0.081	0.109
转出规范_ 2	- 0.016	**0.817**	- 0.039	0.057	0.082	- 0.051	- 0.083	- 0.028
转出规范_ 3	0.020	**0.851**	0.067	- 0.014	0.015	- 0.072	- 0.055	- 0.075
转出规范_ 4	0.066	**0.765**	- 0.175	- 0.007	- 0.124	- 0.006	- 0.064	0.049
转出控制_ 1	0.117	- 0.106	- 0.010	0.047	- 0.014	**0.841**	0.173	0.075
转出控制_ 2	0.149	- 0.041	- 0.010	0.091	0.105	**0.840**	0.171	0.124
转出控制_ 3	0.111	- 0.082	0.027	0.054	0.099	**0.875**	0.055	0.054
转出控制_ 4	0.035	0.080	0.141	- 0.022	**0.833**	0.022	0.009	0.090
转出控制_ 5	- 0.041	- 0.141	0.157	- 0.028	**0.893**	0.054	0.040	0.068
转出控制_ 6	- 0.065	- 0.118	0.191	- 0.034	**0.876**	0.120	0.062	0.118
价值观_ 1	0.147	- 0.104	- 0.049	0.102	- 0.050	0.076	**0.819**	0.097
价值观_ 2	0.023	- 0.031	0.099	0.101	0.088	0.148	**0.799**	0.125
价值观_ 3	0.073	- 0.168	- 0.059	0.106	0.076	0.184	**0.778**	0.210
转出意图_ 1	0.162	0.045	0.059	0.132	0.038	0.129	0.169	**0.769**
转出意图_ 2	0.000	0.046	0.068	0.104	0.064	0.067	0.166	**0.832**
转出意图_ 3	0.250	- 0.056	0.016	0.038	0.198	0.056	0.087	**0.738**
交易成本_ 1	0.040	- 0.109	**0.919**	- 0.017	0.144	0.012	0.032	0.041
交易成本_ 2	0.015	- 0.060	**0.891**	0.024	0.174	0.033	- 0.014	0.135
交易成本_ 3	0.008	- 0.046	**0.882**	- 0.048	0.155	- 0.034	- 0.020	- 0.032
政策_ 1	0.036	- 0.053S	- 0.008	**0.787**	- 0.009	0.040	- 0.005	0.107
政策_ 2	0.055	0.017	0.037	**0.804**	- 0.030	0.050	0.054	0.019
政策_ 3	0.021	- 0.054	- 0.018	**0.798**	0.003	0.060	0.078	0.035
政策_ 4	0.059	0.115	- 0.057	**0.742**	- 0.039	0.024	0.167	0.089

根据各因子所包含的理论含义，这 8 个公因子分别命名为"林地转出行为态度""林地转出行为主观规范""林地经营能力认知""林地转出市场机会认知""土地价值观""林地转出行为意图""交易成本认知"和"林地经营相关政策认知"。探索性因子分析最终对公因子的提取结果与原先预想的因子结构比较吻合。因此可以说明，测量量表具有良好的结构效度。

（3）区别效度和收敛效度。结构方程的模型适配度检验。采用 Mplus 7.0 软件对潜变量进行验证性因子分析，具体计算卡方值、近似误差均方根（RMSEA）、比较拟合指数（CFI）、Tucker – Lewis 指数（TLI）和标准化残差均方根（SRMR）等主要检验指标，其中，卡方值应越小越好，但由于卡方值与样本容量大小有关，因此一般不采用卡方值直接进行检验，RMSEA 和 SRMR 这两个值应越小越好，小于 0.05 为好的拟合，在 0.05 ~ 0.08 为合理的拟合；CFI 和 TLI 值越接近 1 越好，大于 0.9 表示好的拟合，大于 0.8 亦可以接受（Browne M W 等，1992）。验证性因子分析中各项拟合指标值为：RMSEA 和 SRMR 分别为 0.043 和 0.053，CFI 和 TLI 值分别为 0.957 和 0.950，表明验证性因子分析拟合度达到了研究的要求，接近好的拟合。

建构信度检验。根据验证性因子分析的结果可知：各潜变量中的题项标准化因素载荷都在 0.5 以上，且从 T 值看都大于 1.96，说明都是显著的。在建构信度（CR）方面，变量"林地转出行为态度"CR 值为 0.7904，接近 0.8，其余变量的 CR 值均在 0.8 以上，各变量的平均方差抽取值（AVE）均在 0.5 以上。根据"如果所有变量的建构信度 CR 值均大于 0.8，AVE 大于 0.5，可以表明变量具有较好的区别效度和收敛效度"（Fornell C 等，1981），可认为本量表基本符合研究要求。

区分效度检验。通过比较各潜变量之间的相关系数与各变量的 AVE 值对区分效度进行检验，"如果每个潜变量的 AVE 值大于相关系数的平方，则表明区分效度良好"（Fomell C 等，1981）。验证性因子分析的结果表明：潜变量之间的相关系数小于 AVE 的平方根，表明本节所涉及各潜变量间具有较好的区分效度。

5.3.3 结构方程模型检验及结果

（1）模型检验。通过以上正态性分析、信度分析、探索性因子分析和验证性因子分析发现，样本数据具有良好的信度与效度。为进一步探索各变量之间的因果关系，实现研究目的，接下来将使用结构方程模型对林地转出行为决策过程模型进行研究，即考察"林地价值观—转出行为态度—转出行为意图—转出行为"这一决策机制是否成立。由于原模型中的"林地转出行为控制认知"变量通过探索性因子分析和验证性因子分析被拆分成两个变量"林地经营能力认知"和"林地转出市场机会认知"，即图 5 - 1 中的假说 H3 拆分成 H31 和 H32，H5 拆分成 H51 和 H52，具体如图 5 - 3 中虚线所示。

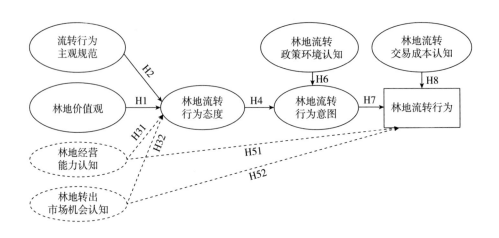

图 5 - 3　待验证的农户林地转出行为模型

由于结构方程模型中的因变量"转出行为"为二元变量（0，1），属于分类变量，不符合正态分布的要求，因此对于包含分类变量"转出行为"的林地转出行为决策模型，采取的是 Mplus 分析分类变量模型的默认估计方法 WLSMV。利用 Mplus7.0 采取 WLSMV 方法对 395 个有效样本进行结构方程分析，模型拟合指标如表 5 - 7 所示。

表 5 – 7 待验证农户林地转出行为模型的拟合指标

	卡方值	自由度	RMSEA	CFI	TLI	WRMR
SEM 分析	853. 825	351. 000	0. 060	0. 806	0. 776	1. 265

当采用 WLSMV 估计分类变量模型时，由于标准化残差均方根 SRMR 受样本量影响很大，因此推荐使用加权残差均方根 WRMR 作为评价模型拟合的指标，它适用于样本变量非正态分布的模型、样本统计量测量尺度不同的模型。WRMR 值应越小越好，当 WRMR < 1.0 时，可认为模型拟合良好（Yu C Y，2002）。根据结构方程模型适配度的评价标准，该模型结果不够良好，表 5 – 8 为模型的系数结果。

表 5 – 8 待验证农户林地转出行为模型的标准化路径系数

	标准化路径系数	S. E.	T 值	双侧 p 值
转出行为态度 ON				
林地价值观	0. 263 ***	0. 092	3. 494	0. 000
主观规范	0. 253 ***	0. 058	3. 981	0. 000
林地经营能力认知	0. 285 ***	0. 082	4. 027	0. 000
转出市场机会认知	0. 059	0. 061	1. 100	0. 272
转出行为意图 ON				
转出行为态度	0. 572 ***	0. 060	7. 462	0. 000
流转政策环境认知	0. 254 ***	0. 103	4. 100	0. 000
转出行为 ON				
转出行为意图	0. 599 ***	0. 137	7. 280	0. 000
交易成本认知	– 0. 209 **	0. 109	– 2. 143	0. 032
林地经营能力认知	0. 735 ***	0. 137	8. 061	0. 000
转出市场机会认知	– 0. 074	0. 105	– 0. 701	0. 484

注：*** 表示 p 值小于 0. 01，** 表示 p 值小于 0. 05，* 表示 p 值小于 0. 1。

表 5 – 8 的模型结果表明，"林地转出市场机会认知"对"林地转出行为态度"及"林地转出行为"影响并不显著，且对"林地转出行为"路径系数为

负，不符合理论假说。深入分析发现，林地转出市场机会认知对林地转出行为态度以及林地转出行为的影响关系可能并不如设想那么大，因为林地转出行为态度指的是农户对于林地转出行为结果好坏的评价，而转出市场机会认知更有可能会影响农户是否有意图进行林地转出，如果认为市场机会比较大，则可能会倾向林地转出，反之亦然。

林地转出市场机会认知和林地转出行为的关系可能也不如设想的那么大，对于农户是否决定转出林地可能并不直接地取决于市场机会，而更多地取决于自身家庭状况的综合考察，因此模型进行了进一步的修正，删除了林地转出市场机会认知对林地转出行为态度（即 H32）以及林地转出行为（即 H52）这两条影响路径，在林地转出市场机会认知和林地转出行为意图这两个变量间建立联系（即假说 H9），最终得到的模型如图 5-4 中虚线所示。

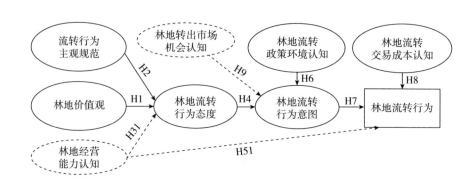

图 5-4 修正后的农户林地转出行为模型

利用 Mplus 软件，对修正后的林地转出行为决策模型进行假说检验，模型拟合指标如表 5-9 所示。根据结构方程模型适配度的评价标准，和修正前的模型相比，从各项参数来看，卡方值、RMSEA 和 WRMR 这三个值进一步降低，而 CFI 和 TLI 则进一步提高，均大于 0.8，这说明经过修正的模型拟合度更高。经过修改的林地转出行为决策模型各拟合指标都有了进一步改善，接近良好拟合的标准，说明该模型是可以成立的。模型的主要路径系数及显著性如表 5-10 所示。

表 5 - 9　修正后农户林地转出行为模型的拟合指标

	卡方值	自由度	RMSEA	CFI	TLI	WRMR
SEM 分析	703.461	352.000	0.050	0.864	0.844	1.116

表 5 - 10　修正后农户林地转出行为模型的标准化路径系数

	标准化路径系数	S. E.	T 值	双侧 p 值
转出行为态度　ON				
林地价值观	0.236 ***	0.093	3.313	0.000
主观规范	0.273 ***	0.064	4.123	0.000
林地经营能力认知	0.287 ***	0.081	4.268	0.000
转出行为意图　ON				
转出行为态度	0.508 ***	0.051	7.196	0.000
流转政策环境认知	0.284 ***	0.106	4.431	0.000
转出市场机会认知	0.299 ***	0.047	5.687	0.000
转出行为　ON				
转出行为意图	0.620 ***	0.140	7.510	0.000
交易成本认知	- 0.358 ***	0.095	- 4.275	0.000
林地经营能力认知	0.708 ***	0.137	7.707	0.000

注：*** 表示 p 值小于 0.01，** 表示 p 值小于 0.05，* 表示 p 值小于 0.1。

由标准化路径系数结果及其显著性可见，"林地价值观""林地转出行为主观规范"和"林地经营能力认知"都对"林地转出行为态度"有显著的影响（p < 0.01）。而"林地转出行为态度""林地流转政策环境认知"以及"林地转出市场机会认知"对"林地转出行为意图"都有显著的影响，在对"林地转出行为"的考察中我们发现，"林地转出行为意图""林地经营能力认知"和"林地流转交易成本认知"对林地转出行为有显著影响，说明"林地价值观—转出行为态度—转出行为意图—转出行为"这一林地转出行为决策机制是成立的。

（2）假说检验结果与解释。本节对假说关系成立的检验标准为，路径系数的显著性水平在 0.05（p < 0.05）以上的为显著，假说成立，路径系数的显著

性水平在 0.1（0.05 < p < 0.1）以上的为弱显著，假说部分成立，低于 0.1（p > 0.1）的则认为不显著，该假说关系不成立。依据上述标准，潜变量之间及其对林地转出行为的假说检验结果如下：一是假说 H1、H2、H4、H6、H7 和 H8 得到验证。二是假说 H31、H51 得到验证，假说 H32、H52 不成立。三是修正模型新增的假说 H9 不成立。对假说检验结果的解释如下。

第一，林地价值观被证明对林地转出行为态度有显著的直接影响，这说明农户是否能从林地上获得最基本的安全感和保障感是农户林地转出行为决策的一个重要影响变量，当农户从心理意识上不再将林地作为生活和养老的最后保障时，才有可能发生实际转出行为。对林地价值观有显著负向影响的相关变量是林业劳动力数量，即农户林业劳动力的数量越少，对林地的依赖性越低。

第二，农户的林地转出行为主观规范这一变量被证明对林地转出行为态度有显著正向影响。也就是说林地周围人家、家人朋友、村集体乃至政府等和林地转出相关的重要关系人对林地转出的态度倾向被证明可以显著影响农户的林地转出行为态度。这也说明农户在进行林地转出这一关系家庭未来的重大行为决策时会参考重要他人的意见。

第三，农户的林地经营能力认知这一变量不仅通过林地转出行为态度对转出行为有显著影响，而且对林地转出行为有直接影响。农户的林地经营能力越低，农户转出林地的行为态度越积极，转出林地的可能性越大。当农户对自身缺乏林地经营能力的关键资源有清楚的了解，如缺乏劳动力，则将直接导致林地转出行为的发生。

第四，林地转出市场机会认知这一变量对于林地转出行为态度和林地转出行为的显著影响没有得到证实，而对林地转出行为意图则有显著正向影响。即如果农户认为自己的林地存在潜在的买家，自己的开价又比较容易为市场接受时，则说明林地转出的机会较大，农户的林地转出意图就会更积极一些。

第五，农户对于林地转出行为的评价即行为态度主要取决于林地转出是否能带来收入的增加、是否适合自己的职业兴趣及生活方式，而对生活压力的缓解并没有成为农户对林地转出的主要评价因素。以上说明在林地转出行为态度上，农户不仅考虑经济因素，也会考虑自身对职业、对生活方式的选择。

林地转出行为态度受到林地价值观、林地转出行为主观规范、林地经营能力认知等潜变量的显著影响。说明农户认为自身对林地的依赖性越小、重要关系人越支持林地转出，农户的林地经营能力越低则越容易对林地转出产生积极的评价。

第六，林地流转政策环境认知对林地转出行为意图有显著的正向影响，这说明如果农户越了解林地流转相关政策，即当农户知道政府为林地流转搭建的各类平台且这些平台运转为农户提供了更为丰富、完全的流转信息时，能有效降低农户林地转出中的交易成本，促进了林地的转出。

第七，林地转出行为意图受到林地转出行为态度、林地流转政策环境认知和林地转出市场机会认知的显著正向影响。即农户的林地转出行为态度越积极，越不熟悉林地流转政策环境，且认为林地转出市场机会较大的话，就越有可能产生转出林地的意图。林地转出行为意图还受到相关变量承包方式的显著正向影响，即共有林地产权的农户因产权的不完整，更容易产生林地转出的行为意图。

第八，林地流转交易成本认知是农户对于林地交易花费时间、精力等成本的认知，这一认知被证明对林地转出行为有显著的负向影响。如果农户认为需要花费较多的时间与精力来寻找林地买家、签订手续和执行合同，则很可能会阻碍林地流转行为的发生，即使农户有积极的林地流转态度和意图。

第九，林地转出行为受到了林地转出行为意图、林地经营能力认知和林地流转交易成本认知的显著影响。农户认为自身对林地的依赖性越低、越缺乏林地经营能力、农户自身林地转出的意图越强则越容易发生林地转出，而交易成本越高则越不易产生林地转出行为。如果农户明确地意识到家庭缺乏林业劳动力，没有能力经营林地，则很可能直接导致林地转出行为的发生。

综上所述，实证研究表明，农户林地转出行为决策形成机制符合"林地价值观—转出态度—转出意图—转出行为"这一行为决策过程假说，它是一个由农户的林地价值观合并行为主观规范以及林地经营能力认知影响并形成积极的林地转出行为态度，然后通过林地转出行为意图影响农户林地转出行为的过程。

5.4　本章结论与建议

5.4.1　研究结论

根据上述研究可得到以下结论：

第一，农户林地转出决策的内在机制。实证研究表明，在"价值观—态度—意图—行为"这一理论模型中，农户林地流转行为决策是以农户的林地价值观为出发点，依次影响流转行为态度、行为意图最终导致流转行为产生。在农户进行林地流转行为决策的过程中，由林地价值观引领流转行为态度，进而形成流转意图，最终导致流转行为产生这一核心机制假设经过实证研究证明是成立的。农户对于林地意义和作用的综合认知和判断即林地价值观会影响对流转行为的态度，农户对于流转林地的行为态度既包含经济因素，也包括自身对职业和生活方式的选择等非经济因素。而林地流转行为态度经由流转意图导致了林地流转行为的发生。农户的林地流转决策过程还受到如亲戚、朋友、林地周围人家以及村集体等重要关系人的影响，还会受到自身对林地经营能力的认知、对流转市场机会的认知、对林地流转政策环境的认知以及对交易成本认知的影响。因此农户的林地流转行为决策是一种有限理性行为。

第二，农户对林地的心理依赖，以及对未来的不确定性预期是林地转出难以大规模出现的根源。尽管某些农户的非农林收入比例较高，但是在回答非农林收入是否稳定时，超过一半的农户选择不太稳定，这也可以解释为什么具有较高非农林收入比例的农户不愿意转出林地，未来的不确定性使其无法从经济上和心理上完全割舍林地，因此如果农户无法改变对林地的最后依赖这一林地价值观则不会选择转出林地。我国正处于社会转型期，城乡二元结构依然存在，如城乡二元社会保障体系、城乡二元就业结构、城乡二元基础设施结构以及不合理的户籍制度，这些因素在很大程度上阻碍了农户转变职业、改变生活方式直至完全成为城镇居民，这也是农户难以从心理上割舍林地的根源。另外，对林地增值的预期也会激励农户继续持有林地，而不是转出。因此，社会经济环境的改变是促使农户走出大山、放弃林地的根本原因。

第三，交易成本过高会阻碍林地流转行为的发生。实证研究结果表明，交易成本过高会抑制流转行为的发生。农户如果认为林地流转是一件比较麻烦的事情，需要较长的时间去寻找买家或卖家，流转手续较为复杂，那么无论对转入还是转出来说都是一个不利的影响因素。由此可见，一个有效率林地流转平台的建立有助于林地流转的发生。

5.4.2　政策建议

由研究结论可见，农户的林地流转行为决策是一个由林地价值观引领流转行为态度，进而形成林地流转行为意图，最终导致流转行为发生的决策过程。因此如何降低农户对林地的依赖，即通过转变其林地价值观，进而影响其流转行为态度，并提升农户的流转行为控制能力，同时结合政府的流转政策环境与交易成本控制，强化农户的林地流转意图与行为，这是根本所在。据此本章提出以下建议：

第一，为农户提供多元化的就业机会，降低农户对林地的经济依赖。研究结论表明，林地价值观这一对林地的基本心理认知贯彻了转出行为决策的全过程，因此降低农户对林地的经济与心理依赖，即改变其固有的林地价值观，促进农户的非农林就业，是促进林地流转的根本所在。而林业劳动力的数量对于林地价值观以及林地转出都有直接的显著影响，林业劳动力数量越少，越容易导致林地的转出行为。因此通过多种渠道，转移农村的剩余劳动力，对林地流转是至关重要的。对农户来说，林地流转不仅要追求收入的最大化，还和追求职业兴趣与生活方式的改变有密切关系。因此应该发展多元化产业，提供更多的职业选择，尤其为农户提供非农职业技能培训使其适应更多的非农就业机会，满足其追求收入最大化以及改变生活方式的多元目标需求，让更多的农户不再固守林地，让他们参与到市场中来。

第二，切实打破城乡二元结构让农户拥有稳定的城镇生活预期，切断对林地的心理依赖。实证研究表明，林地价值观对林地转出态度与转出行为有直接的影响，因此农户对于林地的依赖性不仅有经济上的，更有心理上的，这种心理依赖使农户即使在取得较高非农收入比例的情况下也不愿意转出林地。因此这需要依靠社会的深层次变革加以实现，必须打破城乡二元结构，实现城乡社保一体化，改革户籍制度，为农村劳动力转移创造更加公平的生活和就业环境，只有建立在稳定的对未来生活和工作的预期上才能让农户真正改变原来的生活方式，让他们没有后顾之忧地离林离山，为推动林地流转创造积极的外部环境。另外，要进一步贯彻实施城乡基本公共服务均等化政策，加大农村基础设施投入，改善农村的居住和生活环境，提高农户营林的积极性，为农户积极扩大林业生产经营创造外部条件。

第三，进一步发挥林权交易中心的平台作用，培养社会中介服务组织，为林地流转增加市场通道，降低交易成本。实证研究表明，林地流转行为对市场的依赖性非常大，农户对林地流转市场机会的把握显著地直接影响了流转行为的发生。因此，建立专门的林地流转交易中心，提供流转信息收集与发布、咨询、林地评估以及产权变更登记等基本服务是促进林地流转市场发展的基础环节。调研发现，所调查的各地林权交易中心都由林业部门组织建立，但是由于目前的林业部门，兼具了行政管理和中介服务双重职能，能不能调和这两者之间的矛盾，以符合林地流转受让双方的利益，这是提高流转效率的重要一环。除了林权交易中心提供的中介服务外，还有一些社会中介服务组织提供着类似的服务职能，如信息提供、撮合交易、代理流转等，这些中间商人的存在有助于消除林地流转市场中信息不对称、降低交易成本、提高流转效率，因此应积极推动社会化中介服务组织的发展。

第 6 章　集体林地流转冲突的个体决策研究

——以林地承包经营权冲突为例

自中华人民共和国成立以来多次进行了集体林地制度改革，因涉及利益再调整和再分配都引发了林地承包经营纠纷发生，特别是新集体林权制度改革中因"三权分置"提出与实施所促进大量的集体林地流转，由于流转过程中合同签订与合同履行、土地承包管理及土地使用权流转中存在的不规范性，导致集体林地承包经营纠纷大量出现（蒋瞻等，2019a）。相较于农业用地承包经营，由于林木生长周期长使其经营承包合同的时间跨度更长，其合同管理和执行难度更高且更易导致承包经营纠纷发生，纠纷处理也更为复杂并导致更高的社会成本。如何降低冲突解决的社会成本，不仅事关新集体林权制度改革的目标实现，还涉及当地的社会和谐。针对此问题，我国《森林法》《农村土地承包法》《土地管理法》《农村土地承包经营纠纷仲裁规则》等法律法规均对农村土地承包经营纠纷解决提出了相关意见或处理办法，特别是2016年国家林业局发布的《关于进一步加强集体林地承包经营纠纷调处工作的通知》，提出了林地承包经营权纠纷解决的四种途径：和解、调解、仲裁和诉讼，因此本章研究是在现有纠纷解决机制下通过对林地承包经营纠纷中当事人之间的博弈分析展开的。

由于社会资源，特别是司法资源的稀缺性与有限性，林地承包经营纠纷解决理当追求社会成本最小化，最直接方法就是减少诉讼的启动，然而诉讼程序启动却取决于纠纷当事人的个体决策（Spier K E，2007）。因此，本章还尝试回答以下问题：农村林地承包经营纠纷中当事人为何选择起诉并走向判决而非和解？其在纠纷诉讼决策中选择的依据是什么？这种依据是否可以改变？

6.1 研究框架与理论分析

6.1.1 FCC – SES 研究框架提出

6.1.1.1 研究框架

以 SES 理论为基础构建集体林地承包经营权冲突（Forestland Contract Conflict，FCC）的个体决策分析框架（FCC – SES）如表 6 – 1 所示，其主要针对 SES 中的治理系统（GS）、行动者（A）两个第一层级变量及行动情景（I – O）的分析。

表 6 – 1 FCC – SES 研究框架及主要变量

第一层级变量	第二层级与第三层级变量
治理系统（GS）	GS1 政府组织 　GS1 – a 县市仲裁 GS2 非政府组织 　GS2 – a 村级调解 　GS2 – b 乡镇调解 GS4 产权系统 　GS4 – a 集体林产权变迁 GS7 宪政规则 　GS7 – a 司法保障：民事诉讼
行动者（A）	A2 行动者的社会经济属性 　A2 – a 个体行动者的冲突决策原则（成本—收益核算及其依据） 　A2 – b 组织行动者的冲突决策原则 （组织行动者包括企业经济组织、村集体、林地相关管理部门等）

续表

第一层级变量	第二层级与第三层级变量	
行动情景： 互动（I）→ 结果（O）	I3 协商过程 　I3－a 博弈冲突与合作 I4 行动者间的冲突 　I4－a 个体与其他行动者间的集体林地承包经营权纠纷	O1 社会绩效评估 　O1－a 经济利益

6.1.1.2　研究框架说明

对研究框架中第一层级、第二层级变量选择和第三层级变量设置的说明如下：

（1）第一层级变量"治理系统"（GS）下相应第二层级、第三层级变量的选择和设置。一方面，第二层级变量"产权系统"（GS4）选择及其相应第三层级变量设置。我国集体林地承包经营权冲突主要成因如下：一是中华人民共和国成立以来因历次集体林产权制度变革时所颁发的林权证四至范围所指参照物变化、缺失或文字记载不详细、表述不清晰、面积与"四至"界线不符、界线模糊不清等所致；二是因行政区划变更、林地调换、林地租用等情况发生时间久远或手续不齐全导致权属难以确定并导致经营权冲突；三是同一块林地，多个承包人，双方权利、义务不明确导致冲突；四是林地发包方多变，林地相关管理部门越权发包导致承包经营权冲突；五是过去确权定界时因工作差错、疏漏引起的争议。因此，在 GS 系统中要考虑"产权系统"（GS4）下"集体林产权变迁"（GS4－a）对集体林地承包经营权冲突的影响。另一方面，第二层级变量"政府组织"（GS1）、"非政府组织"（GS2）的选择及其相应第三层级变量设置。集体林地承包经营冲突治理以纠纷调处为主，对此我国《森林法》《农村土地承包法》《土地管理法》《农村土地承包经营纠纷仲裁规则》等法律法规以及一些地方性法规和政策性文件，都对土地承包经营纠纷的特点和解决对策进行了表述和规定，特别是《国家林业局关于进一步加强集体林地承包经营纠纷调处工作的通知》提出了集体林地承包经营纠纷调处工作制度：各经营主体之间发生承包经营合同纠纷的，应积极引导当事人自行和解。和解不成的，应当根据当事人的请求，由村民委员会、乡镇人民政府等进行调解。当事人和解、调解不成或者不愿和解、调解的，农村土地（林地）承包仲裁机构应当根据当事人申请，及时依法给予仲裁。当事人不愿意提请仲裁的，或对仲裁裁决不服的，可以向人民法院起诉。因此，GS 系统中"政府组织"（GS1）发挥"县市仲裁"（GS1－a）的作用，"非政府组织"（GS2）的作用体现在"村级调解"（GS2－a）和"乡镇调解"（GS2－b）两个方面，而"宪政规则"（GS7）则是提供以民事诉讼为主的"司法保障：民事诉讼"（GS7－a）。

（2）第一层级变量"行动者"（A）下相应第二层级、第三层级变量的选择和设置。集体林地承包经营权冲突存在于不同行动者之间，从社会经济属性出发把行动者分成两类，一类是个体行动者，另一类是组织，后者通常包括企业经济组织、村集体（村委会或村集体经济组织）林地相关管理部门等。在集体林地流转冲突中行动者间的冲突决策原则存在差异，如个体决策者更多地从经济理性角度，即按成本收益核算结果选择冲突对策，是故设置相应第三层级变量"个体行动者的冲突决策原则（成本—收益核算及其依据）"（A2－a）；而不同的组织行动者可能还需要考虑社会影响或生态影响，是故设置了相应的第三层级变量"组织行动者的冲突决策原则"（A2－b）。

（3）行动情景中"互动（I）→结果（O）"模块第二层级、第三层级变量的选择和设置。《农村土地承包法》《土地管理法》《农村土地承包经营纠纷仲裁规则》和《国家林业局关于进一步加强集体林地承包经营纠纷调处工作的通知》等法律、法规和政策性文件所提出的解决机制，都旨在对集体林地流转冲突中行动者间的博弈冲突进行干预并促进其合作，因此，行动者的"协商过程"（I3）更多体现为"博弈冲突与合作"（I3－a）。在行动者间的冲突中，因本章研究对象为农户个体，是故设置第三层级变量"个体与其他行动者间的集体林地承包经营权纠纷"（I4－a）。由于个体行动者在博弈中的选择（冲突或合作）取决于成本收益核算后的利益最大化，因此，结果（O）模块中设定第三层级变量"经济利益"（O1－a）。

6.1.2　集体林地承包经营纠纷的博弈分析

6.1.2.1　集体林地承包经营纠纷的解决机制

对于集体林地承包经营纠纷的解决，我国《森林法》《农村土地承包法》《土地管理法》《农村土地承包经营纠纷仲裁规则》等法律以及一些地方性法规和政策性文件，都对土地承包经营纠纷的特点和解决对策进行了表述和规定。《土地承包法》第五十一条规定，"因土地承包经营发生纠纷的，双方当事人可以通过协商解决，也可以请求村民委员会、乡镇人民政府等调解解决。当事人不愿协商、调解或者协商、调解不成时，可以向农村土地承包仲裁机构申请仲裁，也可以直接向人民法院起诉。当事人对农村土地承包仲裁机构的仲裁裁决不服的，可以在收到裁决书之日起三十日内向人民法院起诉。逾期不起诉的，裁决书即发生法律效力"。由此可见，我国土地承包经营纠纷当事人可以通过四种途径解决争议：和解、调解、仲裁和诉讼。

结合《国家林业局关于进一步加强集体林地承包经营纠纷调处工作的通知》，总结归纳出集体林地承包经营纠纷的解决机制如图6-1所示。

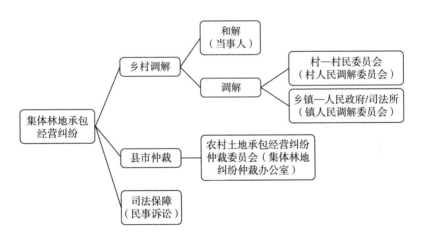

图6-1　集体林地承包经营纠纷解决机制

6.1.2.2　纠纷解决机制下的博弈分析

根据集体林地承包经营纠纷的解决机制，从博弈角度分析纠纷主体的决策过程（赵晓薇，2018）。由图6-1可知，当发生林地承包经营纠纷时，合同双方中一方发生侵权或不履行合同时。主要有四个步骤，第一，私下和解，双方通过协商解决纠纷；第二，乡镇调解，包括村人民委员会的调解与乡镇政府的调解；第三，调解不成的，纠纷双方可以向仲裁机构申请仲裁；第四，仲裁不成功或对仲裁结果不服的，可以向法院提起诉讼。以上是一般的调处程序，但是根据国家的相关调处政策，在林地承包经营纠纷中，乡镇政府调解以及仲裁不是诉讼的前置程序，个体可以直接越过乡镇政府调解申请仲裁，也可以直接向法院提起诉讼。所以存在纠纷当事人越过调解直接申请仲裁与起诉的情况，也存在越过仲裁程序直接起诉的情况，还存在直接向法院提起诉讼的情况。

（1）完全过程的博弈分析。"完全过程"的博弈指完全按照集体林地承包经营纠纷解决机制进行的全过程博弈，具体如图6-2所示：集体林地承包经营纠纷的发生，由纠纷主体A在h_1的选择决定，当纠纷主体A选择不侵权时，纠纷不发生，当纠纷主体侵权时，集体林地承包经营纠纷发生。当个体B被侵权时，个体B在h_2结点处可以选择容忍，当不容忍时，正式进入博弈过程：先选择私下和解，当私下和解不成时，可以请求村民委员会、乡镇人民政府等调解。这时，对于纠纷主体A在h_3结点处根据自己的利益，可能选择同个体B和解，不愿意和解的会选择拒绝个体B的要求，双方之间和解、调解不成功。此时，纠纷个体B有两个选择，在h_4结点处可能选择放弃争取自己的利益，也可以选择向仲裁机构申请仲裁，请求仲裁机构帮忙调解及仲裁。仲裁机构介入后，根据纠纷主体间的事实情况以及各种证据做出调解或仲裁，存在两种情况，纠纷主体A在h_5结点处可以选择和解也可以选择拒绝，当纠纷主体A选择拒绝时，个体B在h_6结点处有两种选择，可以选择放弃，也可以在规定期限内向人民法院提出诉讼。

（2）非完全过程的博弈分析。与"完全过程"的博弈相反，"非完全过程"的博弈是由于在集体林地承包经营纠纷解决机制中，乡镇政府调解以及仲裁不是诉讼的前置程序，个体可以直接越过乡镇政府调解申请仲裁，也可以直接向法院提起诉讼，所以存在不完全博弈过程。主要分为：越过仲裁程序的博弈，越过调解程序的博弈和直接提起诉讼的博弈。

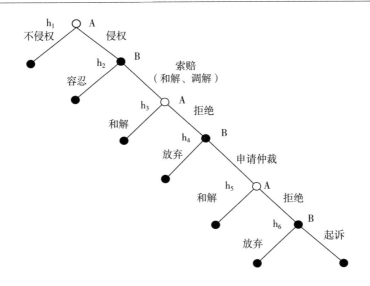

图 6 - 2 完全过程的博弈模型

注：A 为纠纷主体，B 为个体。

第一，越过仲裁程序的博弈。在图 6 - 3 的博弈模型中，当纠纷主体 A 在 h_1 处选择侵权时，集体林地承包经营纠纷发生。个体 B 被侵权，个体 B 在 h_2 结点处可以选择容忍，也可以选择不容忍，不容忍时，个体 B 可以选择私下和解，当私下和解不成时，可以请求村民委员会、乡镇人民政府等调解。这时，纠纷主体 A 在 h_3 结点处根据自己的利益，可能选择同个体 B 和解，也可以拒绝个体 B 的要求，双方之间和解、调解不成功。此时当纠纷个体 B 在乡镇政府调解不成功的情况下，一方面可以选择放弃，另一方面也可能觉得申请仲裁成功的可能性比较小，而且花费的成本也较大，或者觉得仲裁的程序太麻烦，仲裁的结果没有强制性，所以越过仲裁的步骤，选择直接提起上诉。

第二，越过调解程序的博弈。在图 6 - 4 的博弈模型中，当纠纷主体 A 在 h_1 处选择选择侵权时，集体林地承包经营纠纷发生。个体 B 被侵权，个体 B 在 h_2 结点处可以选择容忍，也可以选择不容忍，不容忍时，个体 B 可能存在不愿意私下和解、调解，觉得和解、调解成功的概率太低，对村人民调解委员会及人民政府的调解不信任，可以越过和解、调解的程序，直接选择向仲裁机构申请

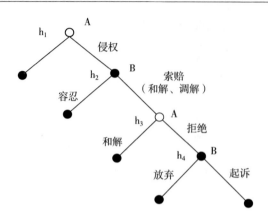

图 6 - 3　越过仲裁程序的博弈模型

注：A 为纠纷主体，B 为个体。

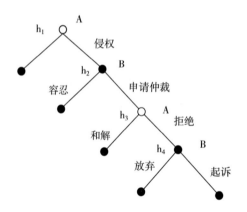

图 6 - 4　越过调解程序的博弈模型

注：A 为纠纷主体，B 为个体。

仲裁的情况。纠纷个体 A 在 h_3 结点处，可以选择和解，也可以选择拒绝仲裁的结果。此时，个体 B 在 h_4 结点处可以选择放弃，也可以选择向人民法院提起诉讼。

第三，直接提起诉讼的博弈。在图 6 - 5 的博弈模型中，当纠纷主体 A 在 h_1 处选择侵权时，集体林地承包经营纠纷发生。个体 B 被侵权，个体 B 在 h_2 结点处可能选择容忍，也可能选择直接向人民法院提起诉讼，直接越过调解与仲裁程序，一方面与纠纷主体的损失大小有关，另一方面可能与纠纷当事人的博弈能力和维权意识较高有关。

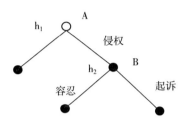

图 6-5　直接起诉的博弈模型

注：A 为纠纷主体，B 为个体。

6.2　集体林地承包经营纠纷中个体博弈的成本收益分析

为了研究集体林地承包经营纠纷解决机制中个体的行为决策，在此选取"完全过程"的博弈（见图 6-2）作为分析对象。

6.2.1　成本收益核算的原则

6.2.1.1　"经济学账户"与"心理账户"核算原则的引入

（1）概念界定。第一，经济学账户。行为经济学建立在传统经济学之上，并认同绝大多数的行为决策建立在传统经济学的经济运算法则上，即认为每一块钱是可以替代的，只要绝对量相同，"经济学账户"一词就是用以描述建立在这种经济运算法则上的决策行为及其理论。本章借鉴上述"经济学账户"概念，以此描述这种经济运算法则上的决策行为及其理论。

第二，心理账户。Thaler R H（1985）认为，小到个体、家庭，大到企业集团，都有或明确或潜在的心理账户系统。在作经济决策时，这种心理账户系统常常遵循一种与经济学的运算规律相矛盾的潜在心理运算规则，其心理记账方式与经济学和数学的运算方式都不相同。因此经常以非预期的方式影响着决策，使个体的决策违背最简单的理性经济法则。本章借鉴上述"心理账户"概念，以此描述这种建立在潜在心理运算规则上的决策行为及其理论。

（2）集体林地承包经营权冲突中个体行为的"有限理性"与"非理性"。第一，行为经济学中绝大多数的行为决策满足"经济学账户"下的经济运算法则，但也存在一些被视作"非理性"的行为，这些"非理性"行为，若是用"心理账户"理论予以解释，其仍符合行为经济学中的"有限理性"的假说。第二，"经济学账户"也可以解释经济学中诉讼与冲突纠纷解决机制中绝大多数的行为决策，即这些行为决策符合理性经济人的假说。但冲突与纠纷解决机制中也存在少量无法满足传统经济学经济运算法则的决策行为，这些行为通常也被视作"非理性"，但此"非理性"是从"经济学账户"视角下的认知，若是用"心理账户"理论予以解释，其仍符合行为经济学中的"有限理性"的假说（Eric L，2013）。

6.2.1.2　博弈决策中的成本与收益构成

（1）集体林地承包经营纠纷解决的成本构成。根据集体林地承包经营纠纷解决机制的三个阶段，在博弈决策分析时需要将三个阶段的成本分开考虑，由于前两个阶段的成本构成相同，故放在一起说明。借鉴已有文献（赵晓薇，2018）分析如下：第一，调解和仲裁阶段的成本构成。在调解和仲裁阶段纠纷当事人不需要支付第三方调解和仲裁的费用，所以在调解和仲裁阶段需要考虑的成本主要为时间成本、社会成本、直接成本以及精神成本。时间成本指当事人为参与调解与仲裁过程中花费的时间，也称为机会成本。社会成本指当事人为了解决争议，可能对其人际关系造成的不利影响，一般该成本可以折算为修复人际关系所必须支出的费用。直接成本指当事人为解决纠纷花费的交通费、住宿费、饮食费以及通信费等直接付出的费用。精神成本指纠纷当事人在解决纠纷的过程中对其精神造成的负担。第二，诉讼阶段的成本构成。诉讼阶段的成本也分为时间成本、直接成本、社会成本和精神成本。其中直接成本中包括：案件受理费，律师费，申请费，相关人员出庭发生的交通费、住宿费和误工补贴，鉴定费，差旅费、通信费等直接支付的费用。时间成本指当事人从申请诉讼开始到结束所需要花费的时间，包括准备资料、搜集证据的时间，申请诉讼的时间，诉讼双方出庭的时间等，诉讼双方花费的时间也是一种成本，也称为机会成本。精神成本主要为当事人诉讼过程中承受的心理负担与非议；社会成本与调解仲裁阶段相同。

（2）集体林地承包经营纠纷解决的收益构成分析。纠纷解决的收益主要为纠纷解决后，侵权方对另一方损失支付的赔偿以及纠纷解决后当事人心理上得到的精神收益。在诉讼阶段，纠纷个体的期望收益为原告在诉讼中提出的索赔金额以及诉讼标的物中的林地价值。精神收益由于没有统一的衡量标准，本章在成本收益分析过程中不将其作为收益项。

6.2.1.3　博弈决策中的各阶段函数设置

在此以完全过程的博弈决策为例，设置纠纷双方在博弈各阶段的决策函数。假说纠纷双方的决策函数为$f_M(x_N)$，其中，M 表示纠纷双方 A 或 B，N 表示第 N 次的决策，N = 1，2，…，6。纠纷双方 A、B 在各阶段的决策函数如图 6 − 6 所示。

6.2.2　经济学账户视角下个体决策的成本收益分析

6.2.2.1　经济学账户下博弈模型构建的前提

假设模型构建遵从以下三个前提假说：第一，行为主体是理性的，行为主体以实现自身利益最大化为目标。第二，博弈过程是动态的，且信息是不完全的。第三，博弈主体分别是纠纷主体 A（A 可以是个人或组织）与个体 B。

6.2.2.2　变量设置

（1）与纠纷主体 A 相关的变量设置。纠纷主体 A 的侵权收益为R_V，侵权成本为C_{A1}；接受村委会或者乡镇政府调解的成本为C_{A2}（包括直接成本I_{A1}、时间

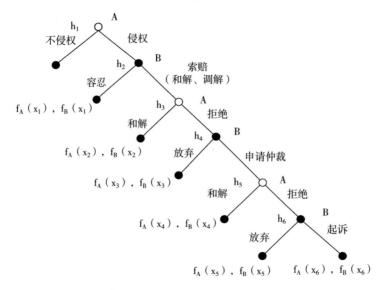

纠纷主体A　个体B　f（x）支付函数

图6-6　博弈双方在各阶段的函数

注：A 为纠纷主体，B 为个体，f（x）为支付函数。

成本T_{A1}、精神成本M_{A1}和社会成本S_{A1}）；接受仲裁的成本为C_{A3}（包括直接成本I_{A2}、时间成本T_{A2}、精神成本M_{A2}和社会成本S_{A2}）；诉讼成本C_{A4}（包括直接成本I_{A3}、时间成本T_{A3}、精神成本M_{A3}和社会成本S_{A3}）。

（2）与个体 B 相关的变量设置。个体 B 的损失为$-R_V$；个体 B 在申请调解过程中的成本为C_{B1}（包括直接成本I_{B1}、时间成本T_{B1}、精神成本M_{B1}和社会成本S_{B1}），个体在和解、调解阶段向侵权方提出的索赔为β_1；个体 B 接受仲裁的成本为C_{B2}（包括直接成本I_{B2}、时间成本T_{B2}、精神成本M_{B2}和社会成本S_{B2}），仲裁成功后得到的赔偿为β_2；诉讼成本为C_{B3}（包括直接成本I_{B3}、时间成本T_{B3}、精神成本M_{B3}和社会成本S_{B3}），诉讼成功概率为γ，诉讼索赔额为β_3。

6.2.2.3　经济学账户下博弈模型收益函数

根据图 6-6 的博弈描述，构建纠纷主体 A 与个体 B 的一组收益函数如下：

$$f_A(x_1) = R_V - C_{A1}$$
$$f_B(x_1) = -R_V$$

$$f_A(x_2) = f_A(x_1) - C_{A2} - \beta_1 f_B(x_2) = f_B(x_1) - C_{B1} + \beta_1$$

$$f_A(x_3) = f_A(x_1) - C_{A2} f_B(x_3) = f_B(x_1) - C_{B1}$$

$$f_A(x_4) = f_A(x_1) - C_{A2} - C_{A3} - \beta_2 f_B(x_4) = f_B(x_1) - C_{B1} - C_{B2} + \beta_2$$

$$f_A(x_5) = f_A(x_1) - C_{A2} - C_{A3} f_B(x_5) = f_B(x_1) - C_{B1} - C_{B2}$$

$$f_A(x_6) = f_A(x_5) - C_{A4} - \gamma\beta_3 f_B(x_6) = f_B(x_5) - C_{B3} + \gamma\beta_3$$

其中，$f_A(x_1)$ 与 $f_B(x_1)$ 表示个体 B 选择容忍时，纠纷主体 A 与个体 B 的收益函数，即 $f_A(x_1)$ 与 $f_B(x_1)$ 分别表示纠纷主体 A 与个体 B 做出不同决策时的收益函数。

6.2.2.4　博弈决策分析

（1）若 $\gamma\beta_3 = 0$，分为以下三种情况：第一，个体 B 在 h_4 和 h_6 结点处选择"放弃"。根据逆向归纳法的原理，该博弈可能有两个相同的子博弈精炼 Nash 均衡为（（侵权，拒绝），（容忍，索赔（要求调解），放弃））与（（侵权，拒绝），（容忍，申请仲裁，放弃））。即个体 B 因上诉预期收益过低而放弃索赔，即使对纠纷主体 A 的侵权存在不满意，也不会要求索赔，因为可能索赔的成本太大，而且得不到任何收益。个体 B 在这种情况下不愿意花时间找第三方调解、申请仲裁或者起诉。第二，如果个体 B 在结点 h_4 选择"申请仲裁"，$\beta_1 > C_{A3}$，纠纷主体 A 会在结点 h_3 选择"拒绝"，个体 B 提出的赔偿金超过了纠纷主体 A 参加仲裁的成本之和，且个体 B 申请仲裁也得不到任何好处，所以个体 B 选择放弃申请仲裁或进一步的上诉，博弈的结果是个体 B 选择"容忍"。第三，如果个体 B 在结点 h_6 选择"起诉"，$\beta_1 > C_{A4}$，纠纷主体 A 会在结点 h_5 选择"拒绝"，博弈的结果是个体 B 选择"容忍"。该种情况说明，个体 B 提出的赔偿金超过了纠纷主体 A 应对上诉的成本之和，最终个体 B 放弃上诉，选择默许。

（2）当 $\gamma\beta_3 > 0$，$\gamma\beta_3 \in (\beta_1 - C_{A4}, \beta_1)$ 时，一方面，个体 B 向纠纷主体 A 索赔有利可图，当 $\gamma\beta_3 < \beta_1$ 及 β_2 时，个体 B 起诉纠纷主体 A 的预期索赔金小于在村委会、乡镇政府和仲裁机构调解仲裁的索赔额时，个体 B 更愿意与纠纷主体 A 和解；另一方面，对纠纷主体 A 而言，只有当 $\gamma\beta_3 > \beta_1 - C_{A4}$ 时，即个体 B 起诉纠纷主体 A 的预期收益大于个体 B 在调解和仲裁阶段的索赔 β_1 时，纠纷主体 A 在这种情况下更愿意与个体 B 和解。在这个区域内，纠纷主体 A 和个体

B 都倾向于和解。

（3）当 $\gamma\beta_3 > 0$，$\gamma\beta_3 < \beta_1 - C_{A4}$ 时，纠纷主体 A 在结点 h_3 和 h_5 选择"拒绝"，此时存在两种情况。第一，若 $\gamma\beta_3 > C_{B1} + C_{B2} + C_{B3}$，个体 B 在结点 h_6 选择"起诉"，将纠纷主体 A 告上法庭。第二，若 $\gamma\beta_3 < C_{B1} + C_{B2} + C_{B3}$，个体 B 选择起诉肯定是得不偿失，个体 B 会选择容忍或者放弃，博弈的均衡为（（侵权，拒绝），（容忍，索赔（要求调解），放弃））与（（侵权，拒绝），（容忍，申请仲裁，放弃））。

（4）如果 $\gamma\beta_3 > \beta_1$，且 $\gamma\beta_3 - (C_{B1} + C_{B2} + C_{B3}) > 0$，个体 B 起诉纠纷主体 A 的预期收益大于在调解过程中的索赔金和反抗成本时，个体 B 会为了得到更多的补偿，选择上诉。这种情况下，即使纠纷主体 A 愿意和解也没有用。

6.2.3　心理账户视角下个体决策的成本收益分析

6.2.3.1　心理账户下博弈模型构建的前提假说

心理账户视角下的博弈分析满足以下三个假说前提：一是行为主体是有限理性的，行为主体将自己的损失与收益放在额外的心理账户中。二是博弈过程是动态的，且信息是不完全的。三是博弈主体分别是纠纷主体 A（农户 A 可以是个人或组织）与个体 B。

6.2.3.2　变量设置

（1）与纠纷主体 A 相关的变量设置。纠纷主体 A 的侵权收益为 R_V，纠纷主体 A 的侵权成本 C_{A1}；接受村委会或者乡镇政府调解的直接成本 I_{A1}、时间成本 T_{A1}、精神成本 M_{A1} 和社会成本 S_{A1}；接受仲裁的直接成本 I_{A2}、时间成本 T_{A2}、精神成本 M_{A2} 和社会成本 S_{A2}；纠纷主体 A 诉讼的直接成本 I_{A3}、时间成本 T_{A3}、精神成本 M_{A3} 和社会成本 S_{A3}。

（2）与个体 B 相关的变量设置。个体 B 的损失为 $-R_V$；在申请调解过程中发生了直接成本 I_{B1}、时间成本 T_{B1}、精神成本 M_{B1} 和社会成本 S_{B1}，个体在和解、调解阶段向侵权方提出的索赔 β_1；参加仲裁的直接成本 I_{B2}、时间成本 T_{B2}、精神成本 M_{B2} 和社会成本 S_{B2}，仲裁成功后个体 B 得到的赔偿 β_2；诉讼所花的直接成本 I_{B3}、时间成本 T_{B3}、精神成本 M_{B3} 和社会成本 S_{B3}，个体 B 诉讼成功的概率

γ，个体 B 诉讼索赔 β_3。

6.2.3.3　心理账户下博弈模型收益函数

根据图 6 - 6 的博弈描述，纠纷主体 A 的成本收益函数不变，个体 B 的成本收益函数因心理账户的存在，在进行成本与收益核算时只包含直接成本，不包括时间成本、精神成本与社会成本。与经济学账户下的收益函数相比，行为主体 B 将时间成本、精神成本和社会成本等非直接成本放在心理账户中，减少了纠纷解决的成本。结合图 6 - 6 的博弈描述，构建纠纷主体 A 与个体 B 的一组收益函数如下：

$$f_A(x_1) = R_V - C_{A1}$$

$$f_B(x_1) = - R_V$$

$$f_A(x_2) = f_A(x_1) - C_{A2} - \beta_1 \quad f_B(x_2) = f_B(x_1) - I_{B1} + \beta_1$$

$$f_A(x_3) = f_A(x_1) - C_{A2} \quad f_B(x_3) = f_B(x_1) - I_{B1}$$

$$f_A(x_4) = f_A(x_1) - C_{A2} - C_{A3} - \beta_2 \quad f_B(x_4) = f_B(x_1) - I_{B1} - I_{B2} + \beta_2$$

$$f_A(x_5) = f_A(x_1) - C_{A2} - C_{A3} \quad f_B(x_5) = f_B(x_1) - I_{B1} - I_{B2}$$

$$f_A(x_6) = f_A(x_5) - C_{A4} - \gamma\beta_3 \quad f_B(x_6) = f_B(x_5) - I_{B3} + \gamma\beta_3$$

其中，$f_A(x_1)$ 与 $f_B(x_1)$ 分别表示个体 B 选择容忍时，纠纷主体 A 与个体 B 的收益函数，即 $f_A(x_I)$ 与 $f_B(x_I)$ 分别表示纠纷主体 A 与个体 B 做出不同决策时的收益函数。

6.2.3.4　博弈决策分析

在心理账户下集体林地承包经营纠纷解决的博弈模型与经济学账户下相同，但是成本收益项存在差别。即心理账户下个体 B 因为心理账户的存在，导致纠纷解决的成本降低，所以导致很多个体在 $\gamma\beta_3$ 较小的情况下也会提起诉讼。

（1）若 $\gamma\beta_3 = 0$，分为三种情况：第一，个体 B 在结点 h_4 和 h_6 选择"放弃"。根据逆向归纳法原理，该博弈可能有两个相同子博弈精炼 Nash 均衡为（（侵权，拒绝），（容忍，索赔（要求调解），放弃））与（（侵权，拒绝），（容忍，申请仲裁，放弃））。即个体 B 在心理账户下上诉预期收益都很低而放弃索赔，即使对纠纷主体 A 的侵权存在不满意，也不会要求索赔，因为诉讼成功的概率为 0，所以得不到任何收益。即使在心理账户下个体 B 也不愿意找第三方调解、申请仲裁或者起诉。第二，如果个体 B 在结点 h_4 选择"申请仲裁"，$\beta_1 > C_{A3}$，纠纷主体 A 会在结点 h_3 选择"拒绝"，个体 B 提出的赔偿金超过了纠纷主体 A 参加仲裁的成本之和，且个体 B 申请仲裁得不到任何好处，所以个体 B 选择放弃申请仲裁或进一步的上诉，博弈的结果是个体 B 选择"容忍"。第三，如果个体 B 在结点 h_6 选择"起诉"，$\beta_1 > C_{A4}$，纠纷主体 A 会在结点 h_5 选择"拒绝"，博弈的结果是个体 B 选择"容忍"。该种情况说明，个体 B 提出的赔偿金超过了纠纷主体 A 应对上诉的成本之和，纠纷主体 A 拒绝和解，最终个体 B 可能会提起诉讼，但是最终得不到收益，所以最终个体 B 会选择放弃。

（2）当 $\gamma\beta_3 > 0$，$\gamma\beta_3 \in (\beta_1 - C_{A4}, \beta_1)$ 时，一方面，个体 B 向纠纷主体 A 索赔有利可图，当 $\gamma\beta_3 < \beta_1$ 及 β_2 时，个体 B 起诉纠纷主体 A 的预期索赔金小于在村委会、乡镇政府和仲裁机构调解仲裁的索赔额时，个体 B 更愿意与纠纷主体 A 和解；另一方面，对纠纷主体 A 而言，只有当 $\gamma\beta_3 > \beta_1 - C_{A4}$ 时，即个体 B 起诉纠纷主体 A 的预期收益大于个体 B 在调解和仲裁阶段的索赔 β_1 时，纠纷主体 A 在这种情况下更愿意与个体 B 和解。

（3）当 $\gamma\beta_3 > 0$，$\gamma\beta_3 < \beta_1 - C_{A4}$ 时，纠纷主体 A 在结点 h_3 和 h_5 选择"拒绝"，此时存在两种情况。第一，若 $\gamma\beta_3 > I_{B1} + I_{B2} + I_{B3}$，个体 B 在结点 h_6 选择"起诉"，将纠纷主体 A 告上法庭。第二，若 $\gamma\beta_3 < I_{B1} + I_{B2} + I_{B3}$，个体 B 选择起诉得不偿失，个体 B 会选择容忍或者放弃，博弈的均衡为（（侵权，拒绝），（容忍，索赔（要求调解），放弃））与（（侵权，拒绝），（容忍，申请仲裁，放弃））。

（4）如果 $\gamma\beta_3 > \beta_1$，且 $\gamma\beta_3 - (I_{B1} + I_{B2} + I_{B3}) > 0$，个体 B 起诉纠纷主体 A 的预期收益大于在调解过程中的索赔金额和反抗成本时，个体 B 会为了得到更多的补偿，选择上诉。这种情况下，即使农户 A 愿意和解也没有用。

心理账户下的成本收益分析，因为心理账户的存在降低了个体 B 的纠纷解决成本，但是对纠纷主体 A 的影响主要体现在如果个体 B 坚持提起诉讼，纠纷主体 A 的决策会受应诉时诉讼成本的影响，其他情况下纠纷主体 A 的行动决策主要受索赔额与自身参与纠纷解决的成本影响。因此，心理账户下的成本收益分析与经济学账户下的成本收益分析，关键在于纠纷解决成本对个体 B 行为决策的影响。

6.3　集体林地承包经营纠纷个体博弈决策的实证研究

由于集体林地承包经营纠纷解决机制中调解与仲裁阶段个体行为决策的数据与资料难以搜集，因此本节以诉讼阶段为例，利用"中国裁判文书网"上的裁判判决书等相关数据，对集体林地承包经营纠纷解决机制下个体行为决策进行实证研究。

6.3.1　数据来源与描述性统计

6.3.1.1　数据来源与处理

（1）数据来源。2016 年，最高人民法院出台《关于人民法院在互联网公布裁判文书的规定》后，各级法院根据规定在网上相继公布了裁判文书，给本节查找案例提供了有利条件。因此本节数据来源于"中国裁判文书网"上的裁判判决书，对"中国裁判文书网"上集体林地承包经营纠纷民事诉讼案件进行查找与筛选。根据本书的主要研究内容，关注集体林地承包经营纠纷民事诉讼案件。搜索中的关键词为：民事案件 + 林业承包合同纠纷，总共有相关案件 6731 份，时间分布为 2010～2019 年，包括一审案件、二审案件、再审案件以及再审审查等类型。

（2）数据处理。将"中国裁判文书网"上符合的林地承包经营纠纷民事诉讼案件全部下载，并在此基础上对案件进行筛选。因本节研究的是林地承包经营纠纷解决机制中个体行为决策分析，所以只选取原告是个体的诉讼案件，将其他案件剔除。筛选后原告为个体的林地承包经营纠纷民事诉讼案件，全国有 29 个省份存在林地承包经营纠纷民事诉讼案件，一共有 2319 件案件，其中包括少部分二审再审的案件。通过对这些诉讼案件进行信息分析与提取，融合二审、再审的案件，最后有效诉讼案件共有 1584 件，有效率为 68.3%。根据本节研究内容对诉讼案件进行筛查分析与信息提取，特别对以下信息进行了提取与整理：诉讼原因、诉讼结果、案例诉讼费用、诉讼时长、标的物价值、赔偿金额和诉讼类型等，数据整合之后，对于信息不完整的案件再次进行剔除，剩余1423件案件。

6.3.1.2 描述性统计

（1）诉讼案件总体情况。由于本章关注个体的行为决策，因此样本案件中的原告为个体，而纠纷的另一方当事人为：个体、村委会、林场、公司以及政府等。其中个体与个体的案件占40%，个体与村委会及林场的案件约占50%。每个省份的分布存在地域差异，有些省份个体与个体之间的纠纷较多，有些省份主要为个体与村委会、林场之间的纠纷。对1423件有效案件关键信息提取后，发现有关集体林地承包经营纠纷的民事诉讼案件主要分为三类：合同问题引发的纠纷；林地、林木价值损害纠纷；林地补偿款纠纷。其中，合同问题引发的纠纷与林地、林木价值损害纠纷占大多数，林地补偿款纠纷在所有案件中约占比1.6%。在1423件有效案件中，明确标注争议林地面积的案件有1023件，标注索赔额的案件有1003件。这些案件中，存在只标注了林地面积、只标注索赔额、同时标注林地面积与索赔额三种情况。

（2）诉讼案件的时间分布。通过对已下载案件的筛选以及对信息的提取整理，最后筛选的集体林地承包经营纠纷有效案件（即有效样本）共1423件，案件的时间分布为2010～2019年，对每年案件的审判程序进行统计，根据"中国裁判文书网"的分类方法，将审判程序分为：一审、二审、再审、再审审查与审判监督、其他，其中："一审"是指法院对案件的最初一级审判；"二审"是指一审审判的上诉人或者人民检察院对一审判决结果不服，在规定期限内提起上诉或者抗诉；"再审"是指为了纠正已经发生法律效力的错误判决、裁定，根据相关程序对案件进行重新审理；"再审审查与审判监督"是指人民检察院发现人民法院做出的已经发生法律效力的判决、裁定存在错误时，根据职权对其提起再行审理的特殊诉讼程序，有时将"再审"与"再审审查与审判监督"分为一类；"其他"是指审判程序没有归类于以上审判程序的类型。

根据上述分类，诉讼案件分布呈现如下特征：第一，案件数量整体呈上升趋势，可细分为两个阶段：第一阶段，2010～2013 年的案件数量总体很少，仅占总数量的 5%，分别为 4 件、3 件、12 件、51 件；第二阶段，从 2014 年开始，案件数量逐渐增多，2014 年案件数量占整体数量的 18.5%，2015 年占总数量的 19.6%，2016 年占总数量的 30.8%，2017 年占总数量的 26.1%，2016 年集体林地承包经营纠纷最多，达 438 件。第二，一审案件的上升趋势最快且占比很高，无论是在案件总数中的占比，还是每年在各类案件总数的占比，都在 60% 以上。从审判类型分类来看，2014～2019 年一审案件的占比呈现下降趋势。第三，二审虽然有些波动但也呈现上升趋势，2010～2019 年二审案件一共 387 件，占总数量的 27%，在每一年中二审案件在当年的占比为 15%～29%，从横向来看二审案件在每年的占比呈现上升趋势。

　　（3）诉讼案件的地理分布。通过对已下载案例的筛选，在最终 1423 件案件中，涉及除港澳台地区、上海、海南之外的所有省份。案件的地理分布呈现如下特征：第一，集体林地承包经营纠纷案件主要集中在三大林区，即东北林区、西南林区、东南林区，其中东北林区集中在辽宁省、吉林省和黑龙江省，占集体林地承包经营纠纷案件总数的 25.6%；西南林区主要集中在云南省、广西壮族自治区、四川省等，占集体林地承包经营纠纷案件总数的 16%；东南林区主要集中在浙江省、福建省、海南省、湖南省等，占集体林地承包经营纠纷案件总数的 29%。第二，在 29 个省份中，吉林省、广西壮族自治区和辽宁省的集体林地承包经营案件的数量最多，占比分别为 11.8%、10% 和 8.6%，西藏自治区、天津市、甘肃省等地区的案件非常少，西藏自治区只有 1 件，天津市有 2 件，甘肃省有 6 件，占比极低。第三，集体林地承包经营纠纷案件的数量不仅与林地面积相关，也与林地类型有关。浙江省的林地面积比福建省的林地面积少，但是集体林地承包经营纠纷案件的数量却多于福建省，从案件分析中得出，浙江省的集体林地承包经营纠纷民事诉讼案件的争议林地，有 64% 以上的林地属于经济林，纠纷易发生且很难通过调解解决，导致通过诉讼途径解决的案件很多。

　　（4）诉讼案件的判决结果。根据诉讼案件判决书的判处结果，可以将诉讼结果分为三种情况：胜诉、驳回、部分胜诉。部分胜诉是指案件审判后，法院支持上诉人的部分诉讼请求，没有完全胜诉也没有完全败诉。通过对集体林地承包经营纠纷案件的信息提取与整理，在所有符合要求的案件当中，胜诉的案件为397件，驳回案件为660件，部分胜诉的案件为366件。由此得出，集体林地承包经营纠纷民事案件的胜诉率不是很高，仅占28%，败诉的概率比较高，占46%，另外还有26%属于部分胜诉的案件。根据判决书或裁定书的记载，将近80%的败诉和部分胜诉案件是因为上诉人所提供的证据不足，导致诉讼请求不能被满足。

诉讼案件判决结果呈现以下特征：第一，从省际层面来看，绝大多数地区的胜诉率低于部分胜诉和被驳回的概率，胜诉率高的是广西壮族自治区、海南省和重庆市，其中胜诉率最高的是广西壮族自治区，占其总案件数量的62%；第二，驳回率最高的是北京市，为91%，另有12个省份的驳回率超过50%，特别是宁夏回族自治区、浙江省、贵州省等，驳回率超过60%；第三，部分胜诉率最高的是甘肃省，为66.7%，其次为新疆维吾尔自治区和内蒙古自治区。

（5）案件诉讼费。案件的诉讼费用主要包括案件申请费和案件受理费。根据《民事诉讼法》第一百一十八条规定：当事人进行民事诉讼，应当按照规定交纳案件受理费。财产案件除需要交纳案件受理费之外，需要按规定交纳其他诉讼费用。案件受理费可分为：非财产案件受理费，如离婚、侵犯公民肖像权、名誉权等因人身关系或非财产关系提起的诉讼时，人民法院依法向当事人收取的费用。财产案件受理费，如债务、经济合同纠纷等因财产权益争议提起诉讼时，人民法院依法向当事人收取的费用。其他诉讼费用：人民法院除了向当事人收取案件受理费外，还应收取在审理案件及处理其他事项时实际支出的费用。主要包括：勘验费、鉴定费、公告费、翻译费，证人、鉴定人、翻译人员在人民法院决定开庭日期出庭的交通费、住宿费、生活费和误工补贴费等。

根据民事诉讼案件受理费收取办法规定，财产案件的受理费交纳额是根据诉讼请求的金额或者价额，采用分段累计办法进行交纳的（中华人民共和国国务院，2006）。本章通过对有效案件的整理，对一审案件的诉讼受理费进行了统计，并计算其平均值、中位数与众数，则可知一审案件的诉讼受理费呈现以下特征：第一，诉讼受理费的平均值普遍较高，各个案件诉讼请求的金额或者价额差距较大。平均值最低的是天津市，为 929.5 元，最高的是案件很少的西藏自治区，平均诉讼受理费为 9231 元。除去最大值和最小值，各省份的平均诉讼受理费为 3613.3 元。第二，案件诉讼受理费的中位数值最小的是重庆市，为 80元，最大的是西藏自治区，为 9231 元，各省份诉讼受理费的中位数多集中在 1000 元以下。第三，各省份案件诉讼受理费的众数值，除了新疆维吾尔自治区之外，大多在 200 元以下，此外，有些区域不存在众数。从整体上进行比较发现，因为区域经济发展水平的不同以及案件的标的物价值不同，各区域的案件诉讼受理费存在差异，有些省份的差异不大，比如江西省、山东省、河南省、湖北省等，案件诉讼受理费都为 3000 多元，中位数值也在 1000 元以下。有些省份的差异较大，如黑龙江省和重庆市相比差异较大，案件诉讼受理费相差 6504.3 元。

（6）案件一审、二审分布情况。通过对所有样本案件的审判程序分类统计，将案件根据审判程序分为一审、二审、再审、再审审查与审判监督、其他，其中只有一审的案件有 925 件，占 65%，有二审的案件占 27.2%，再审的案件占 2%，再审审查与审判监督的案件占 5.3%，其他审判程序的案件仅占 0.4%。案件的一审、二审情况主要受纠纷主体的行为决策影响。根据法律规定，当事人对一审判决不服的，可以再次提起诉讼。对一审判处结果不服再次提起诉讼的案件相对来说比较多，包括二审、再审、再审审查与审判监督等，总共占到总案件数量的 35%。在一些具体的审判判决书当中发现，有的案件的标的物价值虽然很低，但是原告在一审诉讼请求驳回的情况下依然坚持提起诉讼，进行到二审甚至再审的情况。另外，其中少部分是原告胜诉之后，被告对判处结果不服，再次向法院提起诉讼。但是根据案件中的信息统计，一般二审的成功率只有约 1%。

（7）诉讼用时。诉讼用时为诉讼结束时的日期减去诉讼开始日期。一般判决书中记载的受理日期是诉讼案件的开始时间。没有明确标注受理日期的案件，用当事人司法鉴定的日期作为诉讼的开始日期。诉讼结束日期为判决书的生效日期。如果判决书的生效日期只有年份，没有日月，则默认为 1 月 1 日为生效的时间，一般实际的时间会晚于这天。通过对有效诉讼案件诉讼用时的统计发现：诉讼用时的范围一般为 48~900 天，其中绝大多数案件的诉讼用时约为 100 天。一般诉讼主体在诉讼的过程当中，需要花时间参加庭审，搜集证据以及司法鉴定等事宜，即使是诉讼用时最短的也至少需要花费约 10 天的时间。

（8）按标的物及其价值分类的案件分布。通过对有效案件的信息筛选与整理，发现在这些案件中，标的物的表示存在差异，对标的物进行整理，发现标的物主要分为：林地面积、有争议或受到侵权的林木的数量、林地征地补偿款、关于林地承包合同的合同确权与无效等。由于林木的数量和相关的合同确权等问题无法统一用经济价值来衡量，绝大多数案件在判决书中标注林地的面积与索赔额。在此主要对案件中的林地面积与原告提出的索赔额进行统计与分析。其中明确记载争议林地面积的案件有 1023 件，明确记载索赔金额的案件有 1003 件。

第一，按林地面积为标的物的案件分布特征。在 1023 份样本案件中，林地面积的范围为 0.09~8970 亩，平均值为 448.56 亩，中位数为 70 亩，众数为 10 亩，其具体特征如下：首先，集体林地承包经营纠纷民事诉讼案件中争议的林地面积大多在 100 亩以下，达 56.1%，其中 21~100 亩的数量最多，总共有 281 件案件，6~20 亩的有 173 件，2~5 亩的有 103 件，1 亩以下的有 17 件，占 1.6%，其中林地面积最小的为 0.09 亩。虽然标的物林地面积很小，但依然提起诉讼。其次，林地面积为 100 亩以上的案件总共 449 件，占 43.9%，其中林地面积为 101~500 亩的案件最多，林地面积为 1000 亩以上的有 115 件，占 11.2%，林地面积最大为 8970 亩。最后，林地面积比较多的案件多集中在林地面积较多的地区，比如吉林省、辽宁省、黑龙江省等，标的物面积较小的案件主要集中在浙江省、江苏省、北京市等林地面积较少的地区，且以经济林为主。

第二，按索赔金额为标的物的案件分布特征。索赔金额是指原告诉讼过程当中要求被告赔偿的金额，包括林地、林木的价值、侵害赔偿、精神损失等各项索赔的总和，一般会在案件的判决书中注明。由于各个地方的经济发展水平不同，林地、林木价值无法统一，所以对于没有明确注明赔偿金额的案件以及对合同有效无效有争议的案件，无法核算其具体的价值。通过对有效案件的信息提取，对集体林地承包经营纠纷案件中的索赔金额进行核算并进行分类，案件分布呈现出以下特征：首先，原告提出的索赔金额最低的只有 0.02 万元，但索赔金额最高达 30000 万元，索赔金额的范围在 0.02 万 ~ 30000 万元，索赔金额的差异较大。由于差异较大，索赔金额的平均值较高，为 70.61 万元，中位数为 8.58 万元，众数为 1 万元。其次，索赔金额中低于 1 万元的占总数的12.5%，低于 1000 元的占 2.2%。索赔金额在 1 万 ~ 5 万元和 10 万 ~ 50 万元的数量最多，其中主要集中在 10 万 ~ 50 万元，100 万元以上的有 70 件，占总体案件数量的 7%。最后，虽然大部分原告提出的索赔金额都很高，但是在实际案件中原告索赔金额能够完全得到赔偿的案件很少，大概占 10%，能够实际赔偿的金额是原告索赔金额的约 30%。

6.3.1.3　初步分析

通过对所有有效样本（即 1423 件集体林地承包经营纠纷诉讼案件）的统计和分析，结合相关调查数据，发现集体林地承包经营纠纷诉讼案例主要有以下几方面的特征：

（1）诉讼费用差异较大。根据《民事诉讼法》第一百一十八条规定：当事人进行民事诉讼，应当按照规定交纳案件受理费。通过对诉讼案件的案件受理费的统计与分析，发现全国和各省份的案件受理费平均值都较高，但中位数与众数却不是很高，主要原因是诉讼请求的金额或价额不同，导致案件受理费的差异较大。对案件受理费较高的案件，如果最终的判决结果失败，就要承担高额的案件受理费，即对于集体林地承包经营纠纷个体来说，为解决纠纷付出的代价很大。

（2）案件之间标的物的价值与案件实际赔偿。案件之间标的物的价值差异较大。有效案件中标的物的价值，无论是用林地面积表示还是用索赔金额表示，案件之间标的物最大值和最小值之间差异很大。原告索赔金额与实际赔偿金额差异大。在这些案件中，原告在诉讼中提出的索赔金额即使在胜诉的情况下，能够得到完全赔偿的比率也非常少。

（3）诉讼成功率不高。根据诉讼案件诉讼结果的分布，集体林地承包经营纠纷民事诉讼的成功率不高，只有28%，有些一审诉讼请求被驳回的原告，对判决结果不服，再次提起二审，成功的概率更低，只有约1%。纠纷主体在诉讼解决机制中花费了大量的金钱与时间，最终纠纷解决的成功率却不高。虽然在进行诉讼案件筛选的过程中，也存在一些中途撤销诉讼请求的情况，但大部分纠纷个体一旦决定了向法院提起诉讼，投入了前期的资金与时间，很难在中途放弃，即使一审失败，也会再次提起诉讼。

（4）诉讼用时较长。通过对诉讼案件的时间统计发现，通过诉讼途径解决集体林地承包经营纠纷需要花费的时间较长。一般最短的时间从案件立案到结束也需要40多天，从诉讼案件的申请到立案，诉讼过程中双方的证据搜集、财产鉴定、庭审以及最后的判决，集体林地承包经营纠纷诉讼解决的过程非常繁杂与冗长，纠纷主体不仅要付出直接的经济成本，自身的精神、心理也要承受很大的负担。

6.3.2　模型结果与分析

6.3.2.1　个体的诉讼成本与收益计算

（1）诉讼成本分析。先对成本项分析，纠纷解决机制中调解与仲裁阶段的成本，主要为直接成本、时间成本、社会成本以及精神成本。由于每个区域的车旅费有差异，每个案件的复杂程度也不同，调解与仲裁阶段成本无法统一估算，因此对于诉讼前的纠纷解决成本不作讨论，仅对诉讼阶段的成本进行估算，具体如下：

直接成本。直接成本主要包括案件受理费、案件的司法鉴定费与评估费、律师费、差旅费和其他费用。具体如下：第一，案件受理费。案件受理费用与诉讼请求的标的金额有关，在具体案件成本核算时以实际发生的受理费为准。若案件无法获取受理费信息，则按《诉讼费用交纳办法》并以索赔金额或价值化的争议林地面积作为请求金额计算一审的受理费，而二审则是按"不服一审判决部分的上诉请求数额"计算受理费。在此以 C_{A1} 表示一审受理费，以 C_{A2} 表示二审受理费。第二，案件的司法鉴定费与评估费。土地纠纷诉讼中需要进行司法鉴定或评估的案件所占比例很小，因此在一审的成本项中不考虑此类费用。

第三，律师费。现实中低标的物价值（如索赔额低于 1 万元或林地争议面积少于 10 亩）的个体诉讼基本不聘请律师，但当标的物价值更高的时候，绝大多数案件还是会以正式或非正式方式咨询律师并发生费用。因为案件信息中无法获知律师费，因此本书以国家发展改革委、司法部颁布的《律师服务收费管理办法》（发改价格〔2006〕611 号）为依据[1]，计算标的物价值大于 1 万元或林地争议面积大于 10 亩的律师费。以 C_{L1} 表示一审的律师费，C_{L2} 表示二审的律师费，并假设一审、二审律师没有更换，即二审的律师收费为一审的一半。第四，差旅费。一般一审案件在县级法院受理，案件的纠纷主体一般住在郊区或农村，若纠纷双方出庭当天来回则差旅费约 150 元，若提前一天在开庭所在地住宿，则其差旅费约 350 元，取这两种情况的平均值 250 元。假设一审、二审的费用一样。第五，其他费用。指与出庭有关的其他费用，主要指通信费及其他一些额外的费用，结合在江苏省的调研经验，一般不超过 200 元。假设一审、二审的费用一样。

间接成本。间接成本包括诉讼阶段花费的时间成本、精神成本和社会成本。由于精神成本与社会成本无法测算，所以对于间接成本这里只考虑时间成本。一审的时间包括申请的时间、搜集资料与证据的时间、出庭的时间，一般在一审中一个民事诉讼案件除去等待的时间最少需要 7 天，二审案件的时间至少需要 5 天。根据国家统计局 2014～2017 年全国农村外出务工劳动力收入统计，计算我国农村劳动力工资水平为 106 元/日[2]。因此大概估算一审的最低时间成本为 742 元，即 $C_{11}=742$，估算二审的时间成本最低为 530 元，即 $C_{12}=530$。

（2）诉讼收益计算。根据案件所包含的信息，本书的诉讼收益或者用索赔金额计算，或以争议林地面积的价值计。具体的收益分析如下：第一，以索赔金额计算的收益。直接按原告提出的索赔金额作为收益的依据。一般会在案件的判决书中注明，在有效样本中，原告提出的索赔金额范围为 0.02 万～700

　　① 资料来源：中华人民共和国国家发展改革委，中华人民共和国司法部. 国家发展改革委、司法部关于印发《律师服务收费管理办法》的通知（发改价格〔2006〕611 号）［EB/OL］.（2006 - 04 - 19）［2018 - 11 - 09］. http：//jgs. ndrc. gov. cn/zcfg/200604/t20060419_66801. html.
　　② 资料来源：中国产业信息网. 2014 - 2017 年全国农村外出务工劳动力人数、收入统计及增速分析［EB/OL］.（2017 - 11 - 17）［2018 - 11 - 09］. http：//www. chyxx. com/industry/201711/582752. html.

万元。第二，以争议林地面积计算的收益。以争议林地面积作为收益的依据，即按林地面积乘以单位林地价值计算其收益。单位林地价值的计算办法如下：利用同时标注争议林地面积和索赔额的样本，计算单位林地价值，结果为1161元/亩。

（3）不同账户下的诉讼成本与收益。第一，不同账户视角下的成本构成。根据6.2的分析，经济学账户下纠纷诉讼成本包括所有成本之和，即包括直接成本和时间成本。而心理账户视角下少数个体决策在纠纷诉讼中会把直接成本和时间成本归入不同心理账户，并在进行成本收益核算时，只考虑直接成本，即心理账户视角下成本仅包括直接成本。结合前文的分析，不同账户视角下的成本构成如表6-2所示。对终止于一审的案件而言，其纠纷诉讼总成本等于一审成本，而终止于二审的案件，则总成本为一审成本和二审成本之和。第二，不同账户视角下的收益。不同账户视角下的收益没有区别，都以索赔额或争议林地面积价值计。

表6-2　不同账户视角下的成本

标的物价值*	经济学账户				心理账户			
	直接成本		时间成本		直接成本		时间成本	
	一审	二审	一审	二审	一审	二审	一审	二审
低	$C_{A1}+450$	$C_{A2}+450$	742	530	$C_{A1}+450$	$C_{A2}+450$	—	—
高	$C_{A1}+C_{L1}+450$	$C_{A2}+C_{L2}+450$	742	530	$C_{A1}+C_{L1}+450$	$C_{A2}+C_{L2}+450$	—	—

注：*表示低标的值指索赔额低于1万元或林地争议面积少于10亩，反之为高标的值。低标的值案件不计律师费。一审二审各阶段律师费C_{L1}、C_{L2}和受理费C_{A1}、C_{A2}计算方法详见文中的分析。

6.3.2.2　不同账户视角下的收益基线

基线即为分界线，"收益基线"在此指当纠纷诉讼案件净收益为零时其所对应的诉讼收益额，可用争议林地面积或索赔金额表示。当某一案件的收益超过基线，则表明其净收益大于零，反之，则表明其净收益小于零。

确定不同账户视角下的收益基线。以终止于一审的案件为例，根据前述成本收益核算方法计算各案件的净收益，计算结果显示：经济学账户视角下，当诉讼案件的争议林地面积为 1.46 亩或索赔金额为 0.17 万元时，诉讼案件的净收益为零，当林地面积或索赔金额超过此临界点，则净收益大于零，反之净收益小于零。因此，林地面积 1.46 亩或索赔金额为 0.17 万元就为经济学账户视角下终止于一审案件的收益基线。

同理，确认经济学账户视角下终止于二审案件的收益基线，以及心理账户视角下终止于一审、终止于二审案件的收益基线。所有的收益基线如表 6 - 3 所示。

表 6 - 3　不同账户视角下的收益基线

标的物	经济学账户基线		心理账户基线	
	终止于一审	终止于二审	终止于一审	终止于二审
林地面积（亩）	1.46	2.33	0.95	1.38
索赔金额（万元）	0.17	0.27	0.11	0.16

6.3.2.3　诉讼案件分布

（1）以争议林地面积计算收益的案件（终止于一审）分布。图 6 - 7 是终止于一审的集体林地承包经营个体诉讼纠纷案件的分布图。对图 6 - 7 的说明如下：纵坐标代表案件争议的林地面积（取对数），横坐标表示每例案件的序号，图中的每个小圆圈代表一例案件。实线 = 0.38（对应争议林地面积 1.46 亩），为终止于一审案件的经济学账户基线；虚线 = - 0.05（对应争议林地面积 0.95 亩），则为心理账户基线。根据图 6 - 7 可知：第一，绝大多数个体以经济学账户下的成本收益原则作为诉讼决策依据，满足经济学账户下的成本收益要求。绝大多数案件分布于经济学账户基线之上，即诉讼收益高于直接成本和时间成本总和，这种决策行为通常被认为是理性的。第二，少数个体以心理账户下的成本收益原则作为诉讼决策依据，满足心理账户下的成本收益要求。少数案件分布在经济学账户基线之下，但在心理账户基线之上，即这些案件的诉讼收益高于直接成本。从心理账户视角看，其诉讼行为仍是合理的。第三，个别案件分布于心理账户基线之下。从表面上看，这些案件的个体诉讼收益低于心理账户视角下的收益基线，是"完全不理性"的，但实际上可能是因为成本收益核

· 179 ·

算误差所致，这些误差在最后部分进行讨论。

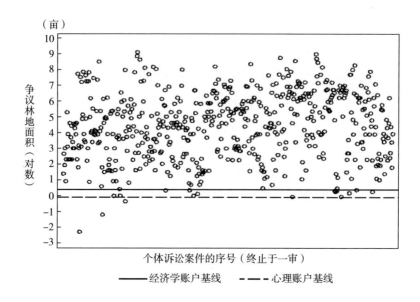

图6-7　以争议林地面积计算收益的个体诉讼案件分布（终止于一审的案件）

（2）以林地面积为收益的案件（终止于二审）分布。图6-8是终止于二审的集体林地承包经营个体诉讼纠纷案件的分布图。对图6-8的说明如下：纵坐标代表案件争议的林地面积（取对数），横坐标表示每例案件的序号，图中的每个小圆圈代表一例案件。实线=0.85（对应争议林地面积2.33亩），为终止于二审案件的经济学账户基线；虚线=0.32（对应争议林地面积1.38亩），为心理账户基线。根据图6-8可知：第一，终止于二审案件中的绝大多数个体诉讼行为与终止于一审案件中的绝大多数个体诉讼行为相同，满足经济学账户下的成本收益原则。大多数分布于基线二之上的案件，其诉讼收益高于诉讼成本，此时诉讼个体提起诉讼的行为被认为是理性的。第二，少数个体诉讼行为满足心理账户下的成本收益原则。少部分案件分布在经济学账户基线和心理账户基线之间，即在心理账户下诉讼收益高于直接成本，从心理账户视角看，其诉讼行为仍是合理的。第三，仍有少数个体行为分布于心理账户基线之下。同理，从表面上看，这些案件的个体诉讼收益低于心理账户视角下理性经济人的收益基线，是"完全不理性"的。但实际上可能是因为基线测算误差导致。

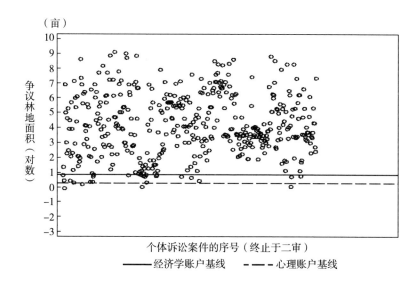

图 6 - 8 以争议林地面积计算收益的个体诉讼案件分布（终止于二审的案件）

（3）以索赔金额计算收益的案件（终止于一审）分布。以索赔金额计算收益的个体诉讼案件（终止于一审）分布如图6-9所示：纵坐标代表案件争议的以万元为单位的索赔金额（取对数），横坐标表示每例案件的序号，图中的每个小圆圈代表一例案件。实线 = -1.76（对应索赔金额0.17万元），为终止于一审案件的经济学账户基线；虚线 = -2.25（对应索赔金额0.11万元），则为心理账户基线。根据图6-9可知：第一，绝大多数的个体诉讼行为满足经济学账户下的成本收益原则。绝大多数案件分布于经济学账户基线之上，即诉讼收益高于诉讼成本，此时诉讼个体的决策行为通常被认为是理性的。第二，少数个体诉讼行为满足心理账户下的成本收益原则。从心理账户视角看，分布在经济学账户基线和心理账户基线之间的案件，在心理账户下的诉讼收益高于诉讼成本，此时其诉讼行为是合理的。第三，与以林地面积为收益的个体诉讼案件相同，仍有少数个体行为分布于心理账户基线之下。从表面上看，这些案件的个体诉讼收益低于心理账户视角下理性经济人的收益基线，是"完全不理性"

的。但实际上可能是因为基线测算误差导致。

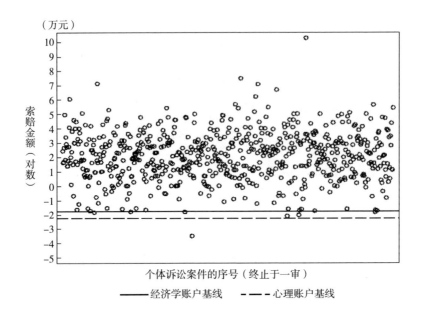

图6-9　以索赔金额计算收益的个体诉讼案件分布（终止于一审的案件）

（4）以索赔金额计算收益的案件（终止于二审）分布。以索赔金额计算收益的个体诉讼案件（终止于二审）分布如图6-10所示：纵坐标代表案件争议的以万元为单位的索赔金额（取对数），横坐标表示每例案件的序号，图中的每个小圆圈代表一例案件。实线＝-1.31（对应索赔金额0.27万元），为终止于二审案件的经济学账户基线；虚线＝-1.86（对应索赔金额0.16万元），为心理账户基线。根据图6-10可知：第一，终止于二审案件中的绝大多数个体诉讼行为与终止于一审案件中的绝大多数个体诉讼行为相同，满足经济学账户下的成本收益原则。绝大多数案件分布于经济学账户基线之上，即诉讼个体在诉讼成本低于诉讼收益时提起诉讼的行为是理性的。第二，少数个体诉讼行为满足心理账户下的成本收益原则。分布在经济学账户基线和心理账户基线之间的少部分案件，在心理账户视角下其诉讼收益高于诉讼成本，此时诉讼个体提起诉讼的行为是合理的。第三，分布在心理账户基线之下的少数个体诉讼案件，仍然考虑是因为基线测算误差导致。

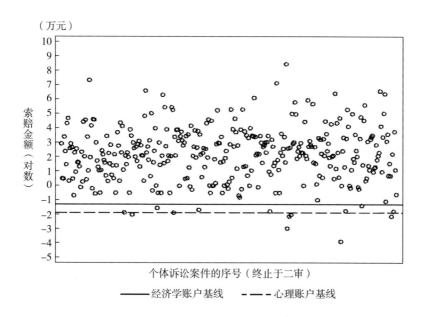

图 6-10　以索赔金额计算收益的个体诉讼案件分布（终止于二审的案件）

6.3.3　考虑决策者胜诉概率预期的再分析

即使是最基本的个体诉讼决策模型都是基于对个体决策者的预期，即认为个体决策者的最终决策受到诉讼标的额度、成本及其对胜诉概率的预期三个因素的影响，其中最核心的是对胜诉概率的预期（Landes W J, 1971）。那么，考虑决策者对胜诉概率预期的前提下，个体诉讼案件的分布又有何变化呢？

由于个体决策者对胜诉概率的预期更多地取决于个人特质如悲观主义者或乐观主义者，因此，本章并不以标的物价值或诉讼额度的高低区分个体决策者。由于本章总样本中一审胜诉案件和部分胜诉案件之和占 52.78%，且 Priest G L 等（1984）认为，不管诉讼案件的整体情况如何，诉诸法院的案件原告大约有 50% 概率会赢，并考虑诉讼个体决策者对胜诉概率的预期通常存在过度乐观的可能性（赵晓薇，2018），故本章假设决策者预期的胜诉概率为 50%~90%。

按 6.3.2 的收益测算方法计算不同预期胜诉概率下各案件的预期收益，结果如表 6 - 4 所示：虽然不同诉讼标的物、不同案件类型、不同预期胜诉率下诉讼案件在不同基线之上的具体分布比例存在差别，但仍呈现以下规律：第一，绝大多数案件的预期收益大于经济学账户基线，少部分案件的预期收益低于经济学账户基线但高于心理账户基线，只有极少数案件的预期收益低于心理账户基线。这表明，绝大多数诉讼案件决策者以经济学账户下的成本收益原则作为决策依据，其行为符合传统"理性经济人"假设。第二，少数人则以心理账户下的成本收益原则作为决策依据，其行为符合心理账户视角下"有限理性"假说。第三，极少数预期收益小于心理账户基线之下的案件，可能是由于成本收益核算或胜诉概率预期偏差所致，这些误差仍在 6.4 讨论。

表 6 - 4　不同预期胜诉概率下的诉讼案件分布

诉讼标的物或额度	林地面积				索赔金额			
案件类型	终止于一审		终止于二审		终止于一审		终止于二审	
预期胜诉概率（%）	90.00	50.00	90.00	50.00	90.00	50.00	90.00	50.00
预期收益大于经济学账户基线案件占比（%）	96.55	89.64	93.47	88.29	91.45	89.71	96.34	91.30
预期收益介于账户基线间案件占比（%）	2.07	6.91	5.18	7.43	5.67	6.54	2.59	4.89
预期收益低于心理账户基线案件占比（%）	1.38	3.45	1.35	4.28	2.88	3.75	1.07	3.81

6.4　本章结论与讨论

6.4.1　研究结论

本章研究结论如下：

（1）不同账户视角下个体博弈决策的成本项存在差别，但收益项相同。一是不同账户视角下纠纷解决机制各阶段的成本项存在差异。在经济学账户视角下纠纷个体在各个纠纷解决阶段考虑直接成本与时间成本、精神成本和社会成本；而在心理账户视角下，纠纷个体只考虑直接成本。二是不同账户视角下纠纷解决机制各阶段的收益没有区别。不同账户视角下纠纷解决机制各阶段的收益相同，都是纠纷个体在纠纷解决机制各个阶段向侵权方提出的索赔，其中调解、仲裁、诉讼阶段的索赔可能相同也可能不同。

（2）在林地流转冲突的博弈决策中，绝大多数个体决策者采用"经济学账户"进行成本收益核算，并据此选择冲突解决的途径。以诉讼阶段为例的研究表明，林地承包经营纠纷诉讼中约90%的个体决策者以经济学账户视角下的成本收益原则作为其是否选择采用"诉讼"方式解决冲突的依据。

（3）林地流转冲突的博弈决策中，也存在少数个体决策者按"心理账户"原则进行成本收益分析，并据此选择冲突解决的途径。以诉讼阶段为例的研究表明，少数（不超过10%）个体诉讼决策者以心理账户下的成本收益原则作为其决策依据。

6.4.2　讨论

在此主要围绕集体土地流转冲突治理体系完善而展开的讨论。根据研究结论可知，集体土地流转博弈冲突中倘若决策者以"经济学账户"而非"心理账户"进行成本收益核算，则可能因前者有更多成本项并导致更高成本，从而使博弈者更可能选择和解或调解而非仲裁或诉讼解决冲突。那么，这种通过改变个体决策者成本收益分析时所依据账户的选择以此改变其博弈行为的可能性是否存在？现有的纠纷调处机制在其中扮演什么样的角色？

（1）理论上存在这种可能。从经济学角度来看，满足经济学账户视角下成本收益要求的决策行为是经济理性且难以改变的，但对于满足心理账户成本收益要求的案件，基于"要说服人们增加对某项花费的预算是很困难的，但要改变人们对于某项花费所属账户的认识，却相对容易"[①]，即理论上存在这种可

［①］　参见郑毓煌. 理性的非理性 ［M］. 北京：中信出版集团，2016：235. 其完整说法是："要说服人们增加对某项花费的预算是很困难的，但要改变人们对于某项花费所属账户的认识，却相对容易。换句话说，如果人们不愿意从某一个账户里支出消费，只需要让他们把这笔花费划归到另一个账户里，就可以影响并改变他们的消费态度。"

能：说服纠纷诉讼个体决策者把直接成本和时间成本都放在同一心理账户里，如此，诉讼决策中的成本收益结果就无法满足"诉讼收益大于诉讼成本"的要求，则个体决策者可能改变其"提取诉讼"的决策为"和解"。

（2）实践中受到纠纷诉讼对象与现有纠纷调处机制的影响。"说服"是改变心理账户设置的关键，而谁来负责"说服"却有赖于现有纠纷调处机制的设计。此外，纠纷案件是否最终走向诉讼还与诉讼对象的微观特质有关（赵晓薇，2018）。那么，谁是农村土地承包纠纷个体诉讼案件的诉讼对象？以个体诉讼决策者最低预期胜诉概率50%为例，满足心理账户成本收益要求案件的诉讼对象为：村委会（含村民小组）占61.63%，个体占25.00%，余下的13.33%为经济组织如林场和经济合作社等。因此以下针对不同纠纷对象，结合现有纠纷调处机制展开讨论。

第一，个体决策者难以改变与村委纠纷诉讼中的决策。究其原因，我国现有"乡村调解、县市仲裁、司法保障"的农村土地承包经营纠纷化解机制中，村委会肩负纠纷化解的责任①。但当村委会与（村民）个体发生纠纷时，由于村委会在农村土地承包经营纠纷中占据主导地位②，作为调解者的村委会无法取得纠纷个体的信任，难以说服个体诉讼决策者改变其心理账户设置。若寻求上一层级调解机构如乡镇人民政府调解，由于调解中所需证据常常又依赖于村委会提供，个体纠纷决策者仍无法信任调解者，其往往寻求司法途径解决问题。

第二，个体决策者与经济组织诉讼决策中存在改变的空间。其原因是，纠

---

① 在农业部颁发的《农业部关于加强基层农村土地承包调解体系建设的意见》（农经发〔2016〕8号）中明确"村组应设立调解小组或指定专人调解，分区分片明确责任，实行村组土地承包经营纠纷调解负责制"；原国家林业局颁发的《国家林业局关于进一步加强集体林地承包经营纠纷调处工作的通知》（林改发〔2016〕38号）则提出"逐步建立健全乡村调解、县市仲裁、司法保障的集体林地承包经营纠纷解决机制。各经营主体之间发生承包经营合同纠纷的，应积极引导当事人自行和解。和解不成的，应当根据当事人的请求，由村民委员会、乡镇人民政府等进行调解"。

② 根据我国《土地管理法》第十条规定："农民集体所有的土地依法属于村农民集体所有的，由村集体经济组织或者村民委员会经营、管理"，可见法律赋予了村民委员会对本村集体所有土地享有"经营、管理的权利"，故村委会对本村集体土地所进行的经营、管理事务是一种"法定职务行为"。在这种经营、管理活动中对方当事人是本村农民，很显然村民委员会作为法律法规授权的组织，在这种经营承包关系的发生、变更和消亡过程中处于主导地位，而农民则处于从属地位，在土地侵权纠纷案件中他们的地位是不对等的。

纷中个体与经济组织的关系相对对等，此时村委会可充当客观公正的调解者。由于经济组织内部通常有专人负责处理此类事务或会咨询律师，其比提起诉讼的个体决策者更为"专业"与"经济理性"，且若经济组织选择应诉，则其有较大胜诉机会，这与案件的一审结果相吻合。此时，调解者村委会若让个体诉讼决策者认清与经济组织诉讼时如此之低胜诉率的现实，并适时改变其成本核算时的心理账户设置，则可能让其变得更为"理性"进而选择和解而非诉讼方式解决问题。

　　第三，个体决策者与其他个体间的诉讼决策也存在改变的空间。其原因是，当诉讼对象为个体时，其并不比个体起诉者表现得更为"专业"和"经济理性"，也存在采用"心理账户"进行决策的可能，其在案件一审结果中的胜诉率仅为60%，远低于经济组织和村委会的胜诉率便是证明①。若非谈判成本极高，如纠纷双方矛盾很深或难以合作，否则，充当客观公正调解者的村委会便可以"说服"双方或其中一方改变其成本核算时的心理账户设置，进而寻求不起诉的方式解决问题。

---

　　①　以个体诉讼决策者最低预期胜诉概率50%为例，满足心理账户成本收益要求的诉讼案件一审结果，若按胜诉率、部分胜诉率、败诉率排序，则个体与村委会的诉讼结果分别为10.81%、24.32%、71.62%，与其他个体间的诉讼结果为16.33%、23.00%、60.67%，与经济组织的诉讼结果为5.82%、5.82%、88.24%。即林地承包经营纠纷诉讼中，个体诉讼者与经济组织诉讼时的胜诉率最低，其次是村委会，胜诉率最高的是与其他个体间的诉讼。

第7章 结语

本书从第 2 章至第 6 章围绕集体林权制度深化改革中"谁来经营""经营面积多大""如何实现"等问题分别展开了深入研究并取得了相应的研究结论与建议。本章在此对上述研究成果进行归纳、总结与提炼，以期对上述三个问题做更系统且更针对性的回答。

7.1 结论与对策建议

7.1.1 研究结果

7.1.1.1 "谁来经营"问题

（1）在集体林产权"集体完全所有"时期，所有林业经营主体的生产行为都造成了森林资源的不可持续。原因在于：一方面，产权安排抑制了合作社、生产队或生产大队等经营主体的生产性努力，林业生产效率低下；另一方面，产权安排又激发了经营主体之间的分配性努力，过度采伐森林甚至是乱砍滥伐，大量林地被转换成非林地。

（2）在"二权分离"时期，虽然经营主体的生产行为都造成了森林资源的不可持续性，但原因各异。一方面，家庭经营主体，"三定"时期的产权安排激发了农户的"短视性"生产行为如以短周期、单一树种造林为主，另有部分农户因对产权稳定性缺乏信心导致生产性投入过少甚至不投入，资源过度被采伐的情况也时有发生。另一方面，集体性经营主体如乡村林场、合作造林和股份合作林场，"二权分离"的产权安排虽然可以激发集体经营者的生产性努力但其努力程度不高，且容易引发分配性努力。

（3）在"准三权分置"时期村集体经营主体对森林资源系统的负面影响最小。一是家庭经营主体，产权激发了农户在商品林营造中的"过度"投入行为，在一定程度上改变了森林资源单位的价值、生长期、更新率等，间或存在的过度采伐行为，特别是林地破碎化，破坏了森林资源系统的生态完整性。二是联户经营主体，产权安排不仅激发商品林的"过度"生产性努力，还可能导致分配性努力，但与农户家庭经营相比，其林地经营规模较大，有利于资源系统的生态完整性。三是外部经营主体，产权安排激发了经营者"短视"兼具"更过度"的生产性努力，以大规模速生丰产林为主要特征的资源生产方式损害了资源系统的长期生产力和系统均衡性。四是村集体经营主体，关注商品林生产时也兼顾生态公益林生产（管护），虽在商品林经营中也存在"过度"生产性行为并导致资源系统损害，但集体经营可缓解林地细碎化对资源系统完整性的破坏，其对森林资源系统存量的破坏最小。

（4）"三权分置"下异质性经营主体的经济生态效益差异极大。以福建沙县为案例的研究表明：一是传统专业化规模化经营主体如国有林场，因其要素投入基本上能满足林业经济与生态双重效益增长需求，因而其生产和生态效率都是最高的。二是新型经营主体如家庭林场或林业大户，其生产方式与国有林场基本无异，但因更高的资金成本，其生产效率次于国有林场。三是村集体经营主体如村级林场，面临技术、资本、劳动力、林地等要素投入的压力，总体上虽经济效率略低于国有林场和家庭林场，但林地经营面积的规模化保护了森林生态系统的完整性，因而比家庭林场有更好的生态效率。四是村民小组经营，因其通常在第一轮林地采伐后缺乏资金、劳动力等生产要素投入，无法维持后续的林业再生产，林地大多收益归村集体。五是家庭经营，因经营面积小且林地细碎化导致生产效率低下，但家庭经营中常因城镇化和非农就业导致林地撂荒现象，却也保护了林地生态系统的完整性。

7.1.1.2　"经营面积多大"问题

（1）林地适度规模取决于经营者收入目标与林木经营周期。以福建省杉木生产为例的研究表明：一是专业化经营中林地适度规模是关于经营者收入目标的函数，以经营者获得城镇居民同等收入为目标的研究表明，经营者所在地在岗职工平均工资越高，经营者在经济可持续目标下所需林地适度规模越大。二是林地适度规模也是关于经营周期（即采伐年限）的函数，轮伐期越长，其所需的林地规模也越大。相同立地条件下，虽然杉木生长周期越长，因单位林地上的木材出材量更大，且单位木材价值更高，用于满足年度经济收入需求的林地采伐面积相对减少，但从整个生产周期而言，仍需要更大的经营面积，因现有经营技术下延长生产周期所产生的产量增量及其价值增量，仍不足以替代林地生产要素的投入。

（2）林业经营规模存在"门槛"点和"门槛"效应。对于收入主要依赖于森林采伐的经营主体而言，为保证经济可持续性，所经营林地需要达到一定的规模以保证其每年都可以进行采伐从而维持林业再生产所需的稳定现金流入，这一林地经营规模即为"门槛"规模，数量上表现为林木经营周期（等于国家要求的最低采伐年限）内的年度采伐面积之和。而"门槛"效应指以轮伐期为中介变量对森林生态效应的影响，以沙县为例的实证研究显示，当林地经营面积超过"门槛"规模后森林生态效益随之上升，原因在于：越过"门槛"规模的森林经营，其林木生长周期（即轮伐期）可能得以延长，而由于大多数森林生态服务如森林群落稳定性、生物多样性、游憩、美化环境等的产出会随着林木生产周期的增加而呈现增长趋势，因此提高了森林的生态效益；反之，当林地经营规模减少时，原本较长的超过最低采伐年期的轮伐期也会随之缩短，直至达到国家要求的最低水平，森林生态效益也随之降低。

7.1.1.3　"如何实现"问题

（1）"四共一体"模式实现林业专业化规模化经营的内在逻辑。对福建沙县集体林权制度改革中首创的"四共一体"林地流转模式的剖析可知：一是生产经营中的"合作共管"机制，一方面使集体经济组织在行使林地资源使用监督管理职能时有抓手，从而使林地生产力得到有效维护；另一方面使林地转入方拥有经营主导权，保证采用更先进生产经营方式采用从而提高生产效率。二是通过"股权共有"机制实现资源到资产再到资本的转换，再利用"资本共享"机制实现稳定的林木林地资本年度收入，同时使林地转入方获得赖以维持稳定的年度现金流入的林地经营面积，实现规模化经营并达成经济可持续性。三是通过"收益共盈"机制激励兼顾生态效益的生产技术投入并提高了生产效率。

（2）农户林地流转的内在逻辑遵循"价值观—态度—意图—行为"这一决策机制。以林地价值观为出发点引领流转行为态度，进而形成流转意图，并最终导致流转行为发生。具体如下：一是农户对于林地意义和作用的综合认知和判断，即林地价值观，会影响其对流转行为的态度；农户对于流转林地的行为态度既包含经济因素，也包括自身对职业和生活方式的选择等非经济因素，林地流转行为态度经由流转意图导致了林地流转行为的发生。二是农户的林地流转决策还受林地流转行为主观规范影响，即受亲戚、朋友、相邻林地地块的承包者（农户）以及村集体等重要关系人的影响；也受到林地流转行为控制认知影响，即受自身对林地经营能力、市场机会、交易成本、林地流转政策环境的认知等的影响。

（3）"理性经济人"假设下不同成本收益核算账户的选择影响了林地流转冲突中的个体博弈决策。因"经济学账户"和"心理账户"核算中成本项目构成的差异，即后者并未包括间接成本而仅考虑直接成本，导致以"心理账户"为依据选择博弈决策的个体决策者更容易陷入林地流转冲突中。以集体林地承包经营纠纷诉讼为例的研究证实：当纠纷个体以"心理账户"进行成本收益核算并决定是否选择诉讼时，其诉讼基线为索赔金额 0.16 万元或争议林地面积 0.95 亩（此处指终止于一审的诉讼），远低于以"经济学账户"进行决策的诉讼基线，即索赔金额 0.27 万元和争议林地面积 2.46 亩。

7.1.2 结论

针对集体林权制度深化改革中"谁来经营""经营面积多大""如何实现"

三个关键问题的研究结论如下：

（1）"三权分置"下只有专业化规模化经营主体才能实现经济生态双重绩效增长，而林业发展正是依赖这类经营主体。要实现林业经济与生态双重效益增长，关键在于寻求林木轮伐期延长前提下的经济效率提升，而采用更先进的经营技术、更低成本的资金（如通过林权抵押贷款获得较低的贴息贷款等）可以达成这一目标。同时，由于林地经营需要达到一定的规模才能够保证经营主体每年有足够的木材采伐量以获得稳定的、用于维持生计及林业再生产所需要的现金流入，因此当林木的轮伐期延长时，林地经营面积也需要相应地增加。专业化规模化经营主体，无论是传统型的如国有林场，还是新型的如家庭林场，在生产要素投入基本上能满足林业经济与生态双重效益增长需求。

（2）适度经营规模至少要达到"门槛"规模水平。由于用材林生产具有长周期性，其经营过程中的资本与劳动力投入较大，均不能在当年收回，属于长期投入。此外，林业生产不同于农业生产，林业经营初期，用材林没有收益，只有等林木达到采伐年限时，经营主体才可以通过木材采伐获取经营收益。用材林所具有的多年投入一次产出的特点，加大了林业经营的风险，使得林业经营的利润很不稳定。因此，对于收入主要依赖森林采伐的经营主体而言，林地经营就需要达到一定的规模来保证其每年都有维持林业再生产所需的稳定现金流入，而达到这一"门槛"规模的林业经营才能实现经济可持续和生态可持续的目标。诚然，林地适度规模取决于经营者收入目标与林木经营周期，当经营者收入目标越高、林木经营周期越长时，适度规模所要求的林地面积也越大了。

（3）基于"四共一体"模式的林地双层流转可促进规模化专业化经营。林地初次流转中经营权与承包权分离并流转集中到村集体经济组织可落实所有权主体对林地使用的监督与管理职能，且能降低交易成本；经营权再流转可促进专业化规模化经营以提高生产效率。"四共一体"模式中农户或村民小组的林地首先集中流转到村集体经济组织，接着采取"股权共有、经营共管、资本共享、收益共盈"等举措把林地流转到专业化规模化的经营主体如国有林场，从而实现了林地的双层流转。对"四共一体"模式的探索与实践，为林地双层流转机制的实现提供了可推广、可操作的经验。

7.1.3　讨论

讨论涉及两个问题：一个是针对集体林地流转冲突解决的对策建议展开的讨论；另一个是对森林可持续性测度方法的讨论。

7.1.3.1　对集体林地流转冲突解决对策的讨论

在集体林地流转冲突解决中，是否可能通过改变个体决策者成本收益分析时的"经济学账户"选择而非"心理账户"，从而使纠纷个体更可能选择和解或调解而非仲裁或诉讼解决冲突，对此讨论如下：

（1）理论上存在这种可能。从经济学角度来看，满足经济学账户视角下成本收益要求的决策行为是经济理性且难以改变的，但对于满足心理账户成本收益要求的案件，基于"要说服人们增加对某项花费的预算是很困难的，但要改变人们对于某项花费所属账户的认识，却相对容易"，即理论上存在这种可能，说服纠纷诉讼个体决策者把直接成本和时间成本都放在同一心理账户里，如此，诉讼决策中的成本收益结果就无法满足"诉讼收益大于诉讼成本"的要求，则个体决策者可能改变其"提取诉讼"的决策为"和解"。

（2）实践中受到纠纷诉讼对象与现有纠纷调处机制的影响。"说服"是改变心理账户设置的关键，而谁来负责"说服"却有赖于现有纠纷调处机制的设计。此外，纠纷案件是否最终走向诉讼还与诉讼对象的微观特质有关。针对不同纠纷对象，结合现有纠纷调处机制展开讨论的结果是：

一是个体决策者难以改变与村委会纠纷诉讼中的决策。究其原因，我国现有"乡村调解、县市仲裁、司法保障"的农村土地承包经营纠纷化解机制中，村委会肩负纠纷化解的责任。但当村委会与（村民）个体发生纠纷时，由于村委会在农村土地承包经营纠纷中占据主导地位，作为调解者的村委会无法取得纠纷个体的信任，难以说服个体诉讼决策者改变其心理账户设置。若寻求上一层级调解机构如乡镇人民政府调解，由于调解中所需证据常常又依赖于村委会提供，个体纠纷决策者仍无法信任调解者，其往往寻求司法途径解决问题。

二是个体决策者与经济组织诉讼决策中存在改变的空间。其原因是，纠纷中个体与经济组织的关系相对对等，此时村委会可充当客观公正的调解者。由于经济组织内部通常有专人负责处理此类事务或会咨询律师，其比提起诉讼的个体决策者更为"专业"与"经济理性"，且若经济组织选择应诉，则其有较大胜诉机会，这与案件的一审结果相吻合。此时，调解者村委会若让个体诉讼决策者认清与经济组织诉讼时如此之低胜诉率的现实，并适时改变其成本核算时的心理账户设置，则可能让其变得更为"理性"进而选择和解而非诉讼的方式解决问题。

三是个体决策者与其他个体间的诉讼决策也存在改变的空间。其原因是，当诉讼对象为个体时，其并不比个体起诉者表现得更为"专业"和"经济理性"，也存在采用"心理账户"进行决策的可能，其在案件一审结果中的胜诉率仅为60%，远低于经济组织和村委会的胜诉率便是证明。若非谈判成本极高，如纠纷双方矛盾很深或难以合作，否则，充当客观公正调解者的村委会便可以"说服"双方或其中一方改变其成本核算时的心理账户设置，进而寻求不起诉的方式解决问题。

7.1.3.2　对不同尺度下森林资源可持续性评估结果的讨论

森林资源可持续性一方面具有不同尺度，可以满足不同尺度如较大尺度（国家）、局部（如省市）甚至微观（森林使用者）的需求，另一方面其却是微观尺度如森林使用者（特别是经营者）行为作用的结果，在研究集体林权变迁对森林资源可持续性影响时，属于探讨人文系统变迁对生态系统作用的范畴，研究中不仅涉及两个系统之间的尺度匹配，还涉及同一系统的尺度传递。现有文献对"准三权分置"时期森林资源可持续性存在争议，本质上是在尺度匹配及尺度传递时出现了问题，比较典型的如下：

（1）从"林地细碎化"与"景观破碎度减小"矛盾性结论中衍生的尺度传递中的问题。许多文献提及"林地细碎化"且认为"林地细碎化会损害森林资源系统的完整性"（侯一蕾等，2013），这一研究结论也是国家出台促进林地流转相关政策的驱动力之一，但也有研究认为，林改使"阔叶林和针叶林的斑块数量减少，平均斑块面积增大，分散性降低，破碎度减小"（陈巧等，2015）。从表面来看，似乎可以得到"林地碎片化并不会导致景观的破碎及分离"的结论，但实际上，"林地细碎化"描述的是微观尺度上家庭经营模式下林地地块的"碎片化"的程度，而"景观破碎度"是反映森林景观尺度的指标，它反映的是在县、市级范围内所有森林资源经营者（包括国有林、集体林）林地经营的结果。"林地细碎化"与"景观破碎度"到底如何关联？这涉及森林资源系统的尺度传递，从集体林权政策系统来看，我们需要探讨不同经营模式对不同尺度的森林资源系统完整性的影响。

（2）利用微观主体解释较高尺度政策效果中存在的尺度不匹配问题。许多文献利用微观主体行为解释较高尺度上如国家、省或县市层面的集体林权改革效果，由于忽略了或未考虑微观尺度上经营主体差异导致有些现象无法得到解释，甚至出现偏差。如在以福建省、江西省、浙江省和辽宁省为例，以"森林火灾"为指标研究集体林权改革绩效时，得到"福建省、江西省、辽宁省有正向绩效（浙江例外）。原因是农民在获得完全市场主体地位后，成为林地的主人，其内在的'私人经济理性'决定了他们会对山林资源更加珍惜，'看好自家山、管好自家林'成为农民的自觉行动"（孔凡斌等，2009）。这种解释存在的问题是忽略了各省微观经营主体在林权前后变化的巨大差异，实际上，浙江省在林权改革的初期阶段家庭经营的比例已达80%，浙江省林权前后的经营模式变化不大。福建省和辽宁省的家庭经营模式分别增加7.02%和12.28%，江西省外部经营比重增加4.46%，江西省和浙江省家庭经营比重仅仅分别增加0.74%和0.21%，福建省、江西省和辽宁省集体经营比重分别下降15.49%、5.46%和5.28%，而浙江省基本维持不变（张海鹏等，2009）。不区分微观尺度经营者构成的差异，且仅用部分微观尺度经营者行为来解释更高尺度的政策效果，可能导致结论的不严谨。

7.1.4　政策建议

（1）通过制度完善推动林地向更高生产效率的经营主体流转。一方面，采用现代生产经营方式的经营主体有更高的经济和生态效益，但也存在林地要素投入不足并导致轮伐期缩短从而降低生态效益的可能。另一方面，城镇化背景下村民小组或家庭经营的集体林地因缺乏劳动力、资本和技术等要素投入而降低了林地生产率。要促进两者间的生产要素优化组合，一是通过产权完善，特别是在"三权分置"背景下，在促进土地承包权与经营权分离以提高地权生产效率同时，要发挥所有权在监督、管理转出林地使用过程中的可能存在土地生产力破坏问题，从而保护承包权主体农户的权益；二是完善林地流转机制，在承包经营权初步流转中发挥村集体土地所有权主体的作用，通过契约关系先集中已经分散化的林地以此降低流转中的高交易成本。具有更高生产效率的经营主体在规模经济性驱动下，通过契约关系直接转入已集中到村集体的林地经营权，从而实现不同经营主体间的生产要素优化。

（2）基于"四共一体"林地双层流转经验的推广。要推广"四共一体"林地流转的经验，关键在于做好以下几点：一是理性选择合作对象以降低合作成本。为降低合作的交易成本、谈判成本和经营成本，现有"四共一有"模式以"国有林场+村集体林场"或"国有林场+村民小组"为主，而小农户人数众多导致的高谈判、高交易成本，且小农户林地的碎片化、分散化可能导致的高经营成本等原因，使"四共一有"模式在实践中并没有把小农户经营中撂荒的零散土地纳入。二是兼顾各方的利益共享机制是长期稳定合作的基础。"四共一有"模式的利益共享机制包括收益共享和资本共享，其可满足村集体或村民小组对"持续、稳定年度现金流入"的需求，也有助于国有林场降低资金成本并获得林权贷款，此模式还对林地经营者（国有林场）有充分的生产性激励。三是通过政府监督提高了合作的稳定性。"四共一有"模式是在县级政府引导下，由县林业局和林地所在地的乡（镇）政府促成的，且合作双方需把年度合作状况，特别是合同中重要条款的履行情况，如年度生产经营费用及合作经营合同规定的其他费用的收支情况等，在县林业局、乡（镇）政府报备。如此设计，实质上是政府部门期望通过对合同实施的监督来保障合作平稳与持续。

（3）积极培育新型林业经营主体以增加社会化服务。理论上相同立地条件下杉木生产周期越长，采伐时单位林地产出收益越高，用于满足年度经济收入需求的林地采伐面积相对减少，有利于土地节约并可带来更大的生态效益，但现有生产技术条件下延长生产周期所带来的收益增加仍不足以替代林地生产要素投入的收益，现实中各类经营者都缺乏延长生产周期的经济激励，因此，深化集体林权制度改革，还要积极培育新型经营主体以增加社会化服务，特别是技术服务如更优质的种苗和化肥、病虫害防治等的供给,全面提高林业全要素生产率,从而突破林地资源短缺对现代林业发展的制约。

(4)多举措并行降低农户对林地的经济与心理依赖以促进其林地转出。一是为农户提供多元化的就业机会以降低农户对林地的经济依赖。林业劳动力数量越少,越容易导致林地的转出,因此可通过多种渠道转移农村剩余劳动力,特别是要为农户提供非农职业技能培训使其适应更多的非农就业机会,满足其追求收入最大化以及改变生活方式的多元目标需求,让更多的农户不再固守林地。二是切实打破城乡二元结构,让农户拥有稳定的城镇生活预期,以降低其对林地的心理依赖。对土地的心理依赖使农户即使在取得较高非农收入比例的情况下也不愿意转出林地。因此这需要依靠社会的深层次变革加以实现,必须打破城乡二元结构,实现城乡社保一体化,改革户籍制度,为农村劳动力转移创造更加公平的生活和就业环境,只有建立在稳定的对未来生活和工作的预期上才能让农户真正改变原来的生活方式,让他们没有后顾之忧地离林离山,为推动林地流转创造积极的外部环境。

7.2 创新点与不足

7.2.1 创新点

本书的创新点体现在理论分析范式及林地流转机制设计两个方面。

7.2.1.1 二阶段理论分析范式的提出与应用

在理论分析时,一方面,利用社会生态系统框架 SES 确定与研究主题相关的第一层级、第二层级变量,并根据研究需要提出相应的第三层级变量;另一方面,利用针对性理论对第三层级变量间相互作用的机理进行更深入、更透彻的分析。如此,便可保证把对森林治理中具体问题的理论探讨纳入更广阔的社会经济和自然生态环境中。具体如下:

（1）基于 SES 构建集体林产权制度对森林资源可持续性影响的分析框架 FS – SES，并利用"结构—行为—绩效"（SCP）理论对 FS – SES 中各变量间的交互作用及结果的内在机理进行剖析，以此厘清集体林产权制度对森林资源可持续性影响的机制。

（2）基于 SES 构建异质性经营对林业绩效影响的分析框架 HFM – SES，并利用生产要素投入和最佳森林轮伐期理论，对 HFM – SES 中各变量间的交互作用及结果的内在机理进行剖析，以此厘清异质性经营的生产要素投入，特别是"三权分置"下的林地流转，对林业经济与生态绩效的作用机制。

（3）基于 SES 构建农户林地流转行为的分析框架 FFTB – SES，并利用计划行为理论，首先对 FFTB – SES 中的变量内生化，然后对这些内生化变量间交互作用的内在机理进行剖析，以此厘清农户林地流转行为的内在机制。

（4）基于 SES 构建集体林地承包经营权冲突个体决策分析框架 FCC – SES，并利用博弈论对各变量间的交互作用及结果的内在机理进行剖析，以此厘清个体行动者所依据的冲突决策原则对其在现在冲突解决机制下选择和解、调解、仲裁或诉讼的内在机制。

7.2.1.2　集体林地双层流转机制设计

基于 SES 所构建的林地流转机制分析框架 FTM – SES，结合"三权分置"制度实施的现实，提出集体林地双层流转机制，具体如下：

（1）第一层流转为经营权初次流转。承包权与经营权初次分离，并把经营权流转到以村集体经济组织为载体的林地所有权主体，以此落实林地所有权，即可通过集体经济组织对全村范围内的林地资源使用进行规划、监督和管理，以此保护林地生产力和林地使用的可持续性。

（2）第二层流转为经营权再流转。顺应规模化经营所需要的集体林地经营权再流转，通过契约交易，使已经集中到村集体经济组织的林地流转到具有更高生产效率的经济组织，以此实现林业经营的经济、生态的可持续性。

7.2.2　不足与展望

本研究在方法上的不足主要体现在以下三个方面：

第一，森林可持续性测度中可能存在的尺度匹配与尺度问题。第 2 章所讨论的产权制度变迁对森林资源可持续性影响，本质上属于人文系统变迁对生态系统作用的范畴，涉及两个系统之间的尺度匹配，还涉及同一系统内部的尺度传递，如从"林地细碎化"与"景观破碎度降低"矛盾性结论中衍生的生态系统不同尺度传递中可能存在问题；或利用微观主体行为解释较高尺度上如国家、省或县市层面的集体林权改革效果，由于忽略了或未考虑微观尺度上经营主体差异导致有些现象无法得到解释，甚至出现偏差。

　　第二，集体林地流转冲突个体决策中成本收益核算中可能存在的误差。第 6 章以诉讼为例展开的实证研究中，对个体决策者的成本收益核算是基于裁判判决书信息提取并在此基础上进行成本收益核算而得，因裁判判决书信息有限可能导致核算误差，其误差来源包括三个方面：一是成本误差来源，直接成本中对律师费、差旅费和其他费用估算时，只考虑全国平均水平，无法考虑地区和个体差异。二是收益误差来源，当用价值化的争议林地面积作为收益项时，利用同时标注争议林地面积和索赔额的样本来计算单位林地价值的方法，也无法考虑地区和具体地块的差异。三是预期胜诉率估计方面，本书假设诉讼个体决策者的预期胜诉率在 50% ~ 90%，也无法考虑到个体性格的差异。可能正是由于上述误差，才使无论何种预期概率及何类案件情况下，都有极少数"完全不理性"的纠纷诉讼行为出现。即表面上这些案件的预期收益低于心理账户视角下的收益基线，但实际上可能是因为成本收益核算误差所致。

　　第三，内生化农户林地流转行为分析框架中三级变量可能导致的偏差或误差。把 FFTB – SES 框架中的三级变量内生为农户行为理论中的潜变量，旨在把影响农户林地流转决策的社会经济自然生态系统并非仅仅看作是对农户一次性决策的外生影响因素，而是探究这些外生性因素如何（或是否）内化成影响农户林地流转内在机制的一部分，但在内生化过程中由于 FFTB – SES 框架中的三级变量与农户行为模型中的潜变量并非一一对应：或是一个潜变量内化了多个第三层级变量，如"林地价值观"就内在化了（A2 – a）、（A2 – b）、（A8 – a）、（A8 – b）4 个第三层级变量；或是 1 个第三层级变量内化于不同的潜变量中，如第三层级变量（GS4 – b）就内化于"林地流转行为控制认知""林地流转政策环境认知""林地流转交易成本认知"三个潜变量中。如此,利用农户行为理论就无法精确地对 FFTB – SES 中各变量间的交互作用及结果的内在机理进行剖析。

其实,本书最大的不足是研究主题太多,要在如此有限的篇幅中回答集体林权制度深化改革中"谁来经营""经营面积多大""如何实现"三大问题,实在是心有余而力不足。因此,在今后研究中,结合乡村振兴以"市县乡抓落实""对市县领导班子和领导干部开展乡村振兴实绩考核"的现实,从县域治理视角出发,聚焦"如何实现"问题,以期对集体林权制度改革与完善做更深入的研究。

参考文献

[1] Alchian A, Demsetz H. The Property Right Paradigm [J]. The Journal of Economic History, 1973, 33 (1): 16 – 27.

[2] Agrawal A, Chhatre A, Hardin R. Changing Governance of the World's Forests [J]. Science, 2008, 320 (5882): 1460.

[3] Ajen I, Fishbein M. A Bayesian Analysis of Attribution Processes [J]. Psychological Bulletion, 1975, 82 (2): 261 – 277.

[4] Ajen I, Madden T. Prediction of Goal – directed Behavior: Attitudes, Intentions, and Perceived Behaviroral Control [J]. Journal of Experimental Social Psychology, 1986, 22 (5): 453 – 474.

[5] Ajen I. The Theory of Planned Behavior [J]. Organizational Behavior and Human Decision Processes, 1991, 50 (2): 179 – 211.

[6] Austin E J, Deary I J, Willock J. Personality and Intelligence as Predictors of Economic Behavior in Scottish Farmers [J]. European Journal of Personality, 2001 (15): 123 – 127.

[7] Brough P, Rørstad P K, Breland T A, Trømborg E. Exploring Norwegian Forest Owner's Intentions to Provide Harvest Residues for Bioenergy [J]. Biomass Bioenergy, 2013 (57): 57 – 67.

[8] Browne M W, Cudeck R. Alternative Ways of Assessing Model Fit [J]. Sociological Methods & Research, 1992, 21 (2): 230 – 258.

[9] Carter M R, Y. Yao. Local Versus Global Separability in Agricultural

Household Models: The Factor Price Equalization Effect of Land Transfer Rights [J]. American Journal of Agricultural Economics, 2002, 84 (3): 702 –715.

[10] Clark C W. Restricted Access to Common – property Fishery Resource: A Game – theoretic Analysis [J] . US: Springer, 1980 (2): 117 – 132.

[11] Decoster L A. The Boom in Forest Owners—a Bust for Forestry? [J]. Journal of Forestry, 1998, 96 (5): 25 – 28.

[12] Eric L. An Analysis of Bounded Rationality in Judicial Litigations: The Case with Loss/disappointment Averse Plaintiffs [J] . Ournal of Advanced Research in Law & Economics, 2013, 1 (1): 42 – 50.

[13] Farh J L, Earley P C, Lin S C. Impetus for Action: A Cultural Analysis of Justice and Organizational Citizenship Behavior in Chinese Society [J]. Administrative Science Quarterly, 1997 (42): 421 – 444.

[14] Feder G, Nishio A. The Benefits of Land Registration and Titling: Economic and Social Perspectives [J] . Land Use Policy, 1998, 15 (1): 25 – 43.

[15] Fornell C, Larcker D F. Evaluating Structural Equation Models with Unobservable Variables and Measurement Error [J] . Journal of Marketing Research, 1981, 18 (2): 39 – 50.

[16] Gasson R. Goals and Values of Farmers [J] . Journal of Agricultural Economics, 1973 (24): 521 – 537.

[17] Haeuber R. Indian Forestry Policy in Two Eras: Continuity or Change? [J] . Environmental History Review, 1993, 17 (1): 49 – 76.

[18] Hansson H, Ferguson R, Olofsson C. Psychological Constructs Underlying Farmers' Decisions to Diversify or Specialise Their Businesses—An Application of Theory of Planned Behaviour [J] . J. Agric. Econ, 2012 (63): 465 – 482.

[19] Hardin G. The Tragedy of the Commons [J] . Science, 1968 (162): 1243 – 1248.

[20] Hartman R. The Harvesting Decision when the Standing Forest Has Value [J] . Economic Inquiry, 1976, 14 (1): 52 – 58.

[21] Karppinen H. Values and Objectives of Non – industrial Private Forest Owners in Finland [J] . Silva Fennica, 1998, 32 (1): 43 – 59.

[22] Karppinen H. Forest Owners' Choice of Reforestation Method: An Application of the Theory of Planned Behavior [J] . For. Policy Econ, 2005, 7 (3): 393 – 409.

[23] Kahle L R. Stimulus Condition Self – selection by Males in the Interaction of Locus of Control and Skill – chance Situations [J] . Journal of Personality and Social Psychology, 1980, 38 (1): 50 – 56.

[24] Landes W M. An Economic Analysis of the Courts [J] . The Journal of Law and Economics, 1971, 14 (1): 61 – 74.

[25] Li M S, Zhu Z L, Vogelmann J E. Characterizing Fragmentation of the Collective Forests in Southern China from Multitemporal Landsat Imagery: A Case Study from Kecheng District of Zhejiang Province [J] . Applied Geography, 2011, 31 (3): 1026 – 1035.

[26] Liu C, Liu H, Wang S. Has China's New Round of Collective forest Reforms Caused an Increase in the use of Productive Forest Inputs? [J] . Land Use Policy, 2017 (64): 492 – 510.

[27] Liu J, Zhang S, Ye J. Forestry Revenue Policy in China: What has Happened and Why [J] . International Forestry Review, 2004, 6 (34): 335 – 340.

[28] Lynne G D, Shonkwiler J S, Rola L R. Attitudes and Farmer Conservation Behavior [J] . American Journal of Agricultural Economics, 1988, 70 (1): 12 – 19.

[29] MacConnell W P, Archey W E. Short – term Landowners and Timber Management [J] . Journal of Forestry, 1996, 84 (10): 25 – 45.

[30] Munsell J F, Germain R H, Luzadis V A, Bevilacqua E. Owner Intentions, Previous Harvests, and Future Timber Yield on Fifty Working Nonindustrial Private Forestlands in New York State [J] . North. J. Appl. Forest, 2009, 26 (2): 45 – 51.

[31] Nunnally J C. Psychometric Theory [M] . New York: McGraw – Hill, 1978.

[32] Olson M . The Logic of Collective Action: Public Goods and the Theory of Groups [M] . Cambridge, Mass: Harvard University Press, 1965.

[33] Ostrom E. Collective Action and the Evolution of Soceial Norms? [J]. Journal of Economic Perspectives, 2000, 14 (3): 137 – 159.

[34] Ostrom E. A General Framework for Analyzing Sustainability of Social – ecological Systems [J] . Science, 2009, 325 (24): 419 – 421.

[35] Persha L, Agrawal A, Chhatre A . Social and Ecological Synergy: Local Rulema – king, Forest Livelihoods, and Biodiversity Conservation [J] . Science, 2011, 331 (331): 1606 – 1608.

[36] Poppenborg P, Koellner T. Do Attitudes Toward Ecosystem Services Determine Agricultural land Use Practices? An Analysis of Farmers' Decision – making in A South Korean Watershed [J] . Land Use Policy, 2013 (31): 422 – 429.

[37] Primmer E, Karppinen H. Professional Judgment in Non – industrial Private Forestry: Forester Attitudes and Social Norms Influencing Biodiversity Conservation [J] . For. Policy Econ, 2010, 12 (2): 136 – 146.

[38] Priest G L, Klein B. The Selection of Disputes for Litigation [J] . Journal of Legal Studies, 1984 (13): 1 – 55.

[39] Renata M B. Factors Shaping the Agricultural Land Market in Poland [J]. Land Use Policy, 2013 (30): 791 – 799.

[40] Roberts M. Traditional Customs and Irrigation Development in Sri Lanka [M] //E. W. Coward. Irigagation and Agriculture Development in Asia. Ithaca N. Y. : Cornell University Press, 1980: 186 – 202.

[41] Spier K E. Litigation [M] //Polinsky A M, Shavell S. Handbook of Law and Economics. Amsterdam: North Holland, 2007.

[42] Srivastava R, Kaldate A. Evolving Cooperative Ecosystems: A Multi – agent Simulation of Deforestation Activities [J] . Springer Berlin Heidelberg, 2002 (2310): 99 – 115.

[43] Thaler R H. Mental Accounting and Consumer Choice [J] . Marketing

Science, 1985, 4 (3): 199 – 214.

[44] Welch W P. The Political Feasibility of Fullownership Property Rights: The Cases of Pollution and Fisheries [J]. Policy Sciences, 1983, 16: 165 – 180.

[45] West S, Finch J F, Curran P J. Structural Equation Models with Nonnormal Variables [M] //Hoyle R H. Structural Equation Modeling Concepts, Issues, and Applications. Newbury Park, CA: Sage, 1995.

[46] Yu CY. Evaluating Cutoff Criteria of Model fit Indices for Latent Variable Models with Binary and Continuous Outcomes [D]. Cahifornia: University of California, 2002.

[47] 奥斯特罗姆. 公共事物的治理之道——集体行动制度的演进 [M]. 余逊达, 陈旭东, 译. 上海: 上海译文出版社, 2000.

[48] 包宗顺, 徐志明, 高珊, 周春芳. 农村土地流转的区域差异与影响因素——以江苏省为例 [J]. 中国农村经济, 2009 (4): 23 – 30.

[49] 卞辉, 樊志民. 我国农村土地承包经营纠纷仲裁制度的悖论及出路 [J]. 西安交通大学学报 (社会科学版), 2014, 34 (3): 69 – 74.

[50] 曹建华, 王红英, 黄小梅. 农村土地流转的供求意愿及其流转效率的评价研究 [J]. 中国土地科学, 2007 (10): 54 – 60.

[51] 曹兰芳, 王立群, 曾玉林. 资金与劳动力: 林改后农户林业投入影响因素比较——基于湖南 10 县 500 户调查 [J]. 林业经济, 2014, 36 (8): 26 – 31.

[52] 蔡晶晶. "社会—生态" 系统视野下的集体林权制度改革——基于福建省的实证研究 [M]. 北京: 中国社会科学出版社, 2012.

[53] 蔡志坚, 李莹, 谢煜, 张浩. 基于 TPB 模型的农户林地转出决策行为分析框架 [J]. 林业经济, 2012 (9): 8 – 12.

[54] 蔡志坚, 蒋瞻, 杜丽永. 退耕还林政策的有效性与有效政策搭配的存在性 [J]. 中国人口·资源与环境, 2015, 25 (9): 60 – 69.

[55] 陈成文, 鲁艳. 城市化进程中农民土地意识的变迁 [J]. 农业经济问题, 2006 (4): 29 – 33.

[56] 陈美球, 肖鹤亮, 何维佳, 邓爱珍, 周丙娟. 耕地流转农户行为影响

因素的实证分析——基于江西省 1396 户农户耕地流转行为现状的调研 ［J］.
自然资源学报，2008 (5)：369 - 374.

［57］陈则生. 杉木人工林经济成熟龄的研究 ［J］. 林业经济问题，2010，
30 (1)：47.

［58］陈巧，陈永富，陈幸良，李勇. 基于 TM 遥感影像的林改区林地资源变
化监测——以江西省武宁县为例 ［J］. 西北林学院学报，2015 (2)：166 - 171.

［59］陈永富，陈幸良，陈巧. 新集体林权制度下森林资源变化趋势分析
［J］. 林业经济，2011 (1)：44 - 49.

［60］代琴，杨红. 草原承包经营制度功能间的矛盾与草原"三权分置"
的法权构造 ［J］. 中国农村观察，2019 (3)：98 - 114.

［61］杜润生. 杜润生自述：中国农村体制改革重大决策纪实 ［M］. 北
京：人民出版社，2005.

［62］奉钦亮. 集体林权制度改革对广西林业生态安全影响的实证研究
［J］. 生态经济，2013 (6)：224 - 228.

［63］高海. 论"三权分置"与集体土地所有权的坚持 ［J］. 中国农村观
察，2019 (3)：39 - 51.

［64］郭东红，丁高洁. 关系网络、机会创新性与农民创业绩效 ［J］. 中
国农村经济，2013 (8)：78 - 87.

［65］郭庆海. 土地适度规模经营尺度：效率抑或收入 ［J］. 农业经济问
题，2014，35 (7)：4 - 10.

［66］郜亮亮. 中国农地流转发展及特点：1996 ~ 2008 年 ［J］. 农村经济，
2014 (4)：51 - 54.

［67］贺东航，朱东亮. 关于集体林权制度改革若干重大问题的探讨 ［J］.
经济社会体制比较，2009 (2)：21 - 28.

［68］何秀荣. 关于我国农业经营规模的思考 ［J］. 农业经济问题，2016，
37 (9)：4 - 15.

［69］黄全林. 珙县集体林权制度改革对森林资源管理及经营利用的影响分
析 ［J］. 四川林业科技，2011，32 (4)：41 - 45.

［70］侯一蕾，王昌海，吴静，温亚利．南方集体林区林地规模化经营的理论探析［J］．北京林业大学学报（社会科学版），2013，12（4）：1－6.

［71］冀县卿，钱忠好，葛轶凡．交易费用、农地流转与新一轮农地制度改革——基于苏、桂、鄂、黑四省区农户调查数据的分析［J］．江海学刊，2015（2）：83－89.

［72］蒋瞻，蒋志坚，陈书林，秦希．"三权分置"对农户用材林林地转出行为的影响研究——基于计划行为理论［J］．江淮论坛，2018（4）：12－18.

［73］蒋瞻，蒋志坚，刘依依．双"帐户"视角下农村土地承包经营纠纷的个体诉讼决策研究——以集体林地纠纷诉讼为例［J］．浙江工商大学学报，2019a，157（4）：70－78.

［74］蒋瞻，蒋志坚，秦希．生态绩效增长视角下的林业生产要素优化［J］．南京林业大学学报（自然科学版），2019b，43（6）：159－164.

［75］柯水发，温亚利．中国林业产权制度变迁进程、动因及利益关系分析［J］．绿色中国，2005（10）：29－32.

［76］柯水发，英犁，赵铁珍．集体林区林地使用权流转分析——政策演进、流转形式及机制［J］．林业经济，2012（3）：12－16.

［77］孔凡斌，杜丽．集体林权制度改革绩效评价理论与实证研究——基于江西省2484户林农收入增长的视角［J］．林业科学，2008，44（10）：132－141.

［78］孔凡斌，廖文梅，杜丽．农户集体林地细碎化及其空间特征分析［J］．农业经济问题，2013（11）：77－81.

［79］李宁，何文剑，仇童伟，陈利根．农地产权结构、生产要素效率与农业绩效［J］．管理世界，2017（3）：44－62.

［80］李怡，高岚．集体林权制度改革之广东实践的效率评价——基于"结构—行为—绩效"的分析框架［J］．农业经济问题，2012（5）：88－95.

［81］梁怀新．基于CiteSpace的我国国家安全研究知识图谱分析［J］．情报杂志，2020，38（6）：23－29.

［82］刘璨．中国集体林制度与林业发展［M］．北京：经济科学出版社，2008.

［83］刘璨，张永亮，刘浩，朱文清，荣庆娇．集体林权制度改革相关政策分析——基于9省区2340个样本农户调查［J］．林业经济，2013（5）：21 - 27.

［84］刘璨．再论中国集体林制度与林业发展［M］．北京：中国财政经济出版社，2014.

［85］刘林馨，王健，杨晓杰，刘传照，王秀文．大兴安岭不同森林群落植被多样性对土壤有机碳密度的影响［J］．生态环境学报，2018，27（9）：1610 - 1616.

［86］龙贺兴，林素娇，刘金龙．成立社区林业股份合作组织的集体行动何以可能？——基于福建省沙县X村股份林场的案例［J］．中国农村经济，2017（8）：2 - 17.

［87］罗必良，高岚．集体林权制度改革——广东的实践与模式创新［M］．北京：中国农业出版社，2013.

［88］倪国华，蔡昉．农户究竟需要多大的农地经营规模？——农地经营规模决策图谱研究［J］．经济研究，2015，50（3）：159 - 171.

［89］裘菊，孙妍，李凌，徐晋涛．林权改革对林地经营模式的影响分析——福建林权改革调查报告［J］．林业经济，2007（1）：2 - 23.

［90］盛炜彤．关于我国人工林长期生产力的保持［J］．林业科学研究，2018，31（1）：1 - 14.

［91］石丽芳，王波．农户林地经营的效率和适度规模问题探究——基于福建集体林区农户调查分析［J］．林业经济问题，2016，36（6）：489 - 493.

［92］史清华，贾生华．农户家庭农地流转及形成根源——以东部沿海苏鲁浙三省为例［J］．中国经济问题，2003（5）：41 - 54.

［93］孙妍，徐晋涛，李凌．林权制度改革对林地经营模式影响分析——江西省林权改革调查报告［J］．林业经济，2006（8）：7 - 10.

［94］田传浩，贾生华．农地制度、地权稳定性与农地使用权市场发育：理论与来自苏浙鲁的经验［J］．经济研究，2004（1）：112 - 119.

［95］王洪玉，翟印礼．产权制度变迁下农户林业生产行为研究［J］．农业经济，2009（3）：71 - 73.

［96］吴明隆．结构方程模型——AMOS的操作与应用［M］．重庆：重庆

大学出版社，2010.

［97］徐晋涛，孙妍，姜雪梅．我国集体林区林权制度改革模式和绩效分析［J］．林业经济，2008（9）：27–38.

［98］许庆，尹荣梁．中国农地适度规模经营问题研究综述［J］．中国土地科学，2010，24（4）：75–81.

［99］严峻，张敏新．农户林地转出行为分析——基于安徽休宁农户数据［J］．林业经济，2013（4）：32–37.

［100］阳含熙．杉木生态特性研究（一）：福建建瓯高阳乡［M］．北京：中国林业出版社，1958.

［101］姚洋．非农就业结构与土地租赁市场的发育［J］．中国农村观察，1999（2）：1–21.

［102］杨燕，翟印礼．林农采用林业技术行为及影响因素分析——以辽宁省半干旱地区为例［J］．干旱区资源与环境，2017，31（3）：101–106.

［103］俞新妥，何智英，房太金等．福建省杉木产区区划和立地条件类型划分研究报告［J］．福建林学院科技，1980（1）：14–28.

［104］赵金龙，王泺鑫，韩海荣，康峰峰，张彦雷．森林生态系统服务功能价值评估研究进展与趋势［J］．生态学杂志，2013，32（8）：2229–2237.

［105］张道卫，皮特·H.皮尔森．林业经济学［M］．北京，中国林业出版社，2013.

［106］张海鹏，徐晋涛．集体林权制度改革的动因性质与效果评价［J］．林业科学，2009（45）：119–126.

［107］张维迎．博弈论与信息经济学［M］．上海：上海人民出版社，1996.

［108］张英，陈绍志．产权改革与资源管护——基于森林灾害的分析［J］．中国农村经济，2015（10）：15–25.

［109］张自强，李怡，高岚．农户林地经营的适度规模研究——基于粤、浙、皖三省的调查数据［J］．中国农业大学学报，2018，23（9）：231–240.

［110］赵晓薇．民事诉讼当事人博弈及成本优化［J］．湘潭大学学报（哲

学社会科学版），2018，42（1）：70-73.

　　[111] 中华人民共和国国务院. 诉讼费用交纳办法 [EB/OL]. 2006-12-29 [2021-09-11]. http：//www. gov. cn/ziliao/flfg/2006-12/29/content_483682. htm.

　　[112] 钟文晶，罗必良. 禀赋效应、产权强度与农地流转抑制——基于广东省的实证分析 [J]. 农业经济问题，2013（3）：6-16.

　　[113] 朱再昱，余玉荣，曹建华. 集体林权改革后农户林地转出意愿影响因素分析——基于江西省 14 个县市 670 个农户的调查 [J]. 林业经济问题，2011，31（3）：195-199.

　　[114] 朱臻，徐志刚，沈月琴，占菁，李博伟，陈梅. 非农就业对南方集体林区不同规模林农营林轮伐期的影响 [J]. 自然资源学报，2019，34（2）：236-249.